LA BIBLIOTHÈQUE DE L'ISLAM
Collections éditées par
Pierre Bernard

Textes

Traité de soufisme

Kalâbâdhî

Traité de soufisme

Les Maîtres et les Étapes
Kitâb al-Ta'arruf li-Madhhab
Ahl al-Tasawwuf
traduit de l'arabe et présenté
par Roger Deladrière

Sindbad
1 et 3 rue Feutrier
Paris 18

Droits réservés pour tous pays.
© *Éditions Sindbad, Paris, 1981.*
ISBN 2.7274.0063.2

Présentation

Le Kitâb al-ta'arruf li-madhhab ahl al-tasawwuf, *ou « Livre de l'information sur la doctrine des hommes du soufisme », d'Abû Bakr Kalâbâdhî (m. en 385 de l'hégire/995 apr. J.-C.), est avec le* Kitâb al-luma' *d'Abû Nasr Sarrâj (m. en 378/988) le plus ancien traité de soufisme rédigé en arabe. Sa notoriété est illustrée par le mot prêté au « maître de l'illumination », Suhrawardî Maqtûl (m. en 587/1191) : « Sans le* Ta'arruf *(de Kalâbâdhî), nous ne connaîtrions pas véritablement le* tasawwuf. *» Mais son succès a été peut-être encore plus grand auprès des orientalistes qui ont consacré leurs travaux à la spiritualité musulmane : R. Nicholson disait que c'était l'un des huit ouvrages fondamentaux du soufisme; L. Massignon, dans son* Essai sur les origines du lexique technique de la mystique musulmane, *relevait chez Kalâbâdhî les citations de Hallâj ou d'inspiration hallâjienne; A. J. Arberry en donnait une traduction intégrale en anglais, parue en 1935 sous le titre* The Doctrine of the Sûfis; *G. C. Anawati et L. Gardet l'utilisaient abondamment dans leur* Mystique musulmane, *et en traduisaient 5 des 75 chapitres, pour illustrer leur étude des « demeures et états spirituels »; et, plus récemment encore, P. Nwyia en* *citait des extraits dans son* Exégèse coranique et langage mystique.

La raison principale de l'estime dans laquelle a été tenu le traité de soufisme de Kalâbâdhî jusqu'à nos jours est sans doute la présence, dans plus du premier tiers de l'ouvrage, d'une véritable profession de foi. Cet exposé très détaillé des options de foi des soufis montre en effet leur parfait accord avec l'enseignement de la Loi et les principes fondamentaux de l'Islam, basés sur le Coran et la Tradition du Prophète. L'ordre même des questions étudiées semble indiquer, de la part de Kalâbâdhî, le souci de se conformer aux professions de foi en usage, telles que le « Fiqh akbar II *», de type hanbalite (cf.* Wensinck, Muslim creed *). Par cet accord avec l'enseignement légaliste et théologique de l'Islam, le soufisme, tel que le définit Kalâbâdhî, apparaît donc comme un prolongement normal de la vie religieuse au sein de l'Islam majoritaire, et non pas comme situé en dehors de lui ou en contradiction avec la Loi. L'une des phrases les plus importantes écrites par Kalâbâdhî est peut-être celle-ci :* « La permission de se soustraire à un devoir de stricte obligation et la liberté de le négliger ne sont accordées en aucune façon à personne, qu'il s'agisse d'un juste, d'un saint, ou d'un sage, même s'il a atteint le rang le plus haut... Il n'y a, selon les soufis, aucune station spirituelle qui abolisse pour le serviteur les règles de la Loi. » *Cette déclaration est très importante, car elle enlève toute raison d'être à l'accusation d'* « antinomisme » (ibâha) *que certains avaient portée contre le soufisme. Les* « antinomistes », *qui rejetaient les prescriptions légales en s'abritant derrière la gnose et l'ésotérisme, n'étaient donc pas de véritables soufis, mais des libertins et des charlatans.*

Le plan suivi par Kalâbâdhî dans son traité apparaît alors parfaitement clair et logique :

— *Un préambule, et une entrée en matière définissant ce qu'est le soufi, puis une énumération des soufis les plus connus (les quatre premiers chapitres). Par des considérations linguistiques,*

Kalâbâdhî rattache le mot soufi aux notions de pureté (safâ') et d'élection (safwa), et ceci lui permet de justifier l'appellation de soufis pour les Compagnons du Prophète. Inversement, les soufis seront désignés par les hagiographes, tels que Abû Nu'aym (m. en 420/1038) et Ibn al-Jawzî (m. en 597/1200), comme « les purs » et « les hommes de l'élection divine ».

— Une profession de foi détaillée, conforme à l'enseignement de l'Islam majoritaire, chapitres 5 à 30.

— Les définitions des « stations » ascétiques et mystiques, chapitres 31 à 51.

— Les définitions des termes utilisés conventionnellement par les soufis pour désigner leurs « états » spirituels et leurs expériences intérieures, chapitres 51 à 63.

— Leur comportement, et les charismes dont ils peuvent être l'objet de la part de Dieu. Un dernier chapitre, en relation avec l'expérience extatique, est consacré à « l'audition spirituelle » (samâ') et aux opinions des maîtres à son sujet, chapitres 64 à 75.

Si dans la partie proprement théologique c'est le Coran et la Tradition du Prophète qui sont le plus souvent cités, Kalâbâdhî base son exposé sur les définitions et les sentences, en prose ou en vers, des grands maîtres du soufisme, tels que Dhû-l-Nûn Misrî, Sahl Tustarî, Nûrî, Kharrâz, Ibn 'Atâ', Chiblî, et Hallâj. Mais la priorité est donnée à Junayd, le principal représentant du soufisme dit « sobre ». C'est par son maître Fâris, qui avait transmis au Khurâsân un « hallâjisme atténué », selon l'expression de L. Massignon, que Kalâbâdhî avait connu la doctrine de Hallâj, condamné et mort martyr à Bagdad en 309/922. Il est à noter qu'il le désigne d'une façon voilée par l'expression « un soufi éminent », et deux fois, à la fin, par le nom que lui avaient donné ses admirateurs, Abû-l-Mughîth. En se basant sur l'enseignement de Fâris et sur la doctrine de Junayd, Kalâbâdhî épurait les thèses hallâjiennes de leurs outrances — il n'est plus question du chath (« locution théopathique ») ni du 'ayn al-jam' (« union substantielle ») —, et *pouvait présenter un soufisme reconnu désormais comme « orthodoxe ».*

L' « information » (ta'arruf) que donne Kalâbâdhî sur le soufisme n'est pas une enquête, qui aurait été menée du dehors par un simple sympathisant. Les rares renseignements que nous possédons sur lui attestent qu'il n'était pas seulement un juriste hanéfite, qui a vécu et est mort à Bukhârâ (dont Kalâbâdh était un quartier), mais également un ascète et un soufi. L' « information » de Kalâbâdhî est donc plutôt une véritable « reconnaissance » du dedans et le fruit d'une expérience vécue. Et ceci est confirmé par un autre ouvrage de lui, dont l'importance n'a pas toujours été appréciée à sa juste valeur, et qui constitue le véritable complément de son traité de soufisme. Il s'agit d'un commentaire ascétique et mystique de 222 traditions, sous le titre de Ma'ânî-l-akhbâr. *La plupart des questions de la vie spirituelle exposées par Kalâbâdhî se retrouvent, parfois mot à mot, dans cet ouvrage, mais étayées cette fois par l'enseignement du Prophète et non plus seulement par les sentences des soufis. Il est significatif que les sept premiers folios traitent de l'amour (mahabba), et que l'un des commentaires les plus longs concerne le « désir passionné » ('ichq), accompagné de 17 citations d'extraits de poèmes — folios 285-294. L'ouvrage, qui mériterait d'être édité et traduit, n'existe qu'en manuscrits ; il en existe un très beau à la Bibliothèque Nationale de Paris (sous le n° 5855 ; il comporte 398 folios, et a été copié en 691/1291. Chaque tradition est précédée de sa chaîne de garants, et le commentaire de Kalâbâdhî est introduit à l'encre rouge par la mention : « Le maître ascète et soufi a dit »). Le nom complet de Kalâbâdhî s'y trouve sous la forme Abû Bakr Muhammad Ibn Abî Ishâq Ibn Ibrâhîm al-Kalâbâdhî al-sûfî.*

Il nous faut, pour conclure, préciser que notre traduction s'est efforcée de respecter la spécificité des notions islamiques. Nous avons donc évité d'utiliser une terminologie qui aurait risqué d'être une interprétation plutôt qu'une traduction. Les soufis ne sont ni des mystiques chrétiens, ni des hindous védântins et non dualistes. Lorsqu'une difficulté se présentait, nous avons tenu

compte du commentaire de 'Alâ' al-Dîn Qûnawî (m. en 729/1329).
Il n'est qu'exceptionnellement en désaccord avec Kalâbâdhî, et le
plus souvent il le corrobore ou le complète par des références à la
Risâla de Quchayrî (m. en 412/1021) ou aux 'Awârif al-ma'ârif
de 'Umar Suhrawardî de Bagdad (m. en 632/1234).

Précisions liminaires

Le système de transcription adopté pour les mots arabes est celui qui a été utilisé pour l'édition de l'ouvrage de Seyyed Hossein Nasr, Sciences et savoir en Islam, Sindbad, 1979. Les formules eulogiques, qui suivent traditionnellement le nom de Dieu et celui du Prophète, ont été supprimées par souci d'allégement. L'article « al » a également été omis devant les noms propres de personnes, comme c'est généralement l'usage et dans la mesure où cela ne présentait pas d'inconvénient : ex. Sarî Saqatî, au lieu de Sarî al-Saqatî. Peut-être, à ce sujet, n'est-il pas inutile de préciser que l'identité d'un musulman, pendant la période médiévale, pouvait se composer des cinq éléments suivants :

— le prénom (ism) : ex. Muhammad ;
— le prénom du père (nasab), introduit par le mot ibn (« fils de ») : ex. Ibn Mûsâ ;
— le prénom du fils (kunya), introduit par le mot abû (« père de ») : ex. Abû Bakr ;
— un qualificatif ethnique (nisba), indiquant l'appartenance tribale, ou le lieu d'origine de la personne, ou bien où elle a vécu

ou encore où elle est morte. Ce qualificatif est reconnaissable à la suffixation « î » : ex. Wâsitî : de la ville de Wâsit ;
— un surnom (laqab) *: ex. Ibn Farghânî : fils de l'homme de Ferghâna.*

L'identité complète du soufi que nous avons pris comme exemple est donc : Muhammad Ibn Mûsâ Abû Bakr Wâsitî Ibn Farghânî. Mais il sera le plus souvent désigné par deux ou trois des cinq éléments de son identité, parfois par son seul surnom, Ibn Farghânî. Signalons que ceux qui sont originaires de la ville de Rayy portent le nom de Râzî. Lorsqu'il s'agit d'un personnage historique célèbre, comme le fils du calife 'Umar, il pourra être désigné par son seul prénom, en l'occurrence 'Abd Allâh (m. en 73 de l'hégire/693, il s'était tenu à l'écart des troubles, et avait mené une vie pieuse et exemplaire).

Notre traduction a été établie d'après le manuscrit NF 289 (ancien code 1888) de la Bibliothèque Nationale de Vienne, folios 2-263, qui contient le texte intégral du traité de Kalâbâdhî accompagné du commentaire de 'Alâ' al-Dîn Qûnawî, et d'après le texte édité par 'Abd al-Halîm Mahmûd et Taha 'Abd al-Bâqî Surûr, Le Caire, 1960. Nous avons également utilisé le manuscrit 981, supplément persan, de la Bibliothèque Nationale de Paris, dont les 160 folios ne correspondent qu'au préambule et aux quatre premiers chapitres du texte arabe de Kalâbâdhî commentés en persan par Ismâ'îl Mustamlî.

Traité de soufisme

Préambule

Au Nom de Dieu, le Tout-Miséricordieux, le Très-Miséricordieux, et de qui nous implorons l'aide.

Louange à Dieu, qui Se voile par Sa Grandeur à la perception des yeux, qui surpasse par Sa Majesté et Son Omnipotence l'atteinte des opinions, qui Se sépare par Son Essence *(dhât)* de toute ressemblance avec les essences des créatures, qui transcende par Ses Attributs *(sifât)* les attributs des êtres temporels ! L'Éternel *(qadîm)* qui n'a pas cessé d'exister, le Permanent *(bâqî)* qui ne cessera pas d'exister, Celui qui est trop haut pour avoir des analogues, des contraires ou des semblables, et qui montre à Sa création Son Unicité *(wahdâniyya)* par Ses marques et Ses signes !
Celui qui Se fait connaître à Ses Saints par Ses Noms *(asmâ')*, Ses Qualificatifs *(nu'ût)* et Ses Attributs, qui Se rend proche à l'intime de leur être et qui incline leur cœur vers Lui, qui par Sa Grâce va au-devant d'eux et qui par Sa Bienveillance les attire à Lui. Il a purifié l'intime de leur être des souillures de l'âme [1], et Il a placé trop haut leur nature

pour qu'elle se complaise au contact des formes périssables. Il a choisi parmi eux qui il Lui a plu pour Son Message, et Il a élu qui Il a voulu pour Sa Révélation et Sa Médiation. Il a fait descendre sur eux des Écritures, contenant Ses Ordres et Ses Interdictions, Ses Promesses pour ceux qui obéissent et Ses Menaces pour ceux qui désobéissent. Il a montré clairement leur préexcellence sur toute l'humanité et les a élevés à des niveaux hors d'atteinte des natures supérieures. Il a fait de Muhammad leur Sceau [2] — que la Prière et la Paix soient sur lui et sur eux ! —, ordonnant la foi en lui *(îmân)* et la soumission *(islâm)*. Sa Religion *(dîn)* est la meilleure des religions, et sa Communauté *(umma)* est la meilleure des communautés [3]. Il n'y aura nulle abrogation à sa Loi *(charî'a)*, et il n'y aura nulle communauté après la sienne [4] !

Dieu a suscité parmi les musulmans des hommes d'élite et de choix, excellents et vertueux, pour qui Il « *avait prédestiné la Très Belle Récompense (al-husnâ)* » et qu' « *Il a fait adhérer à la Parole de Piété (kalimat at-taqwâ)* » [4]. Il a détaché leur âme de ce bas monde. Leurs luttes intérieures ont été sincères, et ils ont obtenu les connaissances fournies par l'étude; leur conduite a été pure, et ils ont été gratifiés des connaissances provenant de l'héritage spirituel du Prophète *(wirâtha)*. L'intime de leur esprit a été purifié, et ils ont été honorés de l'intuition vraie *(firâsa)*. Leurs pas ont été fermes, leur intelligence a grandi, et ils sont devenus des signes éclatants. C'est de Dieu qu'est venue leur compréhension, c'est vers Dieu qu'ils ont marché, et c'est de tout ce qui n'était pas Dieu qu'ils se sont détournés. Leurs lumières *(anwâr)* ont percé les voiles, l'intime de leur être évoluant autour du Trône divin *('arch)*, placés eux-mêmes très haut dans l'estime de Celui qui y siège, et leur vision est devenue aveugle à ce qui était en deçà du Trône de Dieu. Ils furent alors des corps spiritualisés, des êtres célestes sur la terre, « seigneuriaux » au milieu des créatures, muets et contemplatifs, à la fois présents et absents, rois revêtus de guenilles, hommes arrachés à leur tribu [5], mais doués de vertus éminentes et lumières montrant la voie. Leurs oreilles étaient attentives, l'intime de leur être était pur, leurs qualités étaient cachées, celles d'hommes d'élite et de soufis, illuminées et limpides [6]. Ils étaient le dépôt précieux de Dieu au milieu de Sa création, Ses élus dans l'humanité, ceux qu'Il avait recommandés à Son Prophète et qu'Il avait cachés auprès de celui qu'Il avait choisi. Pendant sa vie ils furent « *les hommes du banc* (de sa mosquée) *(Ahl al-suffa)* » [7], et après sa mort ils furent les meilleurs de sa Communauté, le premier d'entre eux invitant par ses actions le second à l'imiter, le prédécesseur appelant le successeur, sans avoir besoin de parler.

Il en fut ainsi jusqu'à ce que le désir spirituel diminua et que la recherche (de Dieu) se relâcha. On eut alors désormais affaire à des questions et des réponses, à des livres et des épîtres. Les significations, cependant, en étaient familières à leurs auteurs, et les cœurs y demeuraient réceptifs. Ceci jusqu'au moment où le sens s'en alla et où il ne resta que le mot, où la réalité disparut ne laissant que la forme apparente. La réalisation spirituelle *(tahqîq)* n'était plus dès lors qu'une parure, et l'adhésion de foi *(tasdîq)* un ornement. Prétendait à la vérité celui qui ne la connaissait pas, et s'en revêtait celui qui n'en était pas qualifié. La reniait par ses actes celui qui l'affirmait par ses paroles, et la dissimulait par sa véritable conduite celui qui la faisait paraître par ses discours. On y faisait entrer ce qui lui était étranger, on lui attribuait ce qu'elle ne contenait pas. Le vrai devint faux, et celui qui le connaissait fut appelé ignorant. Celui qui avait réalisé la vérité se tenait à l'écart, la gardant pour lui, et celui qui était qualifié pour la décrire la taisait jalousement. Et c'est ainsi que les cœurs s'écartèrent d'elle et que les âmes l'abandonnèrent. La connaissance et ceux qui la détenaient disparurent, de même que la théorie et la pratique, de telle sorte que les ignorants furent désormais qualifiés de savants, et que les savants devinrent un objet de mépris.

Cet état de choses m'a incité à donner, dans l'ouvrage que

voici, une description de leur méthode spirituelle *(tarîqa)* et un exposé de leur doctrine et de leur comportement; cela touche à l'Unité et aux Attributs de Dieu, ainsi qu'à tout ce qui s'y rapporte et qui a parfois été objet de suspicion chez ceux qui n'étaient pas au fait de leurs positions doctrinales et n'avaient pas été les disciples de leurs maîtres. J'ai dévoilé, en ayant recours au langage théorique, ce qui m'était possible, et j'ai décrit ce à quoi pouvait convenir un exposé littéral, pour que cela devienne intelligible à ceux qui ne comprenaient pas leurs allusions et à ceux qui ne saisissaient pas leurs expressions. Ainsi se trouveront réfutés les mensonges de ceux qui forgent à leur endroit des conjectures fausses et les interprétations erronées des ignorants. Cet exposé est également destiné à quiconque veut suivre la voie spirituelle et qui a besoin de Dieu — qu'Il soit exalté ! — pour en atteindre la réalisation. Je l'ai rédigé après avoir étudié les écrits de ceux qui sont versés dans cette matière et avoir examiné soigneusement les récits de ceux qui ont réalisé la vérité, et également après les avoir fréquentés et interrogés personnellement. J'ai intitulé cet ouvrage *Information sur la doctrine des hommes du Soufisme*, faisant ainsi savoir quel en est le propos.

J'implore l'aide de Dieu et je m'en remets à Lui. Je prie sur Son Prophète et je sollicite son intercession. Et il n'y a de force et de puissance que par Dieu, le Très Haut, l'Infini !

1. Pourquoi les soufis ont-ils été appelés ainsi

Certains ont soutenu que les soufis furent appelés de ce nom à cause de la pureté *(safâ')* de l'intime de leur être et de l'absence de souillure de leurs actes. Selon Bichr Ibn al-Hârith, « *le soufi est celui dont le cœur est pur à l'intention de Dieu* ». D'après un autre, « *le soufi est celui dont le comportement est pur à l'égard de Dieu et dont le charisme* (karâma) *qui lui vient de Dieu — que soient proclamées Sa Puissance et Sa Majesté ! — est pur* ».

Selon une autre explication, les soufis ont été appelés ainsi parce qu'ils sont, devant Dieu, au premier rang *(saff)*, du fait que leurs aspirations *(himam)* s'élèvent jusqu'à Lui, que leur cœur se tourne avec empressement vers Lui, et que l'intime de leur être se tient en arrêt devant Lui.

D'après certains, ils auraient été désignés du nom de soufis parce que leurs caractéristiques sont proches de celles des « hommes du banc » *(Ahl al-suffa)* qui vivaient à l'époque de l'Envoyé de Dieu — que Dieu prie sur lui et le salue !

Selon d'autres, ils furent nommés soufis parce qu'ils portaient un vêtement de laine *(sûf)*.

Ceux qui rattachent leur nom au « banc » *(suffa)* et à la « laine » *(sûf)* expriment ainsi l'apparence extérieure de leur état spirituel. Ce sont en effet des hommes qui ont délaissé ce bas monde, ont quitté leur demeure, ont fui leurs amis, parcourant les pays, le ventre creux, dénudés, ne prenant des choses d'ici-bas que l'indispensable pour avoir une tenue décente et calmer leur faim. Parce qu'ils ont quitté leur demeure on les appelle aussi « étrangers » *(ghurabâ')*, et à cause de leurs nombreux voyages on les désigne sous le nom de « pèlerins » *(sayyâhûn)*. Du fait de leurs pérégrinations dans les régions désertiques (de l'Iran) et parce qu'ils prennent refuge en cas de nécessité dans les cavernes, les autochtones les ont surnommés « les hommes des cavernes » *(chikaftiyya)* car le mot « *chikaft* » dans leur langue désigne une grotte ou une caverne.

Les Syriens leur ont donné le nom de « faméliques » *(jaw'iyya)* parce qu'ils prennent seulement comme nourriture ce qui maintient les forces dont ils ont besoin, conformément à la parole du Prophète : « *Des aliments qui maintiennent ses forces devraient suffire au fils d'Adam.* » Sarî Saqatî les a décrits en ces termes : « *Ils mangent comme des malades, ils dorment comme des gens qui font naufrage, et ils parlent comme des hommes stupides.* »

Du fait de leur renoncement à la propriété on les a appelés « pauvres » *(fuqarâ')*. On avait demandé à l'un d'eux ce qu'était le soufi, et il répondit : « *Celui qui ne possède pas et n'est pas un objet de possession* », voulant dire par là qu'il n'était pas l'esclave des désirs. A la même question, un autre déclara : « *Le soufi est celui qui ne possède rien et qui, si jamais il vient à posséder quelque chose, le donne.* »

A cause de leur vêtement et de leur aspect on leur a donné le nom de soufis, car ils ne portent pas ce qui est doux au toucher et agréable à regarder, ce qui serait flatter les passions de l'âme, mais uniquement une tenue décente, se contentant d'un tissu au poil rugueux et d'une laine *(sûf)* grossière.

Tout cela était la condition des « hommes du banc », qui vivaient à l'époque de l'Envoyé de Dieu. Ils étaient en effet « étrangers » et « pauvres », des exilés qui avaient quitté leur demeure et leurs biens. Abû Hurayra et Fadâla Ibn'Ubayd [8] en firent la description suivante : « *Ils tombaient de faim à tel point que les Arabes bédouins les prenaient pour des fous.* » Ils étaient vêtus de laine, et, au dire de certains, cela les faisait transpirer tellement qu'ils exhalaient l'odeur des moutons qui ont reçu la pluie. Ceci au point que 'Uyayna Ibn Hisn dit au Prophète : « *L'odeur de ces gens m'incommode, ne t'incommode-t-elle point toi aussi* [9] *?* »

La laine est d'ailleurs le vêtement des prophètes *(anbiyâ')* et la mise des saints. C'est ainsi que, selon une parole du Prophète rapportée par Abû Mûsâ Ach'arî [10], « *soixante-dix prophètes, pieds nus et vêtus de manteaux de laine, sont passés par le rocher de Rawhâ'* [11], *et ils se rendaient au Temple Antique (de la Mekke)* ». D'après Hasan Basrî, « *Jésus — que la Paix soit sur lui ! — se vêtait de crin, se nourrissait des fruits des arbres, et passait la nuit là où il s'arrêtait* ». Selon une autre tradition d'Abû Mûsâ, le Prophète se vêtait de laine, prenait des ânes comme monture, et se rendait à l'invitation des pauvres gens. Hasan Basrî disait encore qu'il avait connu soixante-dix Compagnons ayant combattu à Badr qui ne se vêtaient que de laine. Ceux qui se comportaient comme les « hommes du banc », selon ce que nous avons indiqué, ayant les mêmes vêtements et la même tenue qu'eux, portèrent donc le nom de « *suffiyya* » et de « *sûfiyya* » (soufis).

Quand on rattache leur nom à l'élite *(safwa)* et au premier rang *(saff)*, on exprime alors ce qui se rapporte à leur être intime et à leur état intérieur. Dieu, en effet, purifie le secret de l'âme et illumine le cœur de celui qui quitte le monde, y renonce et s'en détourne. Selon une parole du Prophète, « *quand la lumière pénètre dans le cœur, il se dilate et s'épanouit* ». On lui demanda « *quel en est donc le signe, ô Envoyé de Dieu ?* »; il répondit : « *s'éloigner du monde illusoire, se tourner vers le monde éternel, et se préparer à la mort avant qu'elle ne survienne* ». Ainsi le Prophète avait fait savoir que Dieu illumine le cœur de celui qui s'éloigne de ce bas monde. Et quand il questionna Hâritha sur la réalité profonde *(haqîqa)* de sa foi *(îmân)*, celui-ci déclara : « *J'ai détaché mon âme de ce monde, assoiffé pendant le jour et veillant la nuit, et ce fut comme si je voyais se dresser le Trône de mon Seigneur, et comme si j'apercevais les habitants du Paradis qui se rendaient visite et ceux de l'Enfer qui se repoussaient* [12]. » Selon ce récit, après qu'il se fut détaché du monde, Dieu lui illumina le cœur, de sorte que ce qui lui était primitivement caché lui était devenu visible. Le Prophète s'écria alors : « *Quiconque veut voir un serviteur dont Dieu a illuminé le cœur n'a qu'à regarder Hâritha* [13] *!* » A cause de ces caractéristiques, de tels hommes ont été appelés « illuminés » *(nûriyya)*. Elles étaient également celles des « hommes du banc ». Dieu a dit en effet : « *Il y a là des hommes qui aiment à se purifier ; et Dieu aime ceux qui se purifient* [14]. » Il s'agit de se purifier extérieurement des souillures et de se purifier intérieurement des pensées qui surgissent dans l'esprit et des idées qui se meuvent dans la conscience. Dieu a dit : « *Des hommes que nul négoce et nul troc ne distraient de l'invocation* (dhikr) *de Dieu* [15]. »

En outre, à cause de la pureté de leur être intime, leur intuition *(firâsa)* est juste. Selon une tradition du Prophète rapportée par Abû Umâma Bâhilî : « *Prenez garde à l'intuition du croyant* (mu'min), *car il regarde avec la lumière de Dieu* [16] *!* » Abû Bakr le Véridique avait déclaré : « *Mon cœur a reçu l'inspiration que l'enfant porté dans son sein par Bint Khârija est une fille* [17] »; et il en fut comme il l'avait annoncé. De même le Prophète a dit : « *La Vérité parle par la bouche de 'Umar* [18]. » Uways Qaranî, salué par Harim Ibn Hayyân, lui rendit ses salutations en l'appelant par son nom, alors qu'il ne l'avait jamais vu auparavant; et il lui dit ensuite : « *Mon âme a reconnu ton âme* [19]. » « *Si vous vous entretenez avec les* « *hommes de la sincérité* (sidq) », dit Abû 'Abd Allâh Antâkî, *soyez vous-mêmes sincères, car ils sont les observateurs des cœurs !; ils pénètrent dans l'intimité de votre âme et décèlent vos intentions* [20]. »

Quiconque possède de telles qualités : limpidité de l'être profond, pureté du cœur, lumière de l'âme, est « *au premier rang* (saff) », car elles caractérisent les « devançants » *(sâbiqûn)* [21]. Selon une tradition du Prophète : « *Soixante-dix mille membres de ma Communauté entreront au Paradis sans jugement* », précisant ensuite : « *Pour les autres ou pour eux-mêmes ils n'ont point recours* (à titre préventif) *aux talismans ni aux cautérisations, mais ils s'en remettent à leur Seigneur avec confiance* [22]. » A cause de la pureté de leur être intime, de l'ouverture de leur âme, et de l'illumination de leur cœur, les connaissances qu'ils tiennent de Dieu sont justes; ils ne se réfèrent pas aux causes secondes *(asbâb)*, confiants qu'ils sont en Dieu, s'en remettant à Lui, et acceptant Son Décret *(qadâ')*.

Toutes ces qualités et toutes les significations de ces mots se trouvent réunies dans les noms et les appellatifs désignant la « communauté spirituelle » *(qawm)*. Les expressions en sont exactes, et leur emploi en est facilement compréhensible. Même s'ils diffèrent en apparence, leur sens est concordant. Si on le tire de *safâ'* (pureté) et de *safwa* (élite), le terme qui désigne ces hommes est alors celui de *safawiyya*. Si on le rapporte à *saff* (rang) ou à *suffa* (banc), ils sont des *saffiyya* ou des *suffiyya*. Il est possible, dans le premier cas, que la lettre *wâw* ait été placée avant la lettre *fâ'*, ce qui donne bien le mot *sûfiyya* (soufis); et, dans le deuxième cas, ajouter le *wâw* à *saffiyya* ou *suffiyya* serait dû à l'usage linguistique. Si, enfin, on a tiré le mot *sûfiyya* de *sûf* (laine), il est parfaitement correct, et cette désignation est linguistiquement juste.

Dans tous les cas, ces termes expriment le renoncement et le détachement de l'âme à l'égard de ce bas monde, le fait de quitter sa demeure et de voyager sans cesse, de ne pas flatter les passions de l'âme, de purifier sa conduite, de rendre limpide l'intime de son être, d'ouvrir son cœur, et de se comporter en « devançant ». Ajoutons à cela ce que dit Bundâr Ibn Husayn : « *Le soufi est celui que Dieu a choisi pour Lui-même et qu'Il a traité avec affection* (sâfâ), *le libérant de son âme* (égoïste) *et lui épargnant dès lors tout effort et toute contrainte en vue d'un motif personnel. Et le mot* sûfiya = *il a été traité avec affection est* (un verbe passif) *du même type morphologique que* 'ûfiya : *il a été protégé, à savoir que c'est Dieu qui l'a protégé, et que* kûfiya : *il a été rétribué, par Dieu, ainsi que* jûziya : *il a été récompensé, par Dieu. L'action de Dieu sur lui est donc manifeste dans son nom même de* sûfî, *et Dieu est seul à s'occuper de lui* [23]. »

Interrogé sur la définition du soufi, Abû'Alî Rûdhabârî répondit : « *C'est celui qui a revêtu de laine* (sûf) *sa pureté* (safâ'), *qui a fait goûter à ses désirs personnels la saveur de la privation, et qui, ayant laissé ce bas monde derrière lui, a suivi la voie de l'Élu* (Muhammad). »

La même question ayant été posée à Sahl Ibn'Abd Allâh

Tustarî : « *C'est, dit-il, celui qui est pur de tout ce qui trouble, qui est empli de méditation, qui s'est retiré des hommes pour se consacrer à Dieu, et pour qui l'or et l'argile se valent.* »

On demanda à Abû-l-Hasan Nûrî ce qu'était le soufisme (*tasawwuf*) : « *C'est, répondit-il, délaisser tout ce qui flatte l'âme.* »

Interrogé sur le même sujet, Junayd définit ainsi le soufisme : « *C'est purifier son cœur de l'approbation des hommes, abandonner ses tendances innées, maîtriser les dispositions de la nature humaine, écarter les incitations égoïstes, fixer en soi les qualités spirituelles, s'attacher à la connaissance des réalités immatérielles, utiliser ce qui est mieux pour la vie éternelle, pratiquer le (devoir de) bon conseil envers la Communauté tout entière, tenir envers Dieu l'engagement de rester fidèle à la vérité, et suivre l'Envoyé dans* (l'accomplissement de) *la Loi.* »

Selon Yûsuf Ibn Husayn : « *Chaque Communauté a une élite, dépôt précieux de Dieu qu'Il a caché à Ses créatures, et s'il y en a une dans cette Communauté-ci, ce sont les soufis.* »

Quelqu'un demanda à Sahl Ibn'Abd Allâh Tustarî : « *Qui fréquenterai-je parmi les différents groupes de musulmans ?* ». « *Tu n'as qu'à fréquenter les soufis, répondit-il, car rien n'a à leurs yeux une importance exagérée et ne saurait être totalement désapprouvé. Pour eux, tout acte peut être interprété, et ils te trouveront des excuses en n'importe quelle circonstance.* » La même question ayant été posée par Yûsuf Ibn Husayn à Dhû-l-Nûn : « *Fréquente, dit-il, celui qui ne possède rien et qui ne désapprouvera aucune situation dans laquelle tu pourras te trouver, qui ne changera pas même si toi tu changes beaucoup, car plus tu changeras, plus tu auras besoin de lui !* ».

On rapporte également de Dhû-l-Nûn ceci : « *Au bord de la mer, en Syrie, je vis, dit-il, une femme, et je lui demandai :* « *D'où viens-tu — que Dieu te fasse miséricorde ! — ?* » *Elle me répondit :* « *D'auprès de gens qui répugnent à reposer leur corps sur une couche, et qui prient leur Seigneur avec crainte et désir.* » *— Et où vas-tu ?, insistai-je. — Vers des hommes* « *que nul négoce et nul troc ne distraient de l'invocation de*

Dieu » (cf. n. 15). — *Décris-les-moi !, lui demandai-je. Elle se mit alors à déclamer ces vers :*

Des hommes dont les préoccupations s'attachent à Dieu, et dont les aspirations ne s'élèvent vers personne d'autre.
Leur quête est celle de leur Maître et de leur Seigneur, et quelle noble quête que celle de l'Unique, l'Impénétrable !
Ils ne se disputent rien de ce bas monde, ni rien de ce qui est excellent, ni nourritures, ni plaisirs, ni progéniture,
ni vêtements somptueux et élégants, ni la joie reposante de rester au pays.
Ils ne luttent qu'à la poursuite du lieu éternel dont chaque pas les rapproche.
Ils courent par les étangs et les vallées, et on les rencontre en nombre sur les hauteurs.

2. Les soufis illustres

Il s'agit de ceux qui, venant après les Compagnons du Prophète *(Sahâba)*, ont parlé de leurs connaissances et ont traduit leurs expériences, qui ont confié quelles étaient leurs stations spirituelles *(maqâmât)* et ont décrit leurs états *(ahwâl)*, et tout cela à la fois en paroles et en actes. Tout d'abord, dans la lignée de 'Alî, de Hasan et de Husayn : le fils de Husayn, 'Alî Zayn al-'Abidîn, puis le fils de celui-ci, Muhammad Bâqir, et le fils de ce dernier, Ja'far Sâdiq. Ensuite : Uways Qaranî, Harim Ibn Hayyân, Hasan Ibn Abû-l-Hasan Basrî, Abû Hâzim Salama Ibn Dînâr Madanî, Mâlik Ibn Dînâr, 'Abd al-Wâhid Ibn Zayd, 'Utba al-Ghulâm, Ibrâhîm Ibn Adham, Fudayl Ibn 'Iyâd et son fils 'Alî Ibn Fudayl, Dâwud Tâ'î, Sufyân Ibn Sa'îd Thawrî, Sufyân Ibn 'Uyayna, Abû Sulaymân Dârânî et son fils Sulaymân, Ahmad Ibn Abû-l-Hawârî Dimachqî, Abû-l-Fayd Dhû-l-Nûn Ibn Ibrâhîm Misrî et son frère Dhû-l-Kifl, Sarî Ibn al-Mughallis

Saqatî, Bichr Ibn Hârith al-Hâfî, Ma'rûf Karkhî, Abû Hudhayfa Mar'achî, Muhammad Ibn Mubârak Sûrî, Yûsuf Ibn Asbât.

Parmi les soufis du Khurâsân et du Djabal (« La Montagne » : l'ancienne Médie), citons : Abû Yazîd Tayfûr Ibn 'Isâ Bistâmî, Abû Hafs Haddâd Nîsâbûrî, Ahmad Ibn Khidrûyah Balkhî, Sahl Ibn 'Abd Allâh Tustarî, Yûsuf Ibn Husayn Râzî, Abû Bakr Ibn Tâhir Abharî, 'Alî Ibn Sahl Ibn al-Azhar Isfahânî, 'Alî Ibn Muhammad Bârizî, Abû Bakr Kattânî Dînawarî, Abû Muhammad Ibn Hasan Ibn Muhammad Rajjânî, 'Abbâs Ibn Fadl Ibn Qutayba, Ibn Mansûr Dînawarî, Kahmas Ibn 'Alî Hamdânî, Hasan Ibn 'Alî Ibn Yazdâniyâr. *(Voir les notices biographiques.)*

3. Ceux qui ont répandu
les connaissances spirituelles
en langage symbolique *(ichâra)* [24] par
des livres et des épîtres

Il s'agit de Abû-l-Qâsim Junayd Ibn Muhammad Ibn Junayd Baghdâdî, Abû-l-Husayn Ahmad Ibn Muhammad Ibn 'Abd al-Samad Nûrî, Abû Sa'îd Ahmad Ibn 'Isâ al-Kharrâz surnommé « le porte-parole du soufisme », Abû Muhammad Ruwaym Ibn Muhammad, Abû-l-'Abbâs Ahmad Ibn 'Atâ' Baghdâdî, Abû 'Abd Allâh 'Amr Ibn 'Uthmân Makkî, Abû Ya'qûb Yûsuf Ibn Hamdân Sûsî, Abû Ya'qûb Ishâq Ibn Muhammad Ibn Ayyûb Nahrajûrî, Abû Muhammad Hasan Ibn Muhammad Jurayrî, Abû 'Abd Allâh Muhammad Ibn 'Alî Kattânî, Abû Ishâq Ibrâhîm Ibn Ahmad al-Khawwâs, Abû 'Alî Awrâjî, Abû Bakr Muhammad Ibn Mûsâ Wâsitî, Abû 'Abd Allâh Hâchimî, Abû 'Abd Allâh Haykal Qurachî, Abû 'Alî Rûdhabârî, Abû Bakr Qahtabî, Abû Bakr Chiblî qui s'appelait Dulaf Ibn Jahdar. *(Voir les notices biographiques.)*

4. Ceux qui ont traité des questions éthiques *(mu'âmalât)* [25]

Citons : Abû Muhammad 'Abd Allâh Ibn Muhammad Antâkî, Abû 'Abd Allâh Ahmad Ibn 'Asim Antâkî, 'Abd Allâh Ibn Khubayq Antâkî, Hârith Ibn Asad al-Muhâsibî, Yahyâ Ibn Mu'âdh Râzî, Abû Bakr Muhammad Ibn 'Umar Ibn Fadl al-Warrâq Tirmidhî, Abû 'Uthmân Sa'îd Ibn Ismâ'îl Râzî, Abû 'Abd Allâh Muhammad Ibn 'Alî Tirmidhî, Abû 'Abd Allâh Muhammad Ibn Fadl Balkhî, Abû 'Alî Jûzajânî, Abû-l-Qâsim Ibn Ishâq Ibn Muhammad al-Hakîm Samarqandî. *(Voir les notices biographiques.)*

Telles sont les personnalités éminentes du soufisme, celles que l'on cite et qui sont renommées, et dont la précellence est attestée. Ces hommes possédaient à la fois les connaissances provenant de l'héritage spirituel du Prophète et les sciences que l'on acquiert par l'étude. Ils avaient appris par la transmission orale les traditions du Prophète *(hadîth)*, et ils connaissaient tout à la fois la science du droit *(fiqh)*, la théologie *(kalâm)*, les sciences de la langue arabe et les sciences coraniques, ce dont témoignent leurs livres et leurs œuvres.

Si nous n'avons pas mentionné les soufis les plus récents et ceux qui sont nos contemporains, et dont pourtant la science n'est pas moindre que chez ceux que nous avons cités, c'est parce qu'ils sont trop connus pour que nous ayons à en parler.

5. Exposé de leur doctrine sur l'Unité divine *(tawhîd)*

Les soufis sont unanimes à proclamer que Dieu est Unique et Un, Seul et Impénétrable, Éternel et Savant, Puissant et Vivant, Audient et Voyant, Omnipotent et Infini, Majestueux et Grand, Généreux et Bon, Qui domine et impose Sa Volonté,

Permanent et Premier, Divinité et Maître, Possesseur et Seigneur, Tout-Miséricordieux et Très-Miséricordieux, Voulant et Sage, Parlant, Créateur et accordant la subsistance. Il est qualifié par tous les Attributs par lesquels Il S'est Lui-même décrit, et nommé par tous les Noms qu'Il S'est donné, et Il n'a cessé d'être éternellement avec Ses Noms et Ses Attributs. Il ne ressemble à Ses créatures sous aucun mode : Son Essence ne ressemble pas à leurs essences, et Ses Attributs ne ressemblent pas à leurs attributs. Aucun des signes distinctifs des êtres créés ne s'applique à Lui, car ils indiquent leur contingence. Il n'a cessé de préexister et de précéder les êtres ayant un commencement temporel. Il n'a cessé d'exister avant toute chose. Nul éternel autre que Lui, et nulle divinité si ce n'est Lui.

Il n'est pas un corps, ni le réceptacle d'un esprit, ni une forme, ni un individu, ni une substance, ni l'accident d'une substance. Il n'y a en Lui ni jonction, ni séparation. Il n'est ni mobile, ni immobile. Il ne diminue, ni ne croît. Il n'a ni parties, ni éléments, ni membres, ni organes, ni directions spatiales, ni situations. Aucune gêne ne L'atteint, aucune inconscience ne s'empare de Lui. Il n'est pas soumis à la succession du temps. Aucune désignation ne Le détermine. Aucun lieu ne Le contient, aucune durée ne s'applique à Lui. Il ne saurait être ni en contact avec quoi que ce soit, ni isolé de quoi que ce soit, ni localisé en quelque endroit. Les pensées ne Le cernent point, les voiles ne Le cachent point, et pourtant « *les regards ne L'atteignent point* » [26].

Un soufi parmi les plus grands (Hallâj) [27] a dit à ce sujet : « *Il n'y a pas d'avant qui Le précède, ni d'au-delà qui Le dépasse, ni de à partir de qui Le devance, ni de loin de qui concoure avec Lui, ni de vers qui se joigne à Lui, ni de dans qui Le localise, ni de quand qui Le fixe, ni de si qui délibère avec Lui, ni de au-dessus qui Le couvre, ni de au-dessous qui Le porte, ni de en face qui s'oppose à Lui, ni d'auprès qui Le resserre, ni de en arrière qui Le tire, ni de devant qui L'arrête, ni d'auparavant qui Le fasse apparaître, ni d'après qui Le fasse disparaître, ni de tout qui Le rassemble, ni de il y a qui Le fasse exister, ni de il n'y a pas qui fasse qu'Il n'existe point, ni de voile qui Le cache. Sa perpétuité a devancé la contingence, Son existence a devancé le néant, et Sa prééternité a devancé la fin.*

Si tu dis quand ?, Son être a précédé l'instant.
Si tu dis avant ?, l'avant est après Lui.
Si tu dis Lui (Huwa), le H et le W (de Huwa) sont Sa création.
Si tu dis comment ?, Son essence se dérobe à la description par la manière d'être.
Si tu dis où ?, Son existence a devancé le lieu.
Si tu dis qu'est-Il ?, Son ipséité est distincte des choses.

Il n'y a que chez Lui que deux attributs peuvent être réunis simultanément sans qu'Il se trouve mis par eux en contradiction. Il est caché dans Sa manifestation et manifeste dans Son occultation, car il est « le Manifeste et le Caché », le Proche et l'Éloigné [28], *et Ses créatures sont ainsi empêchées de Lui trouver un semblable.*

Il agit sans contact direct, Il se fait comprendre sans qu'on Le rencontre, et Il guide sans faire signe.
Il n'est ni en proie aux désirs, ni agité par les pensées.
On ne saurait attribuer de modalités à Son Essence, ni de contraintes à Son Action. »

Il y a unanimité chez les soufis sur le fait que les yeux ne L'atteignent pas, que les opinions ne sauraient Le capter, que Ses Attributs ne se modifient pas et que Ses Noms ne changent pas, et qu'Il n'a jamais cessé et ne cessera jamais d'être tel : « *Il est le Premier et le Dernier, le Manifeste et le Caché, et de toute chose Savant* », et « *Rien n'est à Sa ressemblance, alors qu'Il est l'Audient et le Voyant* » [29].

6. Exposé de leur doctrine sur les Attributs divins *(sifât)*

Les soufis sont unanimes à proclamer que Dieu possède des Attributs réels et par lesquels Il est qualifié, tels que : Science, Puissance, Force, Gloire, Mansuétude, Sagesse, Grandeur, Pouvoir irrésistible, Éternité, Vie, Volonté normative *(irâda)* et Volonté créatrice *(machî'a)*. Ces Attributs ne sont ni des corps, ni des accidents, ni des substances, pas plus que Son Essence n'est un corps, ni un accident, ni une substance. Ils s'accordent également sur le fait que Dieu possède réellement ouïe et vue, face et main, mais qui ne sont pas comme l'ouïe, la vue, les faces et les mains (des créatures). Ce sont pour Dieu des Attributs et non des membres, des organes, ou des éléments. Ils reconnaissent unanimement que ces Attributs ne sont ni Lui, ni rien d'autre que Lui. Affirmer leur existence ne signifie pas qu'Il a besoin d'eux, et que c'est par eux qu'Il produit les choses; mais leur signification est à la fois la négation de leurs contraires et l'affirmation qu'ils existent en tant que tels et qu'ils subsistent en Lui. Mentionner la Science divine ne signifie pas seulement la négation en Lui de l'ignorance, et la Puissance divine la négation de l'impuissance, mais c'est bel et bien affirmer cette Science et cette Puissance. Si la négation de l'ignorance suffisait pour être qualifié de savant, et celle de l'impuissance pour être qualifié de puissant, n'importe quelle chose inanimée dont on nierait l'ignorance et l'impuissance serait alors savante et puissante ! Il en irait de même pour tous les attributs.

L'attribution que nous Lui faisons nous-mêmes de telles qualités n'est pas forcément un Attribut pour Lui, mais notre attribution est celle d'une qualité qui existe en nous et qui est la transposition d'un Attribut subsistant en Lui. Quiconque fait de sa propre attribution un Attribut de Dieu, sans que cet Attribut ait été réellement affirmé de Dieu, est véritablement un menteur, mentionnant pour Dieu quelque chose qui ne saurait réellement Le qualifier. Dieu peut bien être mentionné par quelqu'un d'autre, car l'acte de mentionner est un attribut de celui qui mentionne et non de celui qui est mentionné, tandis que celui qui est qualifié ne l'est pas forcément par l'attribution de celui qui lui accorde des qualités. Ainsi donc, si l'attribution de celui qui Le qualifie suffisait pour être un Attribut de Dieu, les attributions que Lui donnent les polythéistes et les infidèles seraient pour Lui des Attributs réels, tels qu'avoir une épouse, un fils et des égaux !

Dieu a affirmé Lui-même Sa transcendance par rapport à leurs attributions par Sa parole : « *Gloire à Lui et qu'Il soit exalté au-dessus de ce qu'ils Lui attribuent !* »[30] Il est en effet qualifiable par un Attribut qui subsiste en Lui et qui n'est pas distinct de Lui, comme lorsqu'Il dit : « *Ils n'embrassent rien de Sa Science* », « *Il l'a fait descendre par Sa Science* », « *Nulle femelle ne porte ou ne met bas si ce n'est par Sa Science* », ou lorsqu'Il dit : « *Celui qui détient la Force, le Ferme* », « *Celui qui détient la Faveur Immense* », « *A Dieu appartient l'Omnipotence, en totalité* », « *Celui qui détient la Majesté et la Munificence* »[31].

Ils reconnaissent unanimement encore que les Attributs ne sont ni différents ni identiques entre eux : Sa Science n'est pas Sa Puissance, ni pourtant rien d'autre que Sa Puissance ; et il en est de même pour tous Ses Attributs, tels que l'Ouïe, la Vue, la Face, la Main : Son Ouïe n'est pas Sa Vue, et pourtant rien d'autre que Sa Vue, de même que Ses Attributs ne sont ni Lui, ni autres que Lui.

Mais ils divergent à propos des « allées » et « venues » et des « descentes » divines. La majorité pense que ce sont des Attributs de Dieu, selon le mode qui Lui convient, et dont on ne peut rien dire de plus que ce qu'on lit dans le Coran et ce que transmet la Tradition. Il faut y croire, et on ne doit pas en discuter. Selon Muhammad Ibn Mûsâ Wâsitî, Son Essence est inexplicable et il en va de même pour Ses Attributs, et ce qui montre bien le caractère impénétrable de Dieu, c'est que l'on désespère d'élucider la nature véritable des Attributs et les réalités profondes de l'Essence. En revanche, on a donné l'interprétation allégorique suivante : « aller » à une chose signifierait pour Dieu lui faire parvenir ce qu'Il veut, « descendre » vers elle serait pour Lui s'occuper d'elle, en « être proche » ce serait l'honorer, en « être éloigné » serait la disgracier. Ce même procédé d'interprétation était appliqué pour tous les Attributs à caractère anthropomorphique *(mutachâbiha)* [32].

7. Leurs divergences sur la thèse que Dieu n'a cessé d'être Créateur

Les soufis sont en désaccord sur la doctrine selon laquelle Il n'a cessé d'être Créateur. Cependant la majorité d'entre eux, la plupart des anciens, ainsi que les soufis éminents, ont soutenu qu'il n'est pas possible qu'advienne à Dieu un Attribut qui ne Lui conviendrait pas dans la pérennité prééternelle. Il n'est pas possible d'admettre que le nom de Créateur ne Lui conviendrait pas antérieurement pour avoir créé la Création, ni le nom de Producteur pour avoir donné un commencement aux êtres, ni le nom de Formateur pour leur avoir donné des formes ; car s'il en était ainsi, il Lui manquerait quelque chose dans la prééternité, et Il serait complété par l'acte de créer, et Dieu est bien trop haut pour cela [33] !

Ils ont donc soutenu que Dieu n'a cessé d'être Créateur, Producteur, Formateur, Pardonneur, Très-Miséricordieux, Récompensant. Et il en va de même pour tous Ses Attributs par lesquels Il S'est Lui-même décrit et dont Il est qualifié dans la prééternité. De même qu'Il est qualifié par la Science, la Puissance, la Gloire, la Grandeur et la Force, de même Il est qualifiable par l'action de générer l'être, de former, de façonner, par la Volonté, la Générosité, le Pardon, la Faveur, le don de la subsistance et la Gratitude. Et tout cela sans distinguer entre les Attributs dits « d'action » et ceux auxquels on ne donne pas cette appellation, tels que l'Infinité, la Majesté, la Science et la Puissance.

Puisqu'il est établi qu'Il est Audient, Voyant, Puissant, Créateur, Producteur, Formateur, si la louange qui Lui en est faite n'était méritée que par l'existence de ce qui est créé, formé et produit, Il aurait été dans la nécessité de créer, or le besoin est le signe de la contingence. D'autre part, cela impliquerait nécessairement le changement et le passage d'un état à un autre : Il ne serait pas Créateur puis deviendrait Créateur, Il ne serait pas Voulant puis le deviendrait. Cela serait analogue à la « disparition » *(uf ûl)* que rejetait Abraham, l'Ami *(khalîl)* de Dieu, quand il disait : « *Je n'aime pas ceux qui disparaissent* [34]. »

Créer, générer l'être, agir sont des Attributs de Dieu, par lesquels Il est qualifié dans la prééternité. L'action est autre que son effet; il en va de même pour l'acte de façonner et la génération de l'être (qui sont différents de leur objet). Si c'était la même chose, la génération des êtres se ferait spontanément par eux-mêmes, et la seule différence intelligible entre Dieu et eux serait qu'ils n'étaient pas et qu'ensuite ils furent.

Certains ont cependant refusé la thèse que Dieu n'a jamais cessé d'être Créateur, alléguant que cela implique nécessairement la coexistence éternelle des créatures avec Lui.

Mais, puisqu'ils reconnaissent unanimement qu'Il n'a cessé d'être Possesseur, Divinité et Seigneur sans qu'il y ait pour autant de sujet ni d'esclave dans la prééternité, il est de même admissible qu'Il ait été éternellement Créateur, Producteur et Formateur sans qu'existent de créature, ni d'être produit, ni d'être formé.

8. Leurs divergences sur les Noms divins

Ils ont été en désaccord sur la question des Noms. Les uns ont soutenu, comme pour les Attributs, que les Noms ne sont ni Dieu, ni autres que Lui. Les autres ont soutenu que les Noms de Dieu sont Dieu.

9. Leur doctrine concernant le Coran

Ils confessent à l'unanimité que le Coran est réellement la Parole de Dieu, qu'il n'est ni créé, ni produit, ni né dans le temps. Et, bien qu'il soit récité par notre langue, écrit sur nos exemplaires, retenu dans notre cœur, il n'y est pas localisé, de même que Dieu, bien que su de notre âme, invoqué par notre langue, adoré dans nos mosquées, n'y est pas localisé. Ils reconnaissent tous également que le Coran n'est ni un corps, ni une substance, ni un accident.

10. Leurs divergences sur ce qu'est la Parole de Dieu

Ils ont été en désaccord sur la question de la Parole de Dieu *(Kalâm)*. La majorité des soufis a soutenu qu'elle est un Attribut éternel de Dieu, appartenant à Son Essence, ne ressemblant en aucune façon à la parole des créatures, et qu'elle n'a pas de quiddité *(mâhiyya)*, de même que Son Essence n'a pas d'autre quiddité que l'affirmation de Son existence.

L'un d'eux a dit ceci : « *La Parole de Dieu est Ordres, Interdictions, Informations, Promesses, Menaces, Récits et Para-*

boles, et Dieu est éternellement ordonnant, interdisant, informant, promettant et menaçant, louant et blâmant. Puisque vous avez été créés et que vous avez été doués de raison, agissez en conséquence, car vous êtes dignes de blâme en fonction de vos transgressions et dignes de récompense en fonction de votre obéissance, en tant que créés ! De même, c'est à nous que s'adressaient les ordres et les interpellations du Coran révélé au Prophète, alors même que nous n'étions pas encore créés et que nous n'existions pas. »

La majorité a reconnu également que la Parole de Dieu ne consiste pas en lettres, ni en sons, ni en épellations, mais que les lettres, les sons et les épellations sont les indications de la Parole divine, destinées à ceux qui sont doués des instruments et des organes du langage, constitués par la luette, les lèvres et la langue. Dieu, Lui, n'a pas d'organe et n'a pas besoin d'instrument, de sorte que Sa Parole ne consiste pas en lettres et en sons. Un soufi éminent (Hallâj) a dit à ce sujet : « *Celui qui parle au moyen des lettres est un être soumis à la causalité, et celui dont le langage se déroule en éléments successifs est un être contraint.* »

Un groupe de soufis a cependant soutenu la thèse que la Parole de Dieu consiste en lettres et en sons, maintenant qu'elle ne peut être connue que de cette façon tout en reconnaissant qu'elle est un Attribut de Dieu, dans Son Essence, et incréée. Telle était la position de Muhâsibî et, parmi les modernes, d'Ibn Sâlim [35].

Mais le principe fondamental est le suivant : puisqu'il est établi que Dieu est éternel et qu'Il ne ressemble aux créatures sous aucun mode, il en est de même pour Ses Attributs. Ils ne ressemblent pas à ceux des créatures, de telle sorte que Sa Parole ne saurait consister en lettres et en sons comme le langage des créatures humaines. D'autre part, puisque Dieu a affirmé pour Lui-même l'existence de la Parole, en disant : « *et Dieu a parlé à Moïse, véritablement* », « *Notre parole à une chose quand Nous la voulons est seulement que Nous lui disions : « sois ! », et elle est* », et « *jusqu'à ce qu'il entende la parole de Dieu* » [36], cela implique nécessairement qu'Il en soit qualifié éternellement. S'il en était autrement, Sa Parole serait le langage des êtres nés dans le temps, et Il serait qualifié dans la prééternité par le contraire de la parole, c'est-à-dire le silence ou l'empêchement de parler. De plus, il est bien établi qu'Il ne Se modifie pas et que Son Essence n'est pas le siège des réalités temporelles ; cela entraîne nécessairement qu'Il n'était pas silencieux et qu'Il n'est pas devenu parlant. L'existence de la Parole et le fait qu'elle n'est pas née dans le temps étant bien établis, ces deux vérités doivent donc être professées. En revanche, puisqu'il n'est nullement établi que Sa Parole consiste en lettres et en sons, il faut s'abstenir *(imsâk)* de soutenir cette thèse.

D'autre part, le mot « Coran » *(qur'ân)* a, dans la langue arabe, différentes acceptions : il s'emploie avec la valeur du nom d'action « récitation » *(qirâ'a)*, comme lorsque Dieu dit : « *Et quand Nous le récitons, suis-en la récitation* [37] *!* » On donne également le nom de Coran aux mots écrits avec les lettres de l'alphabet dans les saints exemplaires ; le Prophète a dit : « *Ne voyagez pas en territoire ennemi avec le Coran !* » Étant donné que la Parole de Dieu, elle aussi, est appelée Coran, tout « Coran » autre que cette Parole de Dieu est produit dans le temps et créé, tandis que le Coran Parole de Dieu n'est ni produit dans le temps, ni créé. D'ailleurs, quand le mot Coran est employé selon l'usage reçu et général, il est compris au sens de Parole de Dieu, et il est donc incréé.

Celui qui s'abstient de dire nettement *(waqafa)* si le Coran est créé ou incréé le fait pour l'une des deux raisons suivantes : ou bien il lui attribue la qualité de produit dans le temps et de créé, et par conséquent à ses yeux le Coran est créé, son mutisme est alors de la dissimulation prudente *(taqiyya)*. Ou bien il s'abstient de prendre nettement position tout en étant convaincu en son for intérieur que le Coran est un Attribut de Dieu dans Son Essence. Et s'il ne veut pas utiliser le terme de « création » et le prononcer, cela ne peut signifier qu'une chose : convaincu intimement que le Coran est un Attribut de Dieu — et les Attributs divins sont incréés —, en l'absence d'un négateur qui le mettrait à l'épreuve, il n'est pas obligé de l'affirmer, et il se borne donc à dire : « *Le Coran est la Parole de Dieu* » sans ajouter un mot. Et puisque l'expression « incréé » n'est transmise dans aucune tradition ni lue dans aucun verset coranique, il a raison d'adopter cette attitude [38].

11. Leur doctrine concernant la vision de Dieu *(ru'ya)*

Les soufis sont unanimes à proclamer que Dieu sera vu par les regards des yeux *(absâr)* dans la Vie Dernière *(al-âkhira)*, que les croyants Le verront et non les infidèles, car c'est une faveur de Dieu, conformément à Sa parole : « *A ceux qui auront bien agi, la Très Belle Récompense avec surcroît* [39] ».

Ils considèrent la croyance à la vision de Dieu comme une possibilité rationnelle et comme une nécessité traditionnelle. Elle est admissible pour la raison, puisque Dieu existe et que tout ce qui existe peut être vu, Dieu ayant mis en nous la possibilité de la vision. Si la raison n'admettait pas la possibilité de Le voir, la demande de Moïse : « *Montre-Toi à moi, que je Te regarde !* [40] » aurait procédé de l'ignorance et de l'impiété. Et Dieu n'aurait pas subordonné la possibilité de la vision à la fixité de la montagne, conformément à Sa parole : « *Si elle reste à sa place, tu Me verras* » ; or le fait que la montagne demeurât fixe était possible pour la raison, si Dieu l'avait maintenue en place. Cela entraîne nécessairement que la vision de Dieu, subordonnée à cette condition, était admissible et possible pour la raison. Il est donc établi que la raison considère comme possible cette vision.

Elle est en outre de nécessité traditionnelle, selon les paroles divines : « *Des visages, ce jour-là, seront brillants, vers leur Seigneur tournés* », « *Certes non ! En vérité, de leur Seigneur, ce jour-là, ils seront séparés par un voile* », et « *A ceux qui auront bien agi, la Très Belle Récompense avec surcroît* » [41], c'est-à-dire la vision de Dieu, selon la Tradition. Le Prophète a dit à ce sujet : « *En vérité, vous verrez votre Seigneur comme vous voyez la lune la nuit où elle est pleine, sans confusion dans Sa vision, le Jour de la Résurrection* » [42] ; c'est une information transmise par des traditions célèbres et aux chaînes ininterrompues et multiples de rapporteurs. Il faut donc confesser la vision de Dieu, y croire, et la déclarer vraie.

Les interprétations qu'en donnent ses négateurs sont absurdes. Par exemple, lorsqu'ils disent, à propos du verset « *vers leur Seigneur tournés* », qu'ils regardent la récompense de leur Seigneur ; or la récompense de Dieu est autre que Dieu. Ou bien, au sujet du verset « *montre-Toi à moi, que je Te regarde !* », ce serait selon eux la demande d'un signe divin ; or Il avait déjà montré Ses signes à Moïse. Ou bien encore, à partir du verset « *les regards ne L'atteignent pas* » [43] ils soutiennent que si cela est vrai pour cette Vie il en est de même pour la Vie future ; or Dieu n'a rejeté que la saisie sensible par les regards, qui implique modalité et délimitation. C'est ce qui entraîne celles-ci que Dieu a rejetées, et non pas la vision sans mode et sans délimitation.

Les soufis sont unanimes à déclarer qu'Il ne sera vu en cette Vie ni par les regards, ni par les cœurs, à moins qu'il ne s'agisse de la certitude (de Son existence). Cette vision est en effet la faveur ultime et le bienfait suprême, admissible seulement dans le lieu suprême. Si ce bienfait était accordé en cette Vie, il n'y aurait pas de différence entre ce bas monde périssable et le Paradis perpétuel, et Dieu — Gloire à Lui ! — n'en aurait pas privé Moïse, Son interlocuteur *(kalîm)*. Cela vaut à plus forte raison pour les autres hommes, qui lui sont inférieurs. Pour dire les choses autrement, ce bas monde est le domaine de l'évanescence *(fanâ')*, et il n'est pas admissible que ce qui est perpétuel puisse être vu dans ce monde périssable. Et si on pouvait Le voir en cette vie, la foi en Lui serait immédiate.

En résumé, Dieu a fait savoir que la vision se produirait dans la Vie dernière, et Il n'a pas indiqué qu'elle aurait lieu ici-bas ; il faut donc s'en tenir à ce que Dieu a déclaré.

12. Leurs divergences sur la vision de Dieu par le Prophète

Ils ont été en désaccord sur la question suivante : le Prophète a-t-il vu son Seigneur lors du « Voyage nocturne *(masrâ)* » [44] ? La majorité d'entre eux et les soufis éminents, parmi lesquels figurent Junayd, Nûrî et Abû Sa'îd al-Kharrâz, ont professé que Muhammad ne L'a pas vu avec ses yeux, non plus qu'aucune créature ici-bas, conformément à la tradition remontant à Aïcha, qui a dit : « *Quiconque prétend que Muhammad a vu son Seigneur en a menti.* »

Certains ont soutenu que le Prophète L'avait vu lors du Voyage nocturne, et que c'est à Lui, parmi les créatures, que la vision avait été réservée, comme Moïse avait eu le privilège d'être l'interlocuteur de Dieu. Leur argument était la tradition rapportée par Ibn 'Abbâs, Asmâ' et Anas. Citons, parmi ces soufis, Abû 'Abd Allâh Qurachî Haykal et quelques modernes [45].

Selon un autre, le Prophète L'aurait vu avec son cœur; il s'appuyait sur l'indication scripturaire fournie par le verset : « *Le cœur n'a pas menti sur ce qu'il a vu* [46]. »

A notre connaissance, aucun des maîtres reconnus de cette communauté spirituelle et des hommes d'expérience n'a soutenu que Dieu était visible en cette vie ou qu'une créature L'avait vu. Nous n'avons rencontré cette allégation ni dans leurs ouvrages ou leurs épîtres, ni dans les récits authentiques les concernant, et nous ne l'avons pas entendue dans la bouche de ceux que nous avons connus. Seul a prétendu cela un groupe de soufis non reconnus par ceux qui font autorité.

On a même dit que certains soufis prétendaient avoir eux-mêmes cette vision, alors que tous les maîtres ont été d'accord pour condamner comme égarés ou comme menteurs ceux qui soutenaient une telle chose. Ils ont même, comme Abû Sa'îd al-Kharrâz, composé des ouvrages traitant de cette question. Junayd aussi a montré leur mensonge et leur égarement dans ses épîtres, et en a parlé abondamment. Les écrits de ces maîtres témoignent bien de leur position, à savoir que quiconque a une telle prétention ne connaît pas Dieu.

13. Leur doctrine sur le décret divin *(qadar)* et la création des actes [47]

Ils sont unanimes à proclamer que Dieu est le créateur de tous les actes de Ses serviteurs *('ibâd)*, comme il est le créateur de leur essence. Tout ce qu'ils font, bien ou mal, est par Sa Décision *(qadâ')* et Son Décret *(qadar)*, Sa Volonté normative *(irâda)* et Sa Volonté créatrice *(machî'a)*. Sans cela, ils ne seraient ni serviteurs, ni sujets du Seigneur, ni créés. Selon Ses paroles : « *Dis : Dieu est le créateur de toute chose* », « *En vérité, toute chose, Nous l'avons créée par décret* », et « *Toute chose qu'ils ont faite est dans les Écritures* » [48]. Et puisque leurs actes sont des « choses », il suit de là nécessairement que Dieu en est le créateur. Et si les actes n'étaient pas créés, Dieu serait le créateur de certaines choses et non de toutes, et Sa parole « *le créateur de toute chose* » serait mensongère, et Dieu est bien trop haut pour cela !

Il est hors de doute que les actes *(af'âl)* sont plus nombreux que les essences *(a'yân)*, et si Dieu était le créateur des essences et les hommes les créateurs des actes, les serviteurs, en créant eux-mêmes, seraient plus dignes de louange que Dieu, les créations des hommes étant plus nombreuses que celles de Dieu ! Et s'il en était bien ainsi pour eux, ils seraient plus parfaits que Dieu quant à la puissance et créeraient davantage que Lui ! Mais Dieu a dit : « *Ou bien ont-ils donné à Dieu des associés, qui auraient créé comme Lui, en sorte que leur création serait pour eux semblable à la Sienne ? Dis : Dieu est le créateur de toute chose, et Il est l'Unique, Celui qui triomphe.* » Il a donc nié qu'il y ait un autre créateur que Lui. Il a dit également : « *Et Nous avons déterminé la mesure de leurs trajets entre elles* », informant ainsi qu'Il avait déterminé les déplacements de Ses serviteurs. De même : « *Alors que Dieu vous a créés, vous et ce que vous faites* », et « *Contre le mal de ce qu'Il a créé* », indiquant ainsi qu'il y a du mal dans ce qu'Il a créé. Il a dit également : « *N'obéis pas à celui dont Nous avons rendu le cœur insoucieux de Notre rappel !* », c'est-à-dire dans lequel Nous avons créé l'insouciance. De même : « *Tenez secret votre propos, ou divulguez-le : Il sait bien ce qu'il y a dans les poitrines. Ne connaît-Il pas ceux qu'Il a créés ?* »[49], faisant ainsi savoir que leurs propos et leurs pensées, secrets ou déclarés ouvertement, sont Sa création.

'Umar demanda : « *O Envoyé de Dieu !, penses-tu que ce que nous faisons est pour une affaire déjà accomplie, ou bien pour une affaire qui commence ? — Pour une affaire déjà accomplie*, répondit le Prophète — *Pourquoi alors ne pas faire confiance et renoncer à agir ? — Agissez*, répliqua le Prophète, *car chacun a des facilités pour ce en vue de quoi il a été créé*[50]. » On lui avait également posé la question : « *Que penses-tu du talisman par lequel nous nous protégeons et du remède que nous utilisons pour nous soigner, est-ce qu'ils repoussent le décret de Dieu ? — Ils font partie du décret de Dieu* », répondit le Prophète. Il a dit aussi : « *Par Dieu ! personne n'est croyant tant qu'il ne croie pas en Dieu et au décret, bon ou mauvais, venant de Dieu.* » Puisqu'il est admissible que Dieu puisse créer une essence qui est mauvaise, il est également admissible qu'Il crée l'acte qui est mauvais.

Il y a accord sur la thèse que le mouvement d'un homme atteint de tremblement est une création de Dieu, tout comme le mouvement de n'importe quel autre homme, mais que Dieu a créé pour celui-ci à la fois le mouvement et le libre arbitre *(ikhtiyâr)*, et pour celui-là le mouvement sans le libre arbitre.

A propos du verset « *A Lui ce qui demeure dans la nuit et le jour* »[51], Abû Bakr Wâsitî déclare : « *Quiconque prétend que quelque chose de Son Royaume* (mulk), *qui est précisément ce qui demeure dans la nuit et le jour, ne serait-ce qu'une pensée ou qu'un mouvement, est à lui, par lui, vers lui ou de lui, en conteste à Dieu la possession et porte atteinte à Son omnipotence.* » De même, au sujet du verset « *N'est-ce point à Lui qu'appartiennent la Création et l'Ordre ?* »[52], il dit ceci : « *Créer c'est faire exister* (îjâd), *et ordonner c'est donner la liberté d'agir* (itlâq) *; et tant que les membres ne reçoivent pas un ordre libre dans son accomplissement, ils ne peuvent ni s'y conformer, ni de même s'y opposer, en quoi que ce soit.* »

14. Leur doctrine sur la capacité
(istitâ'a)

Ils sont unanimes à proclamer que les hommes n'émettent pas un souffle, ne lancent pas un regard, ne font pas un mouvement, sans un pouvoir que Dieu produit en eux et une capacité qu'Il crée pour eux, concomitants à leurs actes, non antécédents à ceux-ci, ni subséquents, et que les actes n'existent que par ce pouvoir et cette capacité. Sans cela, ils seraient comme Dieu : ils feraient ce qu'ils voudraient et décréteraient ce qu'ils désireraient. Et Dieu, le Fort et le Puissant, qui a dit : « *Et Dieu fait ce qu'Il veut* »[53], ne serait pas supérieur à l'un quelconque de Ses serviteurs, humbles, faibles et démunis.

Si la capacité en question consistait en l'intégrité physique, chaque homme doté d'organes sains aurait une action égale. Mais nous constatons que cette équivalence en ce qui concerne l'intégrité physique ne s'applique pas aux actes de ceux qui sont dotés d'organes sains. Il est ainsi établi que la capacité est un pouvoir que reçoivent les organes sains. Ce pouvoir diffère en plus ou en moins, et il est variable selon les moments, comme chacun peut l'observer en lui-même.

Ceci dit, le pouvoir est un accident *('arad)*. Or l'accident ne dure pas, ni par lui-même, ni par la permanence de quelque chose qui se trouverait en lui. En effet, ce qui ne subsiste pas par soi-même et par qui ne subsiste pas un autre que lui, ne dure pas par la permanence d'une autre chose en lui, cette permanence d'un autre ne lui apportant à lui-même aucune durée. La thèse selon laquelle l'accident aurait une durée est donc fausse, et cela entraîne nécessairement que le pouvoir de chaque acte est différent du pouvoir d'un autre acte. Sans cela, les créatures n'auraient pas besoin de Dieu et ne dépendraient pas de Lui au moment où elles agissent, et Sa parole « *Et c'est à Toi que nous demandons aide* »[54] n'aurait pas de sens.

Si le pouvoir existait avant l'acte, alors qu'il ne demeure pas au moment où celui-ci est accompli, l'acte aurait lieu en l'absence du pouvoir d'agir. S'il en était ainsi, l'acte existerait sans le pouvoir, et ce serait la négation tout à la fois des notions de seigneurie et de servitude. Il serait alors admissible en effet qu'un acte puisse se produire sans pouvoir, et dans ces conditions on pourrait admettre l'existence spontanée d'actes sans agent. Mais Dieu a dit, lors du récit de Moïse et du saint serviteur : « *Tu ne seras pas capable d'avoir de la patience avec moi* », et « *Voilà l'explication de ce que tu as été incapable de supporter avec patience* », voulant dire : ce sur quoi tu n'as eu aucun pouvoir [55].

Les soufis s'accordent également à professer que les actes et l' « *acquisition* (iktisâb) *des actes* » sont à imputer réellement aux hommes, qu'ils en sont soit récompensés, soit punis, et que c'est pour cette raison que sont venus le « commandement » *(amr)* et l' « interdiction » *(nahy)* et qu'ont été mentionnées la « promesse » *(wa'd)* et la « menace » *(wa'îd)*. La notion d' « acquisition » est que l'homme agit sous l'effet d'un pouvoir contingent *(muhdatha* = produit par Dieu). On a dit aussi que l'acquisition signifiait que l'homme agit dans un but utile ou pour éviter une chose nuisible, conformément à la parole divine : « *En sa faveur ce que* (l'âme) *a obtenu, et contre elle ce qu'elle a acquis* (de mauvais) [56]. »

Ils sont également d'accord sur la thèse que les hommes, dans l'acquisition de l'acte, sont libres et volontaires, et qu'ils n'y sont ni entraînés malgré eux, ni contraints ou forcés. Quand nous disons que les hommes sont libres de leurs actes, cela signifie que Dieu a créé en nous le libre arbitre, ce qui implique la négation de toute contrainte; mais il ne s'agit pas d'une délégation de pouvoir *(tafwîd)*.

Hasan, le fils de 'Alî, a dit ceci : « *On n'obéit pas à Dieu malgré soi, et on ne Lui désobéit pas parce qu'on serait le plus fort, et Dieu n'abandonne pas non plus à eux-mêmes les serviteurs de Son Royaume.* »

Sahl Ibn 'Abd Allâh, de son côté, a déclaré : « *Dieu ne fortifie pas les justes malgré eux, mais Il les fortifie par la certitude.* »

Enfin, selon un soufi éminent : « *Quiconque ne croit pas au décret divin est un infidèle, et quiconque dit qu'il est impossible de désobéir à Dieu est un impie.* »

15. Leur doctrine sur la contrainte
(jabr)

L'un d'eux a montré l'absurdité de la thèse de la contrainte, en ces termes : « *La contrainte ne saurait avoir lieu qu'entre deux êtres inflexiblement opposés, l'un qui donne un ordre, l'autre à qui l'ordre s'adresse et qui le refuse, de sorte que le premier y contraint le second. La contrainte, c'est donc, pour celui qui agit, être forcé d'accomplir une action qu'il déteste et à laquelle il préfère une autre. Ainsi contraint, il choisit d'accomplir ce à quoi il répugne, renonçant à ce qu'il aime. Sans cette coercition exercée sur lui et cette contrainte, il ferait ce à quoi il renonce et renoncerait à ce qu'il accomplit. Or nous ne trouvons rien de tel dans l'« acquisition » de la foi ou de l'incroyance, de l'obéissance ou de la transgression. Au contraire, le croyant choisit librement la foi, l'aime et la trouve bonne, la désire et la préfère à son contraire, tandis que l'incroyance lui répugne, qu'il la déteste et la trouve mauvaise, qu'il ne la désire pas et lui préfère son contraire. Dieu a créé pour lui le libre choix de la foi, le fait de la trouver bonne et de la désirer, la haine pour l'incroyance et le fait de la détester et de la trouver laide, conformément à Sa parole* : « *Il vous a fait aimer la foi et Il l'a parée en vos cœurs, tandis qu'Il vous a fait détester l'incroyance, la perversité et la désobéissance* » [57]. « *Quant à l'infidèle, il choisit librement l'incroyance et la trouve bonne, l'aime, la désire et la préfère à son contraire, alors que la foi lui répugne, qu'il la déteste et la trouve mauvaise, qu'il ne la désire pas et qu'il lui préfère son contraire.* »

« *C'est Dieu qui crée tout cela, conformément à Ses paroles : C'est ainsi que Nous avons rendu aimables à chaque communauté ses propres actions* », *et* « *Et celui qu'Il veut égarer, Il lui rend la poitrine étroite et serrée* » [58]. « *Ni le croyant, ni l'infidèle, ne sont empêchés de choisir le contraire de ce pour quoi ils ont opté librement, ni entraînés malgré eux vers ce qu'ils* « *acquièrent* ». *Et c'est pourquoi l'argument de Dieu envers eux est péremptoire et le jugement de leur Seigneur à leur égard est vrai.* » « *Le refuge des infidèles sera le Feu, en raison de ce qu'ils auront* « *acquis* », « *Nous n'aurons pas été injuste envers eux, mais ils auront été les injustes* », « *Et Dieu fait ce qu'Il veut* », « *Ce n'est pas Lui qui sera interrogé sur ce qu'Il fait, mais c'est eux qui seront interrogés* » [59].

Selon Ibn Farghânî (Wâsitî) : « *Aucune pensée ni aucun mouvement n'existent si ce n'est par l'ordre de Dieu, c'est-à-dire par Sa parole* « *sois !* », *car Il détient la création par l'ordre et l'ordre de la création, et créer est Son Attribut. Par ces deux mots (création et ordre), Il n'a laissé à aucun homme doué de raison la possibilité de prétendre que quoi que ce soit de ce bas monde et de la Vie dernière est à lui, par lui ou vers lui. Sache donc qu'il n'y a pas d'autre divinité que Dieu !* »

16. Leur doctrine sur le mieux
(aslah)

Ils sont unanimes à proclamer que Dieu fait à l'égard de Ses serviteurs ce qu'Il veut et décrète à leur sujet ce qu'Il désire, que cela soit ou non « le mieux » pour eux, car la Création est Sienne et l'Ordre est Sien : « *Ce n'est pas Lui qui sera interrogé sur ce qu'Il fait, mais c'est eux qui seront interrogés* » ; sans cela, il n'y aurait pas de différence entre le serviteur et le Seigneur. Dieu a dit : « *Que ceux qui sont infidèles ne considèrent point que le délai que Nous leur impartissons soit un bien pour eux : si Nous leur impartissons un délai, c'est seulement pour qu'ils croissent en péché* », ainsi que « *Dieu veut seulement par là les tourmenter en la vie d'ici-bas, et que leurs âmes s'exhalent alors qu'ils sont infidèles* », et « *Ce sont là ceux dont Dieu n'a pas voulu purifier les cœurs* » [60].

La thèse du « mieux » implique nécessairement que la puissance divine est limitée, et que l'on considère les trésors divins comme épuisés et Dieu Lui-même comme ayant un pouvoir insuffisant. Si, en effet, Il faisait aux hommes l'extrême limite du bien, il n'y aurait plus rien au-delà de cette limite, et s'Il voulait ajouter à ce bien un autre bien, Il ne le pourrait pas et Il ne trouverait plus rien à leur donner qui soit bon pour eux : Dieu est bien trop haut pour cela !

Ils sont d'accord également pour professer que tout ce que fait Dieu envers ses serviteurs, comme les traiter avec bienveillance, leur accorder la santé, la sécurité, la foi ou les guider et leur donner Sa grâce, est pure faveur. La supposition qu'Il aurait pu ne pas agir ainsi est parfaitement admissible. Rien de tout cela n'était une obligation pour Dieu. Si la moindre des choses qu'Il fait était obligatoire pour Lui, Il ne serait digne ni de louange, ni de gratitude.

Ils proclament unanimement encore que la récompense et le châtiment ne sont pas une question de mérite, mais relèvent à la fois du Libre Vouloir, de la Faveur, et de la Justice de

Dieu. En effet, les hommes ne sauraient mériter pour des péchés passagers un châtiment perpétuel, pas plus qu'ils ne sauraient mériter pour des actes en nombre limité une récompense d'une durée illimitée.

Ils sont unanimes à professer aussi que s'Il tourmentait tous ceux qui se trouvent dans les cieux et sur la terre, Il ne serait pas pour autant injuste envers eux. Et s'Il faisait entrer au Paradis tous les infidèles, ce ne serait pas une chose absurde, car la Création est Sienne et l'Ordre est Sien. Mais Il a fait savoir qu'Il répandrait éternellement Ses bienfaits sur les croyants et qu'Il punirait éternellement les infidèles. Or Il est véridique dans Ses paroles et Ses déclarations sont vraies ; il suit donc nécessairement qu'Il agira ainsi envers eux, et il n'en pourrait être autrement, car Il ne saurait tenir là des propos mensongers : Dieu est bien trop haut pour cela !

Ils sont d'accord également sur la thèse que Dieu ne fait pas les choses selon une cause *('illa)*, car si elles avaient une cause, celle-ci en aurait une, et ainsi de suite avec régression à l'infini, ce qui est faux. Dieu a dit : « *En vérité, ceux pour qui a été prévue de Notre part la Très Belle Récompense seront éloignés* (de la Géhenne) », et « *Lui, Il vous a choisis* », ainsi que « *Et la parole de ton Seigneur s'est accomplie : J'emplirai certes la Géhenne, tout ensemble, de djinns et d'hommes* », et « *Et Nous avons déjà créé pour la Géhenne beaucoup de djinns et d'hommes* »[61].

Rien de ce qui provient de Lui ne saurait être une injustice *(zulm)* ou un égarement *(jawr)*. En effet, il n'y a injustice que pour ce qui est interdit et quand on met une chose ailleurs qu'à sa place. Quant à l'égarement, c'est uniquement s'écarter du chemin qui a été indiqué et de l'exemple à suivre montré par un être supérieur sous l'autorité duquel l'on se trouve. Or Dieu n'est pas sous l'autorité d'un puissant, et il n'y a au-dessus de Lui personne pour ordonner ou interdire ; Il ne saurait donc être injuste dans ce qu'Il fait, ni égaré dans ce qu'Il décrète, et rien de Sa part n'est mauvais *(qabîh)*, car est mauvais ce qu'Il a déclaré mauvais, et bon *(hasan)* ce qu'Il a déclaré bon.

Quelqu'un a dit à ce sujet : « *Ce qui est mauvais, c'est ce qu'Il a interdit, ce qui est bon, c'est ce qu'Il a ordonné.* »

Selon Muhammad Ibn Mûsâ (Wâsitî) : « *Les choses que l'on trouve bonnes le sont uniquement par le fait que Dieu Se dévoile, et les choses que l'on trouve mauvaises le sont uniquement par le fait que Dieu Se voile. Ce sont là deux qualités qui persisteront dans la post-éternité* (abad) *telles qu'elles existaient dans la préétérnité* (azal). » Cela signifie que tout ce qui te renvoie à la Réalité divine (Haqq) est bon, et tout ce qui te renvoie à quelque chose d'autre que cette Réalité est mauvais. Ce qui est mauvais et ce qui est bon, c'est donc ce que Dieu a déclaré mauvais ou bon dans la prééternité. Une autre signification de ces paroles est la suivante : ce qui est considéré comme bon, c'est ce qui échappe au voile de l'interdiction, de sorte qu'il n'y a pas alors de voile entre le serviteur et Lui; et ce qui est mauvais, c'est ce qui est derrière le voile, c'est-à-dire celui de l'interdiction, conformément à la parole du Prophète : « *Sur les portes il y a des voiles qui pendent jusqu'à terre* »; les « portes ouvertes » en question seraient les interdictions de Dieu *(mahârim)*, et les « voiles » (ou « rideaux ») seraient les limites *(hudûd)* légales [62] fixées par Dieu.

17. Leur doctrine sur la promesse et la menace *(al-wa'd wa-l-wa'îd)*

Ils sont unanimes à professer que la « menace » absolue concerne les infidèles *(kuffâr)*, et que la « promesse » absolue concerne ceux qui agissent bien *(muhsinûn)* [63].

Certains ont considéré le pardon des petites fautes *(saghâ'ir)* comme nécessairement entraîné par le fait d'éviter les grandes fautes *(kabâ'ir)*, conformément à la parole de Dieu : « *Si vous évitez les grandes fautes dans ce qui vous a été interdit, Nous effacerons pour vous vos mauvaises actions...* » D'autres ont admis pour certaines d'entre elles la même possibilité de châ-

timent que pour les grandes fautes, d'après cette autre parole :
« *Soit que vous manifestiez ce qui est en vos âmes, soit que vous le cachiez, Dieu vous en demandera compte. Il pardonnera à qui Il voudra et tourmentera qui Il voudra* [64]... » Selon une certaine interprétation, la phrase « *Si vous évitez les grandes fautes dans ce qui vous a été interdit* » référerait à l' « associationnisme » *(chirk)* et à l'impiété *(kufr)* sous ses différentes formes, d'où la possibilité de la désigner par un mot au pluriel. Selon une autre interprétation, le fait que le verbe est mis à la deuxième personne du pluriel expliquerait l'emploi au pluriel de l'expression « grandes fautes », pour celle accomplie par chacun.

Ils ont admis la possibilité du pardon des grandes fautes par le Libre Vouloir divin *(machî'a)* et l'intercession du Prophète *(chafâ'a)*. Ils ont considéré également que « les hommes de la Prière *(salât)* » sortiraient nécessairement de l'enfer, et cela indubitablement, grâce à leur foi, selon la parole de Dieu : « *Dieu ne pardonne point qu'Il lui soit donné des associés, alors qu'Il pardonne ce qui est autre que cela, à qui Il veut* » [65], qui fait ainsi du Libre Vouloir divin une condition du pardon pour ce qui est différent de l'associationnisme.

En résumé, leur doctrine est que le croyant vit entre la crainte *(khawf)* et l'espérance *(rajâ')*. Il espère la Faveur de Dieu *(fadl)* pour le pardon des grandes fautes, et il craint Sa Justice *('adl)* en ce qui concerne le châtiment des petites fautes, car le pardon est du ressort inconditionnel du Libre Vouloir, qu'il s'agisse d'une grande ou d'une petite faute.

Si des soufis se montrent sévères et durs en ce qui concerne les conditions du repentir *(tawba)* et le fait d'avoir commis des petites fautes, ce n'est pas parce qu'ils croiraient au caractère inéluctable de la menace divine. Mais c'est bien plutôt pour montrer la gravité du péché en considération de ce qui est dû à Dieu et qui nécessite que l'on s'abstienne de ce qu'Il a interdit. Si parmi les péchés il y en a de petits, ce n'est, à leurs yeux, que si on les prend relativement les uns par rapport aux autres. Ils réclament des âmes qu'elles respectent le droit de Dieu, qu'elles s'abstiennent de ce qu'Il a interdit, et qu'elles s'acquittent de ce qu'Il a ordonné, avec la conscience de leur insuffisance à remplir les conditions exigées dans toute action.

Ils sont, malgré cela, les plus portés à l'espérance quand il s'agit des autres, et les plus remplis de crainte quand il s'agit d'eux-mêmes; et ceci à un point tel qu'on pourrait croire que la menace divine n'a été proférée que pour eux, et que la promesse n'est que pour les autres. C'est ainsi que Fudayl, le soir de la journée de 'Arafa [66], répondit à quelqu'un qui l'interrogeait sur le sort des pèlerins : « *Ils sont pardonnés, sauf de ma présence parmi eux.* » Quant à Sarî Saqatî, il disait : « *Je me regarde dans un miroir plusieurs fois par jour, par crainte que mon visage ne soit devenu noir* [67]. » De lui également cette parole : « *Je ne voudrais pas mourir là où je suis connu, de peur que la terre ne m'accepte pas et que je sois un objet de scandale.* »

Les soufis sont ceux qui pensent le plus de bien de leur Seigneur — et à ce sujet Yahyâ (Ibn Mu'âdh Râzî) disait : « *Celui qui n'a pas une bonne opinion de Dieu ne sera pas réjoui par Sa vue* » —, et ils sont en même temps ceux qui pensent le plus de mal d'eux-mêmes, qui se rabaissent le plus, et qui se considèrent comme indignes de tout bien sur le plan spirituel *(dîn)* comme sur le plan temporel *(dunyâ)*.

En résumé, Dieu a dit : « *Et d'autres ont reconnu leurs péchés, ayant mêlé aux œuvres pies d'autres œuvres qui sont mauvaises. Peut-être Dieu leur pardonnera-t-Il. Dieu est absoluteur et miséricordieux* [68]. » Il a fait ainsi savoir que les actions du croyant sont de deux sortes : pie *(sâlih)* et mauvaise *(sayyi')*; l'œuvre pie est en sa faveur, et l'œuvre mauvaise est contre lui. Et Dieu lui a promis une récompense *(thawâb)* pour ce qui est en sa faveur, et l'a menacé d'un châtiment *('iqâb)* pour ce qui est contre lui. La menace est le droit *(haqq)* de Dieu sur les serviteurs, et la promesse est le droit des serviteurs à l'égard de Dieu et qu'Il s'est imposé à Lui-même. S'Il exige d'eux Son dû, sans S'acquitter envers eux de leur droit, cela ne s'accorde pas avec Sa Faveur, bien qu'Il n'ait pas besoin d'eux alors qu'ils dépendent de Lui. Ce qui, au contraire, s'accorde le plus avec Sa Faveur et convient le mieux à Sa Générosité *(karam)*, est qu'Il S'acquitte envers eux de leurs droits, avec même un surcroît de faveur de Sa part, et qu'Il les dispense de ce qu'ils Lui doivent. C'est de cette façon qu'Il a parlé de Lui-même : « *En vérité, Dieu ne lèse point, fût-ce du poids d'une fourmi. Si c'est une bonne action, Il la comptera double, et Il donnera, de Sa part, une rétribution immense* » [69] ; et l'expression « de Sa part » indique que c'est une faveur et non pas une récompense.

18. Leur doctrine sur l'intercession (*chafâ'a*)

Selon leur accord unanime, il est d'obligation de reconnaître publiquement *(iqrâr)* tout ce que Dieu a mentionné sur l'intercession dans Son Livre et tout ce que les traditions issues du Prophète ont rapporté à ce sujet. Dieu a dit : « *Certes ton Seigneur te donnera et tu seras satisfait !* », « *Peut-être ton Seigneur te donnera-t-Il en mission une situation digne de louanges* (maqâm mahmûd) », « *Et ils n'intercéderont que pour ceux qu'Il a agréés* », ainsi que cette parole des infidèles : « *Nous n'avons point d'intercesseurs* » [70]. Quant au Prophète, il a dit : « *Mon intercession est pour ceux de ma Communauté qui auront commis des fautes graves* », et « *La demande à Dieu que je garde en réserve est l'intercession pour ma Communauté* » [71].

Ils confessent :

— la croyance au Sirât, qui est un pont tendu au-dessus de la Géhenne. Après avoir récité le verset : « *Le jour où la terre sera remplacée par une autre terre* », 'Aïcha demanda à l'Envoyé de Dieu où seraient les hommes à ce moment-là, et il répondit : « *sur le Sirât* » [72] ;

— la croyance à la « Balance » *(mîzân)* et à la pesée des actions des serviteurs, conformément à la parole de Dieu : « *Ceux dont lourdes seront les œuvres seront les bienheureux, tandis que ceux dont légères seront les œuvres...* » [73], bien qu'ils ne sachent pas comment cela se réalisera. En ceci et en semblable matière dont le comment est incompréhensible pour les serviteurs, ils déclarent : « *Nous avons foi en ce que Dieu a dit, selon ce qu'Il a voulu dire, et nous avons foi en ce que l'Envoyé de Dieu a dit, selon ce qu'il a voulu dire* » ;

— que Dieu sortira de l'enfer quiconque aura dans le cœur le moindre atome de foi (littéralement « *une foi qui aurait le poids d'une fourmi* »), conformément à la Tradition ;

— l'éternité du Paradis et de l'Enfer ; ils sont créés, mais ils resteront toujours et à jamais, ils ne disparaîtront pas et ne seront pas anéantis. De même, leurs habitants y demeureront, perpétuels et perpétués, comblés de délices ou de tourments, délices inépuisables et tourments ininterrompus.

Ils portent témoignage en faveur de la foi de la masse des croyants en fonction de leur comportement extérieur, laissant à Dieu le soin de juger leurs pensées intimes.

Ils confessent également que le monde musulman est le domaine de la foi *(îmân)* et de la soumission à Dieu *(islâm)*, et que ses habitants sont statutairement des croyants et des soumis à Dieu (= musulmans). Ceux, parmi eux, qui commettent des fautes graves restent statutairement des musulmans, à la fois croyants en vertu de la foi qu'ils possèdent et grands pécheurs *(fâsiqûn)* en raison de leur prévarication.

Ils jugent :

— qu'il est légitime de faire la Prière derrière n'importe quel imâm, qu'il soit pieux ou pervers ;

— qu'il est légitime de faire la Prière sur le mort, pourvu qu'il fasse partie des « *hommes qui se tournent vers la Mekke* » *(ahl al-qibla)* ;

— qu'il est obligatoire de pratiquer l'observance du vendredi, des réunions et des fêtes, sous la direction de n'importe quel imâm, qu'il soit pieux ou pervers, pour les musulmans qui n'auront pas d'excuse valable ;

— que la fonction de calife *(khilâfa)* est fondée en droit, et qu'elle appartient à la lignée de Quraych, et ils reconnaissent unanimement l'ordre de succession d'Abû Bakr, 'Umar, 'Uthmân, puis 'Alî [74];
— qu'il est bon de suivre l'exemple des Compagnons du Prophète *(sahâba)* et des pieux Anciens *(salaf)*, et ils gardent le silence sur les dissensions survenues entre eux, estimant que cela ne saurait mettre en cause « *la Très Belle Récompense* » que Dieu a prévue pour eux. Et ils professent, à ce sujet, que ceux pour lesquels l'Envoyé de Dieu a attesté qu'ils entreraient au Paradis s'y trouvent effectivement et ne sauraient être dans les tourments de l'Enfer [75];
— qu'il est illégitime de prendre les armes contre ceux qui gouvernent, même s'ils commettent des iniquités;
— qu'il est obligatoire d' « *ordonner le bien et d'interdire le mal* » pour tous ceux qui le peuvent et, dans la mesure du possible, avec compassion et clémence, avec indulgence et miséricorde, avec bonté et par des paroles douces [76].

Ils ont foi au « *châtiment de la tombe* » *('adhâb al-qabr)* et à l'interrogatoire des anges Munkar et Nakîr.

Ils confessent l'Ascension du Prophète *(mi'râj)*, et qu'il est monté jusqu'au septième Ciel et où Dieu l'a voulu, la nuit, en état de veille, et corporellement.

Ils croient à la véracité des songes *(ru'yâ)*, qui sont pour les croyants l'annonce d'une bonne nouvelle ou un avertissement, ou bien encore une instruction.

Ils professent également que l'homme meurt ou est tué au terme *(ajal)* fixé pour lui, et ils rejettent la thèse de la « *coupure de la durée de vie assignée à l'homme* » : « *... et quand leur terme viendra, ils ne pourront ni le retarder ni l'avancer d'une heure* » [77].

19. Leur doctrine
sur le sort des enfants et
diverses questions

Ils confessent que les enfants des croyants sont au Paradis avec leurs parents. Ils divergent sur le cas des enfants des « associationnistes ». Certains disent que Dieu ne punit de l'Enfer que celui qui est convaincu de rébellion et d'infidélité, qui le condamnent nécessairement. La plupart cependant remettent à Dieu le sort de ces enfants, et ils admettent les deux possibilités pour eux de la grâce ou du châtiment.

Questions diverses

Ils sont d'accord sur la légitimité de « *la madéfaction des chaussures* » [78].

Ils admettent que Dieu puisse donner comme subsistance ce qui est interdit [79].

Ils désapprouvent les discussions et les disputes à propos de la religion, ainsi que les querelles et les polémiques sur la prédestination. Ils estiment qu'il vaut mieux se préoccuper de ce qu'il est bon ou mauvais de faire, plutôt que de controverses religieuses.

Ils estiment que la recherche de la connaissance est la meilleure des œuvres, quand il s'agit de la connaissance de ce qu'il convient de faire à chaque instant, extérieurement et intérieurement.

Les soufis sont les êtres les plus compatissants envers les créatures humaines, sans distinction (littéralement : « *que leur langage soit châtié ou barbare* »). Ils sont aussi les plus prodigues de ce qu'ils possèdent eux-mêmes et les plus indifférents à ce que possèdent les autres, les plus soucieux de fuir ce bas monde, les plus avides dans la recherche des traditions du Prophète et de ses Compagnons et les plus empressés à les suivre.

20. De ce que Dieu a imposé aux adultes

Ils professent unanimement que tout ce que Dieu a prescrit aux serviteurs dans Son Livre et dont la nécessité a été énoncée par l'Envoyé de Dieu est un devoir de stricte obligation *(fard wâjib)* et une injonction inéluctable pour les hommes doués de raison et adultes. La permission de s'y soustraire et la liberté de le négliger ne sont accordées en aucune façon à personne, qu'il s'agisse d'un juste *(siddîq)*, d'un saint *(walî)*, ou d'un sage *('ârif)*, même s'il a atteint le rang le plus haut, le degré le plus élevé, la station la plus noble, et la demeure suprême ! Il n'y a, selon eux, aucune station spirituelle qui abolisse pour le serviteur les règles de la Loi *(charî'a)*, permettant, par exemple, ce que Dieu a défendu, rendant licite ce qu'Il a déclaré illicite ou l'inverse, ou encore supprimant l'accomplissement d'une obligation fondamentale sans excuse ni raison valables. Celles-ci, d'ailleurs, ne sont reconnues comme telles que par le consensus de la Communauté et par ce que les dispositions de la Loi ont notifié. Du reste, plus un homme a l'âme purifiée, plus son rang est élevé, plus sa station spirituelle est noble, et plus il fait d'efforts, plus son action est pure et plus sa crainte est grande.

Ils sont d'accord pour professer que les œuvres ne sont pas la cause de la félicité ou du malheur éternels, et que ceux-ci sont prédestinés pour les hommes par ce que Dieu a voulu et a écrit à leur sujet, selon ce que rapporte la tradition suivante transmise par 'Abd Allâh, le fils de 'Umar : « *L'Envoyé de Dieu a dit : Ce Livre vient du Seigneur des Mondes; y sont écrits les noms des habitants du Paradis avec ceux de leurs pères et de leurs tribus. Ils y sont tous jusqu'au dernier, et aucun nom n'y sera jamais ajouté ni retranché. Et il fit de même pour les habitants de l'Enfer.* » Le Prophète a dit également : « *Le bienheureux est celui qui l'était déjà dans le ventre de sa mère, et le réprouvé est celui qui l'était déjà dans le ventre de sa mère* [80]. »

Ils sont unanimes aussi à proclamer que les œuvres ne déterminent pas nécessairement en considération du mérite *(istihqâq)* la récompense ou le châtiment, mais que ceux-ci relèvent de la Faveur et de la Justice divines et de ce que Dieu juge nécessaire. Et ils s'accordent à dire que les délices du Paradis sont pour ceux que Dieu a prédestinés sans raison à la félicité, et que les tourments de l'Enfer sont pour ceux que Dieu a prédestinés sans raison au malheur, comme Il l'a dit : « *Ceux-ci pour le Paradis et Je ne M'en soucie point, ceux-là pour l'Enfer et Je ne M'en soucie point* [81]. » Il a dit aussi : « *Et Nous avons créé déjà pour la Géhenne beaucoup de djinns et d'hommes* », et « *En vérité, ceux pour qui a été prévue de Notre part la Très Belle Récompense seront éloignés* (de la Géhenne) » [82].

Ils soutiennent que les œuvres des serviteurs sont des indications et des signes de ce qui leur a été prédestiné par Dieu, conformément à la parole du Prophète : « *Agissez, car chacun a des facilités pour ce en vue de quoi il a été créé !* »

Selon Junayd : « *L'acte d'obéissance est une anticipation de la Bonne Nouvelle* (buchrâ) *de ce que Dieu a prévu pour ceux qui l'accomplissent.* » Et cette notion d'anticipation vaut de même pour la transgression.

D'après un autre soufi : « *Les actes de dévotion sont la parure de l'extérieur de l'homme, et Dieu ne permet pas que ses membres soient dépouillés de leurs ornements.* »

Muhammad Ibn 'Alî Kattânî a dit aussi à ce sujet : « *Les œuvres sont les vêtements de l'état de serviteur ; Dieu les enlève à celui qu'Il a éloigné de Lui lors de la répartition des destins* (qisma), *et Il leur témoigne Sa sollicitude et les adjoint à celui qu'Il a rapproché de Lui.* »

Malgré cela, les soufis sont d'accord pour dire que Dieu récompensera ou punira les œuvres, puisqu'Il a fait une promesse pour les œuvres pies et a proféré une menace pour les œuvres mauvaises, et qu'Il tiendra Sa promesse et mettra à exécution Sa menace, car Il est véridique et Ses déclarations sont vraies.

Selon eux également, il appartient aux serviteurs de faire tous leurs efforts pour exécuter d'abord ce que Dieu leur a imposé et accomplir ensuite ce qu'Il leur a recommandé. C'est après qu'ils se seront acquittés de ces devoirs et de ces recommandations que se réaliseront les contemplations *(muchâhadât)*, conformément à ce qui est rapporté dans la tradition : « *Celui qui agit en fonction de ce qu'il sait, Dieu lui léguera la connaissance de ce qu'il ne savait pas.* » Dieu a dit : « *Ceux qui auront combattu pour Nous, Nous les dirigerons dans Nos voies* », et « *O vous qui croyez !, soyez pieux envers Dieu et recherchez le moyen d'aller jusqu'à Lui ! Combattez dans Sa voie ! Peut-être serez-vous des bienheureux* » [83].

D'après Yahyâ : « *L'esprit de la Connaissance n'atteindra pas ton cœur, tant que tu n'auras pas accompli ce que tu Lui dois.* »

Junayd a dit aussi : « *Dieu traitera Ses serviteurs à la fin comme Il les a traités au commencement. Il a commencé par être généreux envers eux, Il leur a donné des ordres avec miséricorde, Il leur a fait des promesses par pure faveur, et Il sera encore plus généreux envers eux. Celui qui considère Sa bonté éternelle, il lui sera facile d'exécuter Ses ordres, et après les avoir accomplis il atteindra ce qu'Il a promis ; après qu'il aura obtenu l'objet de Sa promesse, nul doute que Dieu lui ajoutera un surcroît de faveurs.* »

Citons enfin cette parole de Sahl Ibn 'Abd Allâh Tustarî : « *Celui qui cessera de regarder vers Dieu un seul instant ne sera plus jamais guidé durant toute sa vie.* »

21. Leur doctrine
sur la connaissance de Dieu
(ma'rifa) [84]

Ils sont unanimes à professer que la preuve *(dalîl)* qui montre Dieu est Dieu. La voie de la raison, selon eux, est celle qui est suivie par l'être raisonnable dans le besoin qu'il a d'une preuve, car c'est un être contingent. Or, ce qui est contingent ne peut mener qu'à ce qui est contingent comme lui. Quelqu'un demanda à Nûrî : « *Quelle est la preuve qui montre Dieu ? — Dieu,* répondit-il. *— Qu'est donc alors la raison ? — La raison est impuissante, et ce qui est impuissant ne saurait mener qu'à ce qui est impuissant comme lui.* » Selon Ibn 'Atâ' : « *La raison est un instrument destiné à la condition du serviteur ('ubûdiyya), et il n'est pas fait pour observer la condition du Seigneur* (rubûbiyya). » Quelqu'un d'autre a dit : « *La raison parcourt le monde ; si elle regarde vers Celui qui engendre le monde, elle se dissout.* » D'après Qahtabî : « *Celui qu'atteignent les intelligences est un être conditionné, sauf lorsqu'il s'agit de l'affirmation de l'existence ; mais encore faut-il que Dieu Se fasse connaître aux intelligences, car sans cela elles ne sauraient parvenir à l'affirmation de Son existence.* »
On nous a récité ces vers d'un soufi éminent (Hallâj) :

*Celui qui, désirant Dieu, prend la raison pour guide, Dieu le
    laisse s'égarer dans la perplexité où il se complaît.
Il trouble sa conscience par les ambiguïtés, si bien que,
    perplexe, il se demande : « Est-ce bien Lui* [85] *? »*

Et cette autre parole encore d'un soufi éminent (Hallâj) :
« *Nul ne Le connaît, sinon celui à qui Il Se fait connaître. Nul ne proclame Son Unité, sinon celui pour qui Il S'est fait unique. Nul ne croit en Lui, sinon celui à qui Il en accorde la grâce. Nul ne Le décrit, sinon celui à qui Il S'est révélé dans le secret de sa conscience. Nul n'a une dévotion pure envers Lui, sinon*

celui qu'Il attire à Lui. Nul n'est convenable pour Lui, sinon celui qu'Il S'est façonné pour Lui-même. » La phrase « celui pour qui Il S'est fait unique » signifie « celui à qui Il a montré qu'Il est unique ».

Junayd a précisé ceci : « *La connaissance de Dieu est de deux sortes : Il Se fait connaître, et Il fait connaître. Selon la première, Dieu Se fait connaître Lui-même et fait connaître à Ses serviteurs les choses à travers Lui ; c'est ce qui avait fait dire à Abraham : « Je n'aime point ceux qui disparaissent* [86]. » *Selon la deuxième, Il leur fait voir les traces de Sa Puissance* « *dans les horizons et dans les âmes* » [87], *puis Il produit en eux une grâce* (lutf), *et les choses leur montrent alors qu'elles ont un Auteur. Telle est la connaissance du commun des croyants, tandis que la première est celle des privilégiés. Mais aucun d'eux ne connaît vraiment Dieu que par le moyen de Dieu Lui-même.* » C'est en ce sens que Muhammad Ibn Wâsi' a pu dire : « *Je n'ai jamais vu aucune chose sans voir Dieu en elle.* » Et un autre : « *Je n'ai jamais vu aucune chose sans voir Dieu avant elle* [88]. »

Selon Ibn 'Atâ' : « *Dieu S'est fait connaître au commun des croyants par Sa création, conformément à Sa parole :* « *Ne considèrent-ils donc point comment le chameau fut créé ?* » *Aux privilégiés, Il S'est fait connaître par Sa Parole et par Ses Attributs :* « *Ne méditent-ils donc point sur le Coran ?* », « *Et Nous faisons descendre, par le Coran, ce qui est guérison et miséricorde pour les croyants* », *et* « *Et c'est à Dieu qu'appartiennent les Noms les plus beaux* ». *Aux prophètes, Il S'est fait connaître par Lui-même, conformément à Ses paroles :* « *Et c'est ainsi que Nous t'avons révélé un Esprit procédant de Notre Ordre* », *et* « *N'as-tu point vu ton Seigneur, comment Il a étendu l'ombre ?* » [89].

Un soufi éminent (Hallâj), du nombre de ceux qui possédaient la Connaissance, a écrit ces vers :

Il ne reste plus entre moi et Dieu d'explication, ni d'argument, ni de signes miraculeux, servant de démonstration.

*Voici la manifestation divine, qui se lève flamboyante et qui
resplendit souverainement de tous ses feux.
Ne connaît Dieu que celui à qui Il donne la connaissance ;
l'être temporel périssable ne connaît point l'Éternel.
Qu'on ne déduise plus le Créateur de Son œuvre ! vous n'avez
vu que des êtres contingents, qui n'informent que des choses
du temps.
La preuve est à Lui, de Lui, vers Lui, par Lui, comme en
témoigne Dieu dans une révélation discriminante* (tanzîl
furqân).
*La preuve est à Lui, de Lui, par Lui, et à nouveau à Lui ;
c'est la Vérité que nous avons trouvée, et même une
connaissance d'évidence.
C'est là ma réalisation spirituelle, ma confession et ma
conviction ; c'est là l'unification de ma profession de foi
de l'Unité et de ma croyance.
Ainsi s'expriment ceux qui sont seuls avec Lui et qu'Il dote des
connaissances, en secret et en public.
Telle est la réalité de ceux qui réalisent réellement, enfants
de l'Identité, mes compagnons, mes amis* [90] *!*

Et voici encore une autre parole d'un soufi éminent (Hallâj) :
« *Dieu S'est fait connaître à nous par Lui-même, et nous a
montré la connaissance de Lui-même par Lui-même. Ainsi le
témoignage de la connaissance s'est-il fait à partir d'elle-même
et par elle-même, après l'action de Celui qui S'est fait Lui-même
l'objet de cette connaissance.* » Cela signifie que cette connaissance n'a pas de cause, si ce n'est que Dieu la donne au sage, de sorte qu'il la doit à l'action divine qui Le fait connaître.

Un maître éminent (Hallâj) a dit aussi : « *L'aspect apparent
des êtres engendrés est connaissable de soi, car il tombe sous
l'emprise de l'intelligence ; mais la Réalité divine est trop
puissante pour tomber sous l'emprise des intelligences. C'est
Dieu Lui-même qui nous fait connaître qu'Il est notre Seigneur :
« Ne suis-Je point votre Seigneur* [91] *?* Il n'a pas dit : « Qui

suis-Je ? », car les intelligences auraient eu prise sur Lui dès lors qu'*Il serait apparu comme connaissable. Et c'est pourquoi Il est isolé des intelligences et hors de portée par Sa transcendance, à l'exception de l'affirmation de Son existence.* »

Les soufis sont cependant unanimes à professer que seul un être doué d'intelligence puisse Le connaître, parce que l'intellect est pour le serviteur l'instrument qui lui permet de connaître tout ce qu'il connaît, bien que de lui-même il ne connaisse pas Dieu.

Selon Abû Bakr al-Sabbâk : « *Lorsque Dieu eut créé l'intellect, Il lui demanda :* « *Qui suis-Je ?* » *L'intellect resta muet. Dieu appliqua alors sur sa vue le collyre de la lumière de Son Unicité* (wahdâniyya). *Il ouvrit alors les yeux, et il dit :* « *Tu es Dieu, il n'y a pas d'autre divinité que Toi* » *; car il n'appartenait pas à l'intellect de connaître Dieu, si ce n'est par le moyen même de Dieu.* »

22. Leurs divergences sur la connaissance elle-même

Les soufis sont en désaccord sur ce qu'est la connaissance elle-même et sur la différence entre « connaissance » *(ma'rifa)* et « science » *('ilm)*.

Selon Junayd : « *La connaissance, c'est la réalisation de ton ignorance quand Sa Science s'accomplit — Mais encore ? — Il est celui qui connaît et celui qui est connu.* » Cela signifie que tu L'ignores en tant que toi, et que tu ne Le connais qu'en tant que Lui. Comme l'a dit Sahl : « *La connaissance* (de Dieu), *c'est la connaissance par l'ignorance.* » De lui également, cette autre parole : « *La science est établie par la connaissance, et l'intellect est établi par la science ; quant à la connaissance, elle n'est établie que par elle-même.* » Cela veut dire que quand Dieu donne la connaissance de Lui-même à un serviteur, qui connaît alors Dieu par Son action de Se faire connaître à lui, Dieu produit en lui après cela une science. Le serviteur obtient donc la science par la connaissance, et l'intellect réalise la science qu'Il a produite en lui.

Quelqu'un d'autre a dit ceci : « *Distinguer les choses selon leur manifestation extérieure est science, et les distinguer selon le dévoilement de leurs réalités intérieures est connaissance.* »

Et cet autre encore : « *Il a permis la science au commun des croyants, et Il a réservé particulièrement la connaissance à Ses « Amis »* (awliyâ' = saints). »

Abû Bakr al-Warrâq a dit, quant à lui : « *La connaissance est celle des choses par leurs formes et leurs caractéristiques ; la science est celle des choses par leurs réalités profondes* (haqâ'iq). »

Selon Abû Sa'îd al-Kharrâz : « *La connaissance de Dieu, c'est la science de la queste de Dieu avant la réalisation, et la science de Dieu s'opère après la réalisation. Cette science de Dieu est plus cachée et plus subtile que la connaissance de Dieu.* »

Fâris [92] déclarait : « *La connaissance est celle qui pénètre complètement au fond de l'objet connu.* »

D'après un autre soufi : « *La connaissance, c'est ne faire cas d'aucune valeur sauf de Dieu, et ne considérer aucune valeur à côté de Dieu.* »

A quelqu'un qui lui demandait : « *Par quel moyen as-tu connu ton Seigneur ?* », Dhû-l-Nûn répondit : « *Je n'ai jamais songé à un acte de désobéissance sans en avoir honte en évoquant la Majesté de Dieu* (jalâl). » Être conscient de la proximité de Dieu était pour lui le signe qu'il possédait la connaissance.

On avait posé à 'Ulayyân la question : « *Quels sont tes rapports avec le Seigneur ? — Je ne me suis plus détourné de Lui depuis que je Le connais*, répondit-il — *Quand L'as-tu connu ? — Depuis que l'on m'a appelé « le fou »*. Le signe pour lui de sa connaissance de Dieu, c'était l'extrême révérence qu'il Lui portait.

Sahl disait : « *Gloire à Celui dont les serviteurs n'atteignent la connaissance que par impuissance à Le connaître* [93] *!* »

23. Leur doctrine sur l'esprit
(rûh)

Selon Junayd : « *L'esprit est une chose dont Dieu S'est réservé la science, et qu'Il n'a fait comprendre à aucune de Ses créatures. Tout ce que l'on peut en dire, c'est qu'il existe, conformément à Sa parole* : « (Ils t'interrogent sur l'Esprit). *Dis : L'Esprit procède de l'Ordre de mon Seigneur*, (et il ne vous a été donné que peu de science à son sujet) » [94].

Abû 'Abd Allâh Nibâjî [95] a dit : « *L'esprit est un corps trop subtil pour être perçu, et trop grand pour être touché. Tout ce que l'on peut en dire, c'est qu'il existe.* »

D'après Ibn 'Atâ' : « *Dieu a créé les esprits avant les corps, conformément à Sa parole* : « *Nous vous avons créés* », *et il s'agit des esprits,* « *puis Nous vous avons formés* » [96], *et il s'agit des corps.* »

Selon un autre soufi : « *L'esprit est quelque chose de subtil* (latîf) *qui subsiste dans quelque chose de grossier* (kathîf), *comme la vue, qui est une essence subtile, subsiste dans une substance grossière.* »

La majorité des soufis est d'accord pour dire que l'esprit est une réalité intelligible *(ma'nâ)* par laquelle le corps vit.

D'après l'un d'eux : « *L'esprit est* (comme) *une brise embaumée qui engendre la vie, et l'âme* (nafs) *est* (comme) *un souffle chaud qui engendre les mouvements et les désirs.* »

Interrogé sur l'esprit, Qahtabî répondit : « *Il n'a pas été soumis à l'humiliation du* « *sois !* » » (= la parole créatrice). Cela signifierait, selon lui, qu'il n'est autre que l'acte de donner la vie; or, être vivant et donner la vie sont l'attribut de Celui qui fait vivre, comme façonner et créer sont l'attribut du Créateur. Ceux qui soutiennent cette thèse tirent argument de la lettre de la parole divine : « *Dis : L'Esprit procède de l'Ordre de mon Seigneur.* » Ils déclarent que Son Ordre c'est Sa Parole, et que Sa Parole est incréée. C'est comme s'ils disaient que le vivant ne devenant tel que par Sa parole

« sois ! », l'esprit ne saurait être une réalité intelligible ayant comme réceptacle une chose créée telle qu'un corps. Mais cela n'est pas exact. Ce qui est juste, c'est que l'esprit est effectivement une réalité intelligible dans le corps et créée, comme le corps lui-même est créé.

24. Leur doctrine sur les anges *(malâ'ika)* et les envoyés divins *(rusul)*

La majorité des soufis ne se prononce pas sur la question de la supériorité des envoyés divins sur les anges, ou l'inverse. La précellence, selon eux, appartient à ceux que Dieu a préférés, sans que cela dépende de l'essence ou de l'activité. Aucune des deux possibilités ne s'impose à leurs yeux plutôt que l'autre, ni rationnellement ni traditionnellement; les uns tiennent pour la supériorité des envoyés, les autres pour celle des anges.

Selon Muhammad Ibn Fadl (Balkhî) : « *L'ensemble des anges est supérieur à l'ensemble des croyants, bien qu'il y en ait qui soient supérieurs aux anges* », ce qui revient à dire qu'il considérait les prophètes comme supérieurs aux anges.

Ils sont d'accord pour professer qu'il y a une hiérarchie parmi les envoyés divins, conformément à Ses paroles : « *Certes Nous avons préféré certains prophètes à d'autres* », et « *Ces envoyés, Nous en avons préféré les uns aux autres* » (Parmi eux, il en est à qui Dieu a parlé, et Il en a élevé d'autres en degrés) [97]. Mais ils ne désignent pas nommément qui a un mérite supérieur *(fâdil)* et qui a un mérite moindre *(mafdûl)*, selon la parole même de Muhammad : « *Ne faites pas de comparaisons entre les prophètes* [98] ! »

Ils sont cependant unanimes sur la précellence absolue de Muhammad, selon la tradition, parmi d'autres, par laquelle il affirme lui-même : « *Je suis le seigneur des fils d'Adam, et je n'en tire pas vanité ; Adam et ceux qui viennent après lui sont sous ma bannière, et je n'en tire pas vanité* [99] *!* » Dieu a dit également : « *Vous êtes la meilleure Communauté qu'on ait fait surgir pour les hommes* » [100] ; et puisque sa Communauté est la meilleure, il est nécessairement le meilleur des prophètes. Sans parler de toutes les autres preuves de sa précellence qui se trouvent dans le Coran.

Ils sont également d'accord pour proclamer que les prophètes sont les meilleurs des hommes. Il n'y en a aucun dont le mérite soit égal au leur, qu'il s'agisse d'un juste, d'un saint, ou de toute autre personne, aussi élevé que soit son rang et aussi grande que soit son importance.

En désignant Abû Bakr et 'Umar, le Prophète déclara à 'Alî : « *Voici les seigneurs des hommes mûrs qui sont les élus du Paradis, tant parmi les premiers que parmi les derniers, exception faite pour les prophètes et les envoyés* [101]. » Il faisait ainsi savoir qu'Abû Bakr et 'Umar étaient les meilleurs des hommes après les prophètes.

Selon Abû Yazîd Bistâmî : « *Le dernier degré auquel parviennent les justes est le premier des états spirituels des prophètes, et le dernier degré auquel parviennent les prophètes est sans fin.* »

D'après Sahl : « *Les aspirations* (himam) *des sages les mènent jusqu'aux* « *tentures* » *divines ; elles se tiennent alors en silence, inclinées, jusqu'à ce qu'on leur donne l'autorisation d'entrer. Après qu'elles aient fait leurs salutations, on leur remet les robes de la* « *confirmation* » (ta'yîd) *et on leur donne quittance de toute déviation. Ces sages sont les prophètes. Leurs aspirations tournaient autour du Trône. Elles ont été alors revêtues de lumière ; leurs impuretés ont été enlevées. Elles sont parvenues jusqu'au Souverain absolu, qui a fait disparaître alors leurs désirs personnels et a supprimé leur volonté propre, faisant qu'elles n'agissent que par Lui et pour Lui.* »

Abû Yazîd (Bistâmî) a dit : « *Si un seul atome du Prophète apparaissait au monde des créatures, tout ce qui se trouve en dessous du Trône n'y résisterait pas.* » Selon une autre de ses paroles : « *On ne saurait mieux comparer la connaissance et la* science des créatures en ce qui concerne le Prophète, qu'aux gouttes qui suintent à l'extrémité d'une outre fermée ! »

Selon un autre soufi : « *Aucun prophète n'a atteint la même perfection dans la soumission et la confiance que celle du « Bien-Aimé de Dieu »* (Muhammad) *et de « l'Ami de Dieu »* (Abraham). *C'est pourquoi même les plus grands désespèrent de parvenir à une telle perfection, malgré leur état de proximité de Dieu et la réalisation de la contemplation.* »

Abû-l-'Abbâs Ibn 'Atâ' a dit : « *La demeure spirituelle la plus basse des envoyés est le plus haut degré atteint par les prophètes ; la demeure spirituelle la plus basse des prophètes est le plus haut degré des justes ; la demeure spirituelle la plus basse des justes est le plus haut degré des martyrs ; la demeure spirituelle la plus basse des martyrs est le plus haut degré des hommes pieux ; et la demeure spirituelle la plus basse des hommes pieux est le plus haut degré des croyants.* »

25. Leur doctrine sur les erreurs attribuées aux prophètes

La thèse de Junayd et de Nûrî, ainsi que d'autres soufis éminents, est que ce qui est imputé aux prophètes ne concerne que leur être extérieur, et que leur être profond restait plongé dans la contemplation de la Réalité divine. Ils tirent argument de Sa parole : « (Nous avions fait auparavant une alliance avec Adam.) *Et il a oublié, sans que Nous trouvions en lui d'intention délibérée* [102]. » Selon eux, les actions *(a'mâl)* ne valent que si elles sont précédées des engagements et des intentions, et là où il n'y a ni engagement ni intention, il n'y a pas d'acte effectif *(fi'l)*. C'est précisément cet acte effectif que Dieu a démenti dans le cas d'Adam, par Sa parole : « *Et il a oublié, sans que Nous trouvions en lui d'intention délibérée.* » Les admonestations que Dieu leur adresse alors seraient donc seulement destinées à informer les autres hommes, pour qu'ils sachent, quand ils commettent des transgressions, quels sont les cas où elles font l'objet d'une demande de pardon.

Certains soufis considèrent de telles fautes comme effectives, mais ils disent qu'elles relèvent de la mauvaise interprétation et de l'erreur de la part des prophètes, ce qui leur vaut d'être admonestés en raison de la hauteur de leur rang et de l'élévation de leur degré spirituel. Ces admonestations ont un rôle dissuasif pour les autres hommes, et un rôle formateur pour les prophètes tout en préservant les faveurs divines dont ils sont l'objet.

Pour d'autres, elles relèveraient de l'état d'inconscience et de distraction, qu'ils attribuent au fait qu'une réalité plus élevée peut faire oublier une réalité d'ordre inférieur. Ils expliquent ainsi l'état de distraction du Prophète lors de la Prière, préoccupé davantage de Celui qui est plus important que la Prière elle-même. Ceci est d'ailleurs en accord avec sa parole : « *Je me réjouis* dans *la Prière* », faisant ainsi savoir qu'il y avait quelque chose dans la Prière qui le réjouissait, mais il n'a pas dit : « *Je me réjouis de la Prière* [103]. »

Tous ceux qui affirment l'existence effective d'erreurs et de manquements chez les prophètes les considèrent comme des petites fautes accompagnées de la résipiscence. C'est ainsi que Dieu a dit, dans les récits coraniques concernant Son élu Adam et son épouse — que la Paix soit sur eux ! — : « *Notre Seigneur !*, répondirent-ils, *nous nous sommes lésés nous-mêmes*, (et si Tu ne nous pardonnes et ne nous fais miséricorde, nous serons du nombre des perdants) » et « (Par la suite, son Seigneur l'a élu), *lui a pardonné et l'a dirigé* ». De même, en ce qui concerne David : « *Et David comprit que Nous l'avions mis à l'épreuve. Il demanda pardon à son Seigneur, tomba prosterné et vint à résipiscence* [104]. »

26. Leur doctrine sur les charismes
(karâmât) des saints

Ils sont unanimes à affirmer l'existence des charismes des saints, bien qu'on puisse les ranger dans la catégorie des miracles *(mu'jizât)*, tels que marcher sur l'eau, parler aux animaux, parcourir en un instant de grandes distances, ou tels que la manifestation d'une chose hors de son lieu et de son temps (comme un fruit hors de son cadre naturel et de sa saison). Tous ces faits ont été rapportés, et leurs récits sont authentiques. La Révélation (le Coran) en parle, comme, par exemple, dans l'histoire du trône de la Reine de Saba transporté instantanément auprès du Roi Salomon par « *celui qui avait connaissance de l'Écriture et qui dit :* « *Moi, je te l'apporterai avant que ton œil ait cligné* » ». Ou l'histoire de Marie et de la nourriture miraculeuse que Zacharie trouvait près d'elle chaque fois qu'il entrait dans le Sanctuaire : « *Il dit :* « *Ô Marie ! comment as-tu eu ceci ?* » « *Ceci vient de Dieu* », *répondit-elle* [105]. » Ou bien encore, entre autres, l'histoire de la lumière émise par les fouets de deux hommes au sortir de leur entretien avec le Prophète [106].

Si cela était possible à l'époque du Prophète, ce l'est encore à une autre époque. Du temps du Prophète cela avait valeur d'attestation pour la vérité de sa mission, et il en est encore de même à n'importe quelle époque. Ce qui est arrivé notamment à 'Umar Ibn al-Khattâb s'est produit après la mort du Prophète : il appela Sâriya, en criant : « *Sâriya Ibn Hisn ! la montagne, la montagne !* », alors que 'Umar se trouvait en chaire à Médine, tandis que Sâriya faisait face à l'ennemi à un endroit situé à un mois de distance (à la bataille de Néhavend) [107].

Ceux qui nient la possibilité de telles choses le font parce qu'ils croient démontrer que la prophétie n'existe pas. Ils raisonnent ainsi : le prophète ne se distinguerait des autres hommes que par l'apport d'un miracle, qui prouverait sa véridicité et dont les autres seraient incapables. Si donc un miracle se manifestait chez quelqu'un d'autre, il n'y aurait plus de différence entre celui qui est prophète et celui qui ne l'est pas, ni de preuve de sa véridicité. Et Dieu, d'après eux, serait impuissant à désigner clairement qui est prophète et qui ne l'est pas.

Abû Bakr al-Warrâq répond à cela : « *Ce n'est pas le miracle qui fait le prophète. Un homme n'est prophète que parce que Dieu lui confie une mission et l'inspire. Quiconque est envoyé par Dieu et est inspiré par Lui est prophète, qu'il soit accompagné ou non d'un miracle. Ceux à qui s'adresse l'* « *appel* » *(da'wa) de l'envoyé divin doivent y répondre, même s'il ne leur montre pas de miracle. Les miracles sont seulement destinés à renforcer l'argumentation envers ceux qui ne croient pas, et à établir le caractère inéluctable de la menace du châtiment pour ceux qui se rebellent et sont infidèles. Répondre à l'appel d'un prophète est une nécessité, puisqu'il appelle à ce que Dieu a rendu obligatoire : proclamer Son unicité, nier qu'Il ait des* « *associés* », *et accomplir ce qui n'est pas rationnellement impossible, mais qui est nécessaire ou possible.* »

Ce dont il faut partir, dans cette question, c'est qu'on a affaire concrètement soit à un prophète, soit à un faux prophète. Le prophète dit la vérité, le faux prophète est un menteur, même si leur aspect extérieur et leur nature physique sont semblables. Et tout le monde est d'accord sur le fait que celui des deux qui dit la vérité est confirmé par Dieu à l'aide du miracle, chose impossible pour celui qui ment; sinon ce serait déclarer que Dieu est incapable de désigner clairement qui est véridique et qui est menteur. Quand il s'agit d'un saint véridique et non d'un prophète, il ne saurait prétendre à la prophétie ni à quoi que ce soit de mensonger ou de faux. Il appelle seulement à ce qui est réel et vrai; et si Dieu manifeste dans sa personne un charisme, cela ne met aucunement en question la qualité de prophète de celui qui est investi de la prophétie, ni ne provoque de suspicion à ce sujet. Celui qui est véridique dit en effet exactement la même chose que le prophète et appelle exactement à la même chose que lui. La manifestation d'un charisme en sa personne est donc une confirmation pour le prophète, une démonstration claire en faveur de son appel, une conclusion convaincante de son exhortation, une attestation que tout ce que demande le prophète et tout ce qu'il prétend est vrai, comme sa qualité de prophète et l'affirmation de l'unicité de Dieu.

Certains admettent la possibilité que Dieu montre des prodiges dans la propre personne de Ses « ennemis », et d'une façon qui ne prête pas au doute, de manière à les leurrer et à causer leur perte. Ces prodiges font naître en eux l'arrogance et l'orgueil, et ils croient que ce sont des faveurs divines, que leur comportement leur a méritées et auxquelles leurs actes leur ont donné droit. Ils se reposent avec confiance sur leurs œuvres, s'imaginent être supérieurs au monde entier, et ils sont pleins de mépris pour les serviteurs de Dieu, qu'ils traitent avec superbe, se croyant à l'abri de Ses manœuvres habiles.

Le comportement des saints est tout autre : quand un charisme accordé par Dieu se manifeste à eux, ils s'abaissent devant Lui et se soumettent à Lui davantage encore ; ils Le craignent et s'humilient devant Lui encore plus ; le mépris de leur propre personne s'en trouve augmenté, ainsi que le caractère impératif du droit de Dieu sur eux. Cela leur apporte un surcroît de discipline, et les rend plus forts dans leurs combats spirituels et plus reconnaissants encore envers Dieu pour ce qu'Il leur a donné.

Ainsi donc, les prophètes sont gratifiés de miracles, les saints de charismes, et les « ennemis » de pouvoirs trompeurs.

Quelqu'un a dit que les saints ne savent pas d'où leur viennent leurs charismes, tandis que les prophètes le savent pour leurs miracles et les confirment par la parole. Les saints craignent en effet la tentation (*fitna*), parce qu'ils ne sont pas doués d'infaillibilité (*'isma*), alors que les prophètes n'ont pas à la redouter, étant infaillibles et impeccables. Les soufis disent aussi que le charisme du saint peut être l'exaucement d'une prière, la perfection d'un état, la force donnée pour agir, ou le fait que Dieu Lui-même lui assure sa subsistance, entre autres prodiges. Mais les miracles des prophètes consistent à tirer une chose du néant et à la faire exister, et à métamorphoser les êtres.

Certains théologiens *(mutakallimûn)* et quelques soufis ont cependant admis la possibilité que ces miracles se manifestent chez les « menteurs », sans qu'ils en sachent la provenance au moment où ils les demandent, et dans un domaine qui ne prête pas au doute. Il en serait ainsi dans le cas de l'histoire rapportée par la Tradition, concernant le Pharaon qui avait commandé au Nil de couler, ou celle de l'Imposteur (Dajjâl = l'Antéchrist), qui tuera un homme et donnera l'illusion de le faire revivre [108]. C'est possible, selon eux, dans le cas du Pharaon et de l'Imposteur, parce que ce qu'ils prétendent ne prête pas au doute, étant donné que leur nature témoigne à l'évidence que leur prétention à la seigneurie divine *(rubûbiyya)* est un mensonge.

Ils divergent aussi sur la question suivante : est-il admissible ou non qu'un saint sache qu'il est tel ? Pour certains, cela n'est pas possible, car, s'il le savait, cela lui enlèverait la crainte de la Fin dernière *('âqiba)*. La disparition de cette crainte entraîne nécessairement le sentiment de sécurité, qui, à son tour, supprime le sentiment de servitude *('ubûdiyya)*. Le véritable serviteur vit en effet entre la crainte et l'espoir, conformément à Sa parole : « *Ils Nous priaient avec ferveur et frayeur* [109]. » Pour les soufis les plus révérés et les plus éminents, on peut admettre que le saint connaisse son propre état de sainteté, car celle-ci est une faveur de Dieu à l'égard du serviteur, et il est parfaitement admissible qu'il soit conscient des faveurs et des grâces divines dont il est l'objet, impliquant de sa part une gratitude accrue.

Il y a deux sortes d' « amitié divine » *(walâya* = sainteté) : celle qui fait échapper à l'état d' « inimitié » entre l'homme et Dieu, et qui est celle du commun des croyants ; elle ne suppose pas nécessairement que les individus en soient conscients et la réalisent. C'est vrai seulement en général, lorsqu'on dit que « *le croyant est l'ami de Dieu* ». L'autre « amitié divine » est une amitié d'élection, de choix, et d'appropriation. Elle implique que celui qui en est l'objet en soit conscient et la réalise, qu'il soit préservé de la préoccupation de soi, pour que nulle complaisance ne s'insinue en lui, et qu'il soit ravi aux créatures, c'est-à-dire à la prise en considération de ce qu'il pourrait en attendre, de sorte qu'elles ne le tentent plus. Cela implique également qu'il soit préservé des défaillances de la nature humaine, bien qu'elle reste associée à lui et persiste en lui, de sorte qu'il ne flattera aucun penchant de l'âme susceptible de le tenter dans sa vie spirituelle, même si la perception naturelle de ce qui est agréable subsiste en lui. Telles sont les propriétés de la sainteté accordée par Dieu au serviteur.

L' « Adversaire » ne peut atteindre un tel homme, c'est-à-dire l'égarer, selon Sa parole : « *Tu n'as aucun pouvoir sur Mes serviteurs, à l'exclusion des égarés qui te suivront* [110]. » Il n'est cependant pas protégé définitivement (*ma'sûm* = infaillible et impeccable) contre toute faute, petite ou grande; et s'il tombe dans l'une d'elles, il l'accompagnera d'un repentir sincère. Le prophète, lui, est infaillible et impeccable; il y a accord unanime en ce qui concerne l'impossibilité de l'éventualité d'une grande faute, et quelques-uns ajoutent celle d'une petite faute.

La disparition de la peur de la Fin dernière n'est pas considérée comme impossible, et elle est même admise. Le Prophète a en effet informé ses Compagnons qu'ils étaient de la catégorie des « gens du Paradis », et dans le cas de dix d'entre eux il le leur a assuré comme déjà acquis. Sa'îd Ibn Zayd, qui rapporte cette tradition, fait d'ailleurs partie de la liste des « *Dix qui ont reçu la bonne nouvelle du Paradis assuré* » [111]. Le témoignage donné par le Prophète était nécessairement reçu avec confiance, tranquillité et foi; et ceci impliquait le sentiment d'être à l'abri du changement (de destin), et qu'il n'y avait absolument plus à redouter de modification (du sort final).

Il y a pourtant des traditions qui mentionnent la peur qui persistait chez ceux qui avaient reçu la bonne nouvelle du Paradis assuré. C'est ainsi qu'Abû Bakr s'est écrié : « *Je souhaiterais n'être qu'une datte laissée à becqueter aux oiseaux !* » 'Umar, de son côté, a dit : « *Je souhaiterais n'être que ce brin de paille ; ah ! si je n'étais rien du tout !* » Abû ʿUbayda Ibn al-Jarrâh, lui : « *Je voudrais bien n'être qu'un mouton, que les miens égorgeraient, dont ils mangeraient la chair et boiraient le bouillon !* » Aïcha, quant à elle, a confessé : « *Je souhaiterais n'être qu'une feuille de cet arbre !* » C'était pourtant d'elle que 'Ammâr Ibn Yâsir devait dire solennellement, en chaire à Koufa : « *J'atteste qu'elle est l'épouse du Prophète en cette vie et en la vie dernière* [112] *!* »

De telles paroles de leur part traduisaient leur peur d'enfreindre les ordres divins, leur vénération pour Dieu, la conscience aiguë de Sa grandeur, et la honte d'eux-mêmes qu'Il leur inspirait. Et cependant ils révéraient trop la Réalité divine pour lui désobéir, même s'ils ne devaient pas être châtiés. Comme le disait 'Umar à propos de Suhayb : « *Quel homme, ce Suhayb ! ; même s'il ne craignait pas Dieu, il ne Lui désobéirait pas* [113]. » Ce qui voulait dire que Suhayb n'évitait pas de désobéir à Dieu par crainte de Son châtiment, mais par vénération pour Lui, et parce qu'il était conscient de Sa grandeur et qu'il avait honte devant Lui.

La peur de ceux qui avaient reçu l'assurance d'entrer au Paradis n'était donc pas la crainte de changer de destin et d'avoir un sort final différent, car cette crainte-là, après le témoignage solennel du Prophète, aurait supposé nécessairement qu'ils doutaient de ses paroles, et cela aurait été de l'impiété. Ce n'était pas non plus la peur de la peine de l'Enfer, même pour une durée transitoire et non perpétuelle, puisqu'ils savaient qu'ils ne seraient pas punis par le feu pour leurs actes. S'il s'agissait de petites fautes, elles seraient effacées par le seul fait de s'abstenir des grandes fautes, ou bien par les épreuves qui les atteindraient en cette vie. A ce sujet, 'Abd Allâh Ibn 'Umar rapporte le récit suivant d'Abû Bakr le

Véridique : « *Je me trouvais auprès de l'Envoyé de Dieu au moment où lui fut révélé le verset :* « *Quiconque fera un mal en sera rétribué.* » *Il me demanda alors :* — *Ne te ferai-je point réciter le verset qui vient de m'être révélé ?* — *Oui, répondis-je. Et il me le fit réciter. Je ne sais alors ce qui m'a pris, mais j'ai senti comme si mon dos se brisait, et je m'étendis. L'Envoyé de Dieu me demanda ce qui m'arrivait.* — *Ô Envoyé de Dieu !, m'écriai-je, je t'adjure par mon père et ma mère, qui de nous n'a pas fait de mal ? ; et nous serons donc rétribués pour ce que nous aurons fait ? Il me répondit : En ce qui te concerne, toi ainsi que les croyants, vous en serez rétribués en cette vie, de sorte que vous n'aurez plus de péchés quand vous rencontrerez Dieu ; quant aux autres, cela sera amassé pour eux jusqu'au moment de la rétribution le Jour de la Résurrection* [114]. »

Pour en revenir à ceux qui avaient reçu l'assurance du Paradis, dans la deuxième hypothèse, s'il s'agissait pour eux de grandes fautes, elles seraient sans aucun doute accompagnées du repentir. Ainsi donc, dans les deux cas, la bonne nouvelle du Paradis assuré que leur annonçait le Prophète est réelle, conformément à la tradition précédente, qui montre qu'Abû Bakr parviendra sans péché au Jour de la Résurrection. A ce propos encore, le Prophète avait dit à 'Umar : « Qu'en sais-tu ? Peut-être Dieu a-t-Il regardé les Combattants de Badr, et leur a-t-Il dit : « *Combattants de Badr ! faites ce que vous voulez ! Je vous ai pardonné* [115]. »

S'il en était comme certains l'ont soutenu, à savoir que les Dix ont reçu l'assurance qu'ils entreraient au Paradis mais non pas l'assurance qu'ils ne seraient pas châtiés, et que leur crainte était donc celle de l'Enfer tout en sachant qu'ils n'y seraient pas éternellement, les Dix ne différeraient pas des autres croyants, qui sortiront de l'Enfer sans aucun doute. Admettre qu'Abû Bakr et 'Umar pourraient entrer en Enfer malgré la parole du Prophète : « *Voici les seigneurs des hommes mûrs qui sont les élus du Paradis, tant parmi les premiers que parmi les derniers* », c'est aussi admettre que Hasan et Husayn y entreront malgré ce qu'il a dit à leur sujet : « *Voici les*

seigneurs des jeunes hommes qui sont les élus du Paradis [116]. »
Et si l'on admet que Dieu pourrait faire entrer en Enfer et y
tourmenter les « *seigneurs des élus du Paradis* », il n'est permis
à personne d'entrer au Paradis sans avoir subi les tourments
de l'Enfer !

Le Prophète a dit, d'autre part : « *Ceux qui détiendront les
degrés les plus élevés seront vus par ceux qui seront en dessous
d'eux, comme ils peuvent voir l'astre qui se lève à l'horizon du
ciel ; en vérité, Abû Bakr et 'Umar en font partie, et ils ont été
comblés de grâces.* » Si donc ces deux-là entraient en Enfer et
y étaient couverts d'opprobre, selon la parole de Dieu : « *Celui
que Tu fais entrer en Enfer, Tu le couvres d'opprobre* » [117], que
dire des autres ? D'après Ibn 'Umar : « *L'Envoyé de Dieu
entra dans la mosquée avec Abû Bakr et 'Umar, l'un à sa droite,
l'autre à sa gauche, et en les tenant chacun par la main, et il
déclara : « C'est ainsi que nous nous lèverons le Jour de la Résurrection* » [118]. Et si l'on admet que tous les deux iront en Enfer,
il faut l'admettre aussi pour le troisième !

Le Prophète a dit aussi : « *Soixante-dix mille de ma Communauté entreront au Paradis sans jugement.* » 'Ukkâcha Ibn
Mihsan de la tribu des Asad demanda alors : « *Ô Envoyé de
Dieu ! prie Dieu qu'Il me place parmi eux ! — Tu en fais
partie* », répondit le Prophète [119]. Or, Abû Bakr et 'Umar
l'emportent en mérite sur 'Ukkâcha sans le moindre doute,
d'après la parole du Prophète : « *Voici les seigneurs des hommes
mûrs qui sont les élus du Paradis* » ; comment serait-il donc
possible d'admettre que 'Ukkâcha entre au Paradis sans
jugement, lui qui leur est inférieur, tandis qu'eux iraient en
Enfer ? Ceci est une aberration grave !

Ces traditions confirment donc qu'il est impossible que ces
deux hommes subissent les tourments de l'Enfer, compte tenu
de l'assurance donnée par l'Envoyé qu'ils iront au Paradis. Il
est donc évident qu'ils en sont à l'abri. Et tout ce qui peut être
dit d'eux et des autres Compagnons à qui fut annoncée la bonne
nouvelle du Paradis assuré peut être dit des autres saints
en ce qui concerne le fait d'être à l'abri des peines de l'Enfer.

Reste la question : comment les autres saints le savent-ils ? Les Dix, eux, l'ont su parce que le Prophète les en avait informés, mais, pour les autres, l'Envoyé de Dieu n'est pas là avec eux pour le leur faire savoir. Ils ne le savent donc que par les grâces que Dieu produit en eux et qu'Il réserve à Ses saints, et par les états spirituels qu'Il communique à l'intime de leur être et qui sont les signes de Son amitié, du choix qu'Il a fait d'eux, et du fait qu'Il les a attirés à Lui en les enlevant aux autres êtres. Les obstacles ont été supprimés au fond de leur âme, ce qui pouvait les entraîner et les détourner de Lui a disparu, et les contemplations et les dévoilements se sont réalisés en eux. Toutes choses que Dieu ne fait que pour Ses privilégiés, pour ceux qu'Il S'est choisis dans Son éternité, et dont rien de semblable n'est accompli par Lui dans l'âme de Ses ennemis.

Une tradition mentionne ce que le Prophète a dit d'Abû Bakr, en ces termes : « *Il ne vous est pas supérieur parce qu'il jeûne et prie plus que vous, mais parce que quelque chose s'est établi dans sa poitrine* », ou « *dans son cœur* », selon une variante de cette tradition [120].

Dieu les rassure sur le fait que ce qu'ils trouvent au fond de leur âme ce sont bien des faveurs et des dons divins, et que ce ne sont pas des pouvoirs trompeurs comme ce fut le cas pour celui à qui Dieu avait donné Ses signes et qui s'en dépouilla [121]. Ils savent que les signes de la vérité ne sauraient être comme ceux de la tromperie et de la ruse. Les signes des pouvoirs d'illusion ne concernent que les apparences extérieures, comme la manifestation de prodiges. Ceux-ci entraînent la confiance de celui qui est victime de l'illusion et qui se laisse abuser, croyant alors que ce sont les marques de la sainteté et de la « proximité » de Dieu, alors qu'il ne s'agit en réalité que de tromperie et d' « éloignement » de Dieu. Si l'on admettait comme possible que les privilèges qu'Il accorde à Ses « amis » soient la même chose que les actions par lesquelles Il leurre Ses « ennemis », il faudrait admettre comme possible qu'Il agisse avec Ses prophètes de la même façon qu'avec Ses ennemis, en « éloignant » de Lui Ses prophètes et en les maudissant, comme Il l'a fait pour « celui à qui Il avait donné Ses signes et qui s'en dépouilla » ! Et il est impossible de dire de Dieu pareil blasphème ! Et si l'on admettait comme possible que les « ennemis » aient les signes de la sainteté et les marques de l'élection, et que finalement les preuves de la sainteté ne la démontrent pas, il n'y aurait absolument plus de preuve de la vérité. Ainsi donc, les signes de la sainteté ne consisteraient plus dans les apparences merveilleuses et la manifestation des prodiges; ils se trouveraient uniquement au fond des âmes, avec ce que Dieu y produit et qui n'est connu seulement que de Lui et de celui qui le découvre dans le secret de son être.

27. Leur doctrine sur la foi
(îmân)

Selon la majorité des soufis, la foi est : parole *(qawl)*, œuvre *('amal)*, et intention *(niyya)*, celle-ci étant prise au sens d'affirmation de la croyance *(tasdîq)*.

D'après une tradition rapportée par Ja'far Ibn Muhammad, qui la tenait de ses pères, l'Envoyé de Dieu a dit : « *La foi est reconnaissance par la langue, adhésion par le cœur, œuvre par les membres* [122]. »

Ils disent que la racine de la foi est la reconnaissance par la langue avec l'adhésion du cœur, et que ses branches sont la pratique des obligations *(farâ'id)*.

Ils disent également que la foi se manifeste dans l'extérieur et dans l'intérieur de l'homme. L'intérieur est une chose unique, le cœur; l'extérieur consiste en éléments multiples. Et ils sont d'accord sur le caractère obligatoire de la foi aussi bien à l'extérieur — et il s'agit alors de la reconnaissance verbale —, qu'à l'intérieur. Mais la reconnaissance verbale n'est que la quote-part relative à un seul des éléments de la foi extérieure et non de sa totalité; or, la quote-part relative à la foi intérieure correspond à la totalité de celle-ci ; il faut donc que la quote-part de la foi extérieure corresponde, elle aussi, à sa totalité, et c'est la pratique des obligations, qui englobe la totalité de la foi extérieure, tout comme l'adhésion englobe la totalité de la foi intérieure.

Ils professent aussi que la foi est susceptible d'augmenter ou de diminuer. La thèse de Junayd et de Sahl, ainsi que d'autres soufis parmi les plus anciens, est que l'adhésion peut augmenter, mais non diminuer car cela ferait sortir de la foi. Il s'agit en effet d'une adhésion aux instructions et aux assurances divines, et le moindre doute dans ce domaine est de l'impiété. Ce qui augmente dans l'adhésion, c'est la force et la certitude, alors que la reconnaissance verbale ne saurait ni augmenter ni diminuer, et que « l'œuvre des membres », elle, peut augmenter et diminuer.

L'un d'eux a dit : « *Le Croyant* (mu'min) *est un Nom de Dieu, selon Sa parole :* « *Lui, Dieu, Il est... la Paix, le Croyant, le Protecteur* [123]... » *Il est celui qui met le croyant, grâce à sa foi, à l'abri de Son tourment* ('adhâb). *Quand le croyant confesse verbalement, adhère intérieurement, et accomplit les œuvres obligatoires tout en s'abstenant de celles qui sont interdites, il est à l'abri du tourment de Dieu ; et celui qui ne fait rien de tel est mis à perpétuité dans le feu de l'Enfer. Celui qui confesse verbalement et adhère, mais néglige les œuvres, pourra subir les tourments de l'Enfer mais non à perpétuité ; il est à l'abri de la perpétuité du châtiment mais non des tourments eux-mêmes. Sa sécurité* (amn) *est imparfaite, elle n'est pas totale. Celui qui réalise tous les éléments de la foi a une sécurité complète, à laquelle il ne manque rien. La sécurité d'un croyant est donc nécessairement incomplète dans la mesure où sa foi est incomplète, puisque sa sécurité est totale si sa foi est totale.* »

Le Prophète a qualifié de « faible » la foi de celui qui néglige une obligation, en disant : « *Un tel homme est celui dont la foi est la plus faible* [124]. » Il voit bien qu'une chose est répréhensible, et il la repousse intérieurement, mais il ne la rejette pas extérieurement. Le Prophète a fait ainsi savoir que la foi

intérieure est inférieure à la foi extérieure : c'est une foi
« faible ». Il l'a qualifiée de « parfaite » dans le cas suivant :
« *Le plus parfait des croyants quant à la foi est celui qui a les
meilleures qualités morales* [125]. » Et les qualités morales concernent à la fois l'extérieur et l'intérieur de l'homme; et ce qui
englobe le tout est qualifié de « parfait », tandis que ce qui
n'englobe pas le tout est qualifié de « faible ».

Un soufi a dit que l'augmentation ou la diminution de la foi
est relative à la qualité et non à l'essence individuelle. La foi
peut augmenter du point de vue de la bonté, de la beauté ou
de la force, et elle diminue si ces qualités diminuent, sans
prendre en considération l'essence individuelle.

Le Prophète a dit : « *Beaucoup d'hommes ont atteint la perfection, mais quatre femmes seulement ont été parfaites* [126]. » L'imperfection des autres femmes ne venait pas de leur être, mais de
leurs qualités. Le Prophète leur a attribué l'imperfection
intellectuelle et l'imperfection dans le domaine de la religion,
ramenant cette dernière au fait de ne pas accomplir la Prière
et le Jeûne pendant la menstruation.

La religion, c'est l'*islâm* (« la soumission à Dieu »), et l'*islâm*
ne fait qu'un avec la foi, pour ceux qui n'incluent pas les
œuvres dans la définition de la foi.

Interrogé sur la foi, un soufi éminent répondit : « *Chez
Dieu, la foi n'augmente ni ne diminue; chez les prophètes, elle
augmente et ne diminue pas; et chez les autres êtres, elle augmente
et elle diminue.* » La phrase « chez Dieu, la foi n'augmente ni ne
diminue » signifie qu'elle est un Attribut de Dieu, et qu'Il en
est qualifié, selon Sa parole : « ... *Il est... la Paix, le Croyant, le
Protecteur...* », et l'on ne peut dire des Attributs divins qu'ils
sont susceptibles d' « augmentation » ou de « diminution ». Ce
que l'on peut admettre, c'est que « *la Foi de Dieu* » soit celle
qu'Il a allouée à Son serviteur dans la préexistence de Sa
Science; elle n'augmente pas au moment de sa manifestation,
et elle n'est pas moindre que ce qu'elle était dans Sa Science
et qu'Il lui avait allouée.

Au niveau des prophètes, le surcroît qui est accordé par

Dieu concerne la force de la foi, la certitude, et les contemplations des réalités cachées et de leurs différentes conditions, conformément à Sa parole : « *Et de même, Nous faisions voir à Abraham le Royaume des Cieux et de la Terre, afin qu'il fût parmi les convaincus* [127]. »

Pour tous les autres croyants, la foi augmente dans l'intérieur d'eux-mêmes par la force et la certitude, et elle diminue dans ses « branches » (*furû'* = applications) parce qu'ils négligent les obligations et qu'ils commettent des actes interdits.

Les prophètes sont infaillibles et impeccables, et ils ne sauraient donc commettre des actes interdits. Ils sont également préservés contre la négligence à l'égard des obligations. On ne peut donc leur attribuer absolument aucune imperfection.

28. Leur doctrine sur les réalités profondes *(haqâ'iq)* de la foi

Un maître a dit : « *Les réalités profondes de la foi sont au nombre de quatre : la confession de l'Unicité de Dieu sans limitation* (spéculative), *l'évocation de Dieu sans interruption, l'état spirituel sans qualification* (de l'extérieur), *et l'extase sans moment* (déterminé). » « *L'état spirituel sans qualification* », cela signifie que, dans ce cas, la description que l'homme pourrait faire de son état se confond avec la réalisation de l'état lui-même, si bien qu'il n'existe plus pour lui d'état descriptible élevé sans qu'il en soit qualifié. « *L'extase sans moment* », cela veut dire qu'il contemple la Réalité divine à tout moment.

Un autre a dit : « *Celui dont la foi est véritable ne regarde pas le monde et ce qu'il contient, car la bassesse des aspirations provient d'une connaissance insuffisante de Dieu.* »

Selon un autre encore : « *La sincérité de la foi, c'est reconnaître la grandeur de Dieu ; le fruit en est la honte devant Dieu.* »

Et cette parole : « *Le croyant a la poitrine* (sadr) *dilatée par la lumière de l'islâm, son cœur* (qalb) *se tourne repentant vers son Seigneur, l'* « *intérieur de son cœur* » (fu'âd) *contemple son Seigneur,* « *le noyau intellectuel au fond de son cœur* » (lubb) *est sain* [128], *il prend refuge en son Seigneur, consumé par Sa proximité, et implorant secours contre Son éloignement.* »

Un soufi a dit : « *La foi en Dieu, c'est contempler Sa divinité.* »

Selon Abû-l-Qâsim Baghdâdî : « *La foi est ce qui te rassemble en vue de Dieu et qui te réunit à Lui. La Réalité divine est une, et le croyant s'unifie. Celui qui se complaît dans la compagnie des* « *choses* », *les passions le dispersent, et celui que sa passion sépare de Dieu et qui suit sa convoitise et ce qu'il aime passe à côté de Dieu. Ne vois-tu pas qu'Il leur a ordonné de renouveler leurs engagements lors de chaque pensée et de chaque regard ? ; Il a dit en effet :* « *Ô vous qui croyez !, croyez en Dieu...* ! » [129] »

Le Prophète a dit : « *L'* « *associationnisme* » (chirk) *est plus caché au sein de ma Communauté que le cheminement des fourmis sur les pierres par une nuit noire* [130]. » Il a dit également : « *Malheur à l'esclave des pièces d'or ! Malheur à l'esclave de l'argent ! Malheur à l'esclave de son ventre ! Malheur à l'esclave de son sexe ! Malheur à l'esclave des beaux atours* [131] *!* »

J'interrogeai l'un de nos maîtres sur la foi, et il me répondit ceci : « *Elle consiste en ce que tout en toi réponde à l'appel* (du Prophète), *en retranchant du fond de ton âme les pensées qui détournent de Dieu, pour que tu sois présent à ce qui est pour Lui et absent de ce qui n'est pas pour Lui.* » Interrogé en une autre occasion, il me dit encore : « *La foi, c'est ce dont le contraire ne doit pas être accompli et ce dont l'obligation ne doit pas être négligée.* »

La parole divine : « *Ô vous qui croyez !* » signifie « *Ô peuple de Mon choix et de Ma connaissance ! Ô peuple de Ma proximité et de Ma contemplation !* ».

Certains considèrent la foi et l'islâm comme une seule et même chose. Ceux qui établissent une différence entre les deux disent que l'islâm est général, et que la foi est particulière. Selon d'autres, l'islâm est extérieur et la foi est intérieure. Certains disent que la foi est réalisation et conviction, tandis que l'islâm est soumission et docilité. On a dit aussi : « *L'islâm est la réalisation de la foi, et la foi est l'affirmation de la vérité de l'islâm.* »

Selon quelqu'un d'autre : « *La confession de l'Unicité de Dieu est un mystère, c'est nier de la Réalité divine qu'on puisse la connaître spéculativement; la connaissance est piété obéissante, et elle consiste à connaître Dieu par Ses Attributs; la foi, c'est l'engagement du cœur à préserver le mystère et à connaître avec une pieuse obéissance; l'islâm, c'est contempler la Réalité divine veillant dans tout ce qui t'est demandé.* »

29. Leur doctrine sur les écoles juridiques

En cas de divergence de position entre les juristes *(fuqahâ')*, les soufis optent pour la solution la plus prudente *(ahwat)* et la plus sûre, tout en étant favorables à l'adoption, autant que possible, de ce qui peut faire l'objet d'un consensus *(ijmâ')* entre les écoles opposées. Ils considèrent que les divergences des juristes sont justes *(sawâb)*, et qu'aucun d'eux ne s'oppose réellement à l'autre, car, selon eux, chaque interprète autorisé *(mujtahid)* a raison. De même est juste la croyance de celui qui, en matière de Loi *(char')*, adopte une position doctrinale *(madhhab)* lui paraissant saine comme étant en accord avec une disposition analogue indiquée par le Livre ou la Tradition du Prophète *(Sunna)*, pourvu qu'il soit parmi les hommes à l'esprit déductif *(istinbât)*. A raison également à leurs yeux celui qui n'est pas un interprète autorisé, mais qui suit l'opinion que lui a donnée un juriste dont il a le sentiment qu'il est plus savant que lui et que son avis a valeur d'argument décisif.

Ils sont d'accord pour préconiser la ponctualité dans l'accomplissement des Prières canoniques, qu'ils estiment préférable si l'on est certain que le moment (fixé pour chacune d'elles) est venu. Ils sont d'ailleurs d'avis d'exécuter avec la même ponctualité toutes les obligations, au moment où on est tenu de le faire. Ils n'admettent aucune réduction, aucun retard, ni aucune omission, sauf en cas d'excuse valable. Ils autorisent cependant le raccourcissement de la Prière en voyage; mais s'il s'agit de quelqu'un qui se déplace constamment et qui n'a pas de demeure fixe, il devra faire ses Prières complètement. A ceux qui font le Jeûne en voyage, il est permis, selon eux, de le rompre.

La « capacité » *(istitâ'a)* d'accomplir le Pèlerinage [132] est, pour eux, la « possibilité » *(imkân)* prise au sens le plus général, qu'ils ne limitent pas à la disposition d'un viatique et d'une monture. A ce sujet, Ibn 'Atâ' a dit ceci : « *La « capacité » consiste en deux choses : l'état d'âme* (hâl), *et les biens nécessaires* (mâl); *pour celui qui ne possède ni l'état d'âme pour le transporter, ni les biens nécessaires pour le conduire à destination, le Pèlerinage ne s'impose pas.* »

30. Leur doctrine sur les activités lucratives *(makâsib)*

Ils considèrent unanimement comme permises [133] les activités lucratives, telles que les métiers, les commerces et les cultures, parmi celles que la Loi autorise, pourvu que l'on soit vigilant, intransigeant et méfiant, en ce qui concerne tout ce qui peut être suspect d'illicéité *(chubuhât)*. Et ces activités lucratives doivent servir à s'entraider, à supprimer ses propres convoitises, à se tourner vers autrui, et à se pencher sur son voisin. Ils estiment aussi qu'elles ont un caractère obligatoire pour tous ceux dont dépendent des personnes qu'ils ont le devoir de prendre à leur charge.

Selon Junayd, la conduite à tenir dans ces activités, les conditions précédentes étant remplies, c'est d'en faire des œuvres qui rapprochent de Dieu. Le serviteur doit s'en occuper comme s'il s'agissait des œuvres surérogatoires qui lui sont recommandées, et non pas avec l'idée qu'elles lui procurent des moyens de subsistance et lui apportent des avantages.

D'après un autre soufi, la recherche du gain est permise pour un homme seul, mais elle ne saurait être obligatoire, pourvu que cela ne mette pas en cause sa remise confiante à Dieu *(tawakkul)* ni ne porte atteinte à sa vie spirituelle. S'occuper des tâches du culte divin *(wazâ'if)* est préférable et plus légitime. Se détourner de la recherche du gain, quand on se remet vaiment à Dieu et qu'on a confiance en Lui, est plus impératif.

Sahl, quant à lui, dit ceci : « *Pour ceux qui pratiquent la remise confiante à Dieu, acquérir n'est convenable que pour suivre l'enseignement de la Tradition, et pour les autres, ce n'est convenable que pour s'entraider.* »

Voilà toutes les positions doctrinales des soufis, que nous avons vérifiées et qui pour nous sont exactes. Nous les avons tirées de ce qu'ont dit dans leurs ouvrages les auteurs que nous avons mentionnés au début. Nous les tenons également de la bouche de ceux qui font autorité et qui connaissent bien les idées fondamentales des soufis et ont l'expérience de leurs doctrines. C'est aussi ce que nous avons pu comprendre à partir de leurs expressions symboliques et allusives. Tout n'est donc pas écrit dans la forme même où nous l'avons reproduit, et la plupart des explications et des argumentations que nous avons données sont la traduction par nous de ce que nous avons recueilli dans leurs ouvrages et leurs épîtres. Mais quiconque a médité leurs paroles et a examiné leurs œuvres sait bien que ce que nous en avons reproduit est exact. Et si nous n'avions craint d'être trop long ou trop copieux, nous aurions cité les textes et les références dans leur littéralité, chaque fois que nous les avons reproduits d'une façon qui n'est pas formellement identique à ce qui est écrit dans leurs ouvrages.

Nous allons mentionner maintenant les thèses qui leur sont propres et les expressions qu'ils emploient et qui leur sont particulières, ainsi que les sciences qui sont l'objet de leurs soins et le sujet de leurs propos, et nous donnerons toutes les explications possibles. Nous implorons l'aide de Dieu, et il n'y a de force et de puissance que par Dieu, le Très-Haut, l'Infini !

31. Les sciences des soufis sont les sciences des états spirituels (ahwâl)

Je dirai donc ceci, avec l'assistance de Dieu : sache que les sciences des soufis sont les sciences des états spirituels. Or, les états spirituels sont l'héritage des œuvres, et n'hérite des œuvres que celui dont les œuvres sont justes.

Pour rendre les œuvres justes, la première des choses est de connaître les sciences qui s'y rapportent : celle des prescriptions légales, qui font l'objet des fondements du Droit et de leurs applications, telles que la Prière, le Jeûne et toutes les autres obligations, et celle des relations sociales, comme le mariage, la répudiation, les transactions, et tout ce que Dieu a imposé ou recommandé, ainsi que tout ce qui est indispensable pour vivre.

Toutes ces sciences s'acquièrent par l'étude. Et ce que le serviteur doit faire en premier lieu, c'est de prodiguer ses efforts pour chercher à obtenir ce savoir et bien le posséder, dans la mesure de ses possibilités, de ses capacités naturelles, et de ses facultés de compréhension. Mais il est bien entendu qu'au préalable il possédera parfaitement la connaissance de l'Unicité de Dieu, selon l'enseignement du Livre, de la Tradition, et du consensus des Pieux Anciens, et autant que cela sera suffisant pour le convaincre de la vérité des croyances des « hommes de la Tradition du Prophète et de la Communauté » (Ahl al-Sunna wa-l-Jamâ'a). Si, par bonheur, il est capable d'aller plus haut, et de réfuter les objections insidieuses qui pourraient lui venir à l'esprit ou qu'on lui ferait, c'est très bien. Mais s'il repousse ces idées pernicieuses en prenant simplement refuge dans la connaissance, même sommaire, qui est la sienne, et en s'écartant de celui qui veut discuter avec lui et argumenter contre lui, ce sera largement suffisant pour lui, si Dieu le veut. Il se préoccupera seulement d'utiliser ses connaissances et de mettre en pratique ce qu'il sait.

Ce qui lui est alors nécessaire, c'est tout d'abord la science des défauts nuisibles de l'âme *(âfât al-nafs)*, et comment la connaître, la dresser et rectifier ses dispositions naturelles, savoir les pièges de l'Adversaire, les tentations du monde, et les moyens d'en être préservé. Et cette science est celle de la sagesse *(hikma)*. Une fois que l'âme est maintenue dans la discipline, que ses tendances naturelles sont corrigées, et que les instructions de Dieu lui ont appris à brider les membres et à maîtriser les regards et tous les sens, il est facile au serviteur de rectifier ses dispositions, d'en épurer les manifestations, et de vider l'âme de tout ce qui la flatte, de la détacher du monde et l'en détourner. Le serviteur peut dès lors contrôler ses pensées et purifier les profondeurs de sa conscience. Telle est la science de la connaissance de soi *('ilm al-ma'rifa)*.

Au-delà, viennent ensuite les sciences de ce qui surgit dans la conscience *(khawâtir)*, les sciences des contemplations et des dévoilements. Ce sont elles qui constituent proprement la science de « *l'allusion symbolique* » *(ichâra)*, qui est particulière aux soufis et qu'ils obtiennent après toutes celles que nous avons indiquées.

Si on l'appelle science de l'allusion symbolique, c'est uniquement parce que les contemplations des cœurs et les révélations à l'intime des êtres ne peuvent être véritablement exprimées. Bien plus, n'étant objet de savoir que par les « *habitations* » *(munâzalât)* et les « *découvertes intérieures* » *(mawâjîd)*, ne les connaît que celui qui occupe ces états et réside dans ces stations spirituelles.

Sa'îd Ibn Musayyab a rapporté d'après Abû Hurayra les

paroles suivantes de l'Envoyé de Dieu : « *Il y a une sorte de science cachée, connue seulement de ceux qui sont savants par Dieu. S'ils en parlent, seuls les contredisent ceux qui méconnaissent Dieu* [134]. »

'Abd al-Wâhid Ibn Zayd a dit : « *J'ai interrogé Hasan sur la science de « l'intérieur »* (bâtin), *et il m'a répondu :* « *J'ai interrogé Hudhayfa Ibn al-Yamân sur la science de l'intérieur, et il m'a répondu :* « *J'ai interrogé l'Envoyé de Dieu sur la science de l'intérieur, et il m'a répondu :* « *J'ai interrogé Gabriel sur la science de l'intérieur, et il m'a répondu :* « *J'ai interrogé Dieu sur la science de l'intérieur, et Il m'a répondu :* « *C'est l'un de Mes mystères ; je le dépose dans le cœur de Mon serviteur, et aucune de Mes créatures ne le comprend* [135]. »

Dans son ouvrage intitulé « L'itinéraire de la Religion » *(minhâj al-dîn)*, Abû-l-Hasan Ibn Abî Dharr [136] cite ces vers de Chiblî :

La science du soufisme est inépuisable ; c'est une science
 sublime, céleste, seigneuriale,
pleine d'enseignements pour les maîtres ; ne la connaissent
 que les hommes doués de grandeur et gratifiés de la
 prédilection (divine).

Ceci dit, chaque station spirituelle *(maqâm)* a un commencement et une fin, entre lesquels il y a différents états. A chaque station correspond une science, et à chaque état une allusion symbolique. De plus, chaque station est accompagnée d'une affirmation *(ithbât)* et d'une négation *(nafy)*, et tout ce qui est nié dans cette station ne l'est pas dans celle qui est avant elle, et tout ce qui y est affirmé ne l'est pas dans celle qui est en deçà d'elle. Et cela est conforme à la tradition suivante du Prophète : « *Il n'a pas de foi, celui qui n'a pas d'intégrité* [137]. » Ce qu'il niait dans ce cas, c'était la foi de l'intégrité et non pas la foi de l'option religieuse *('aqd)* ; et ceux à qui il s'adressait le comprenaient, car ils se trouvaient dans « *la station de l'intégrité* » ou l'avaient dépassée et étaient plus haut encore, et le Prophète, qui connaissait leurs états spirituels, s'était exprimé d'une façon claire pour eux. Mais il peut arriver que quelqu'un parle d'une certaine station, en formulant les négation et affirmation qui lui sont propres, devant des auditeurs dont il ignore les états spirituels, et dont certains n'ont pas atteint cette station. Ce qu'il niera sera précisément pour eux ce qu'ils affirment, et ils supposeront immédiatement qu'il nie ce que l'enseignement traditionnel affirme, et ils le taxeront d'erreur, d'hérésie, voire d'impiété.

Les choses étant ainsi, ces hommes de spiritualité ont convenu d'utiliser couramment des expressions symboliques pour leurs sciences, compréhensibles pour celui qui a atteint un certain niveau, mais impénétrables pour l'auditeur qui ne s'y trouve pas encore. Et alors, de deux choses l'une : ou bien il aura bonne opinion de celui qui parle, acceptera ce qu'il dit, fera un retour sur lui-même et se jugera incapable de comprendre les expressions en question ; ou bien il aura mauvaise opinion de lui, considérera qu'il dit des extravagances et le traitera de fou, ce qui vaudra mieux pour lui que de rejeter ou de nier une vérité.

Un théologien demanda à Abû-l-'Abbâs Ibn 'Atâ' : « *Pourquoi donc, vous, les soufis, avez-vous formé des expressions avec lesquelles vous plongez dans l'étonnement vos auditeurs, et êtes-vous sortis du langage habituel ? Est-ce que ça ne serait pas simplement une tentative de camouflage ou bien pour cacher le vice de la doctrine ?* » Abû-l-'Abbâs lui répliqua : « *Nous n'avons fait cela que parce que notre adoration pour Lui est trop jalouse et que Sa grandeur nous est trop chère pour que d'autres que notre communauté puissent en goûter les secrets.* » Puis il se mit à réciter ces vers :

Il est préférable que ce qu'Il manifeste, et que nous connaissons
 quand la Vérité apparaît dans les cœurs, nous lui mettions
 un vêtement.
Cette manifestation me parle de Lui, et à mon tour je lui parle
 de Lui. Je couvre son éclat par ce qui la cachera

à l'ignorant, qui ne pourra ainsi la communiquer. Il en
corromprait le sens en l'exprimant.
Il ne saurait employer les mots convenables, pas même en
dire la dixième partie ; et il irait ensuite les rapporter aux
autres,
pour qu'alors l'ignorance se déclare et que ses cohortes
apparaissent, tandis que la science disparaîtrait et que ses
traces seraient effacées.

On nous a également récité ces autres vers de lui :

*Quand les gens qui parlent le langage commun ('ibâra) nous
interrogent, nous leur répondons par les signes du langage
symbolique (ichâra).*
*Nous les montrons (= les expériences spirituelles), tout en
les rendant obscures, de sorte qu'elles ne sauraient être
traduites en langage clair.*
*Nous en témoignons, et elles nous en font témoigner, par la
joie qui marque chaque membre (de notre corps).*
*Ainsi vois-tu que les paroles sont les captives des « états »,
tout comme les hommes perdus sont les captifs des sages.*

32. De ce qu'est le soufisme
(tasawwuf)

J'ai entendu Abû-l-Hasan Ahmad Fârisî [138] dire ceci : « *Les
conditions fondamentales du soufisme sont au nombre de dix :
la première, c'est d'avoir de l'Unicité divine une conception pure
(tajrîd al-tawhîd), ensuite, c'est de tirer la leçon de ce qu'on
entend (fahm al-samâ'), d'être toujours en bonne compagnie, de
préférer autrui à soi-même, de ne pas s'attarder dans l'extase
(sur'at al-wajd), d'élucider ce qui surgit dans la conscience
(kachf al-khawâtir), voyager beaucoup, renoncer à la recherche
du gain, s'interdire de thésauriser.* »

— Avoir de l'Unicité divine une conception pure, cela signifie ne pas la vicier par la pensée anthropomorphiste *(tachbîh)*, ni par celle de la négation radicale des Attributs divins *(ta'tîl)* [139].

— Tirer la leçon de ce qu'on entend, c'est écouter en fonction de l'état spirituel dans lequel on se trouve, et non pas seulement en fonction du savoir.

— Préférer autrui à soi-même, c'est choisir pour les autres plutôt que pour soi ce qu'ils préfèrent eux-mêmes, pour leur donner l'avantage de la préférence.

— Ne pas s'attarder dans l'extase, c'est ne pas vider le fond de son âme de ce qui a suscité l'extase, et ne pas non plus l'emplir de ce qui l'empêcherait d'entendre les exhortations de la Réalité divine.

— Élucider ce qui surgit dans la conscience, c'est examiner tout ce qui se présente au fond de l'âme, afin de suivre ce qui est destiné à la Réalité divine et abandonner ce qui ne l'est pas.

— Voyager beaucoup, c'est afin de regarder les régions et les pays et d'en tirer un enseignement, conformément aux paroles de Dieu : « *N'ont-ils donc pas parcouru la terre, pour considérer quelle fut la fin de ceux qui étaient avant eux... ?* », et « *Dis : Parcourez la terre et considérez comment Il a commencé la création !...* » [140], c'est-à-dire parcourez-la à la lumière de la connaissance et non dans les ténèbres de l'ignorance. Voyager, cela sert aussi à rompre les liens et à aguerrir les âmes.

— Renoncer à la recherche du gain, c'est appeler les âmes à se remettre à Dieu avec confiance.

— S'interdire de thésauriser, cela s'impose du point de vue de la condition spirituelle (du soufi) mais non pas au regard de l'enseignement traditionnel de la Loi. C'est ainsi que le Prophète a dit, au sujet d'un des « hommes du banc » qui était mort en laissant après lui une pièce d'or : « *Voilà une marque de brûlure* (de l'Enfer) [141] ! »

33. De l'élucidation de ce qui surgit dans la conscience

Un maître a dit : « *Ce qui surgit dans la conscience est de quatre sortes : ce qui vient de Dieu, ce qui vient de l'ange, ce qui vient de l'âme, ce qui vient de l'Adversaire.*

Ce qui vient de Dieu est un avertissement, ce qui vient de l'ange est une exhortation à l'obéissance, ce qui vient de l'âme est l'exigence d'un désir, et ce qui vient de l'Adversaire est le déguisement séduisant de la transgression.

Ce qui vient de Dieu est accepté par la lumière de l'affirmation de Son Unicité ; ce qui vient de l'ange est accepté par la lumière de la connaissance. Par la lumière de la foi (la demande de) *l'âme est rejetée ; par la lumière de l'islâm, l'Adversaire est repoussé.* »

34. Du soufisme et de l'abandon total et continuel

Junayd a dit : « *Le soufisme est la préservation des moments privilégiés* (awqât = instants), *et cela consiste pour le serviteur à ne considérer que les limites de sa condition, à ne se préoccuper que de son Seigneur, et à ne s'adjoindre d'autre présence que son* « *moment* ».

Selon Ibn 'Atâ' : « *Le soufisme, c'est l'abandon total et continuel à la Réalité divine* (istirsâl). »

Abû Ya'qûb Sûsî a eu cette parole : « *Le soufi est celui que cela ne gêne pas d'être dépouillé, et qui ne se donne pas la peine de demander.* »

On demanda à Junayd ce qu'était le soufisme, et il donna cette autre réponse : « *C'est le fait pour l'intime de l'être de se joindre à Dieu ; et cela ne s'obtient que lorsque la considération des causes secondes est abolie pour l'âme, avec l'aide de la puissance de l'esprit* (rûh), *et en demeurant avec la Réalité divine.* »

On posa à Chiblî la question : « *Pourquoi les soufis ont-ils été appelés de ce nom ?* — *Parce que*, répondit-il, *on les a désignés par un mot qui existe, pour les définir et pour affirmer leur qualité, bien qu'ils ne soient* (en réalité) *désignables que par la disparition de tout caractère définissable et qu'en ce qui les concerne il ne reste plus d'eux que le nom, qui les définit et qui affirme qu'ils sont qualifiables.* » Il a déclaré ainsi qu'il était impossible de les définir, et il a rejeté, pour celui qui a obtenu la réalisation spirituelle, toute définition descriptive *(rasm)* et toute qualification *(wasf)*.

Selon Abû Yazîd (Bistâmî) : « *Les soufis sont des enfants dans le giron de la Réalité divine.* »

Et d'après Abû 'Abd Allâh Nibâjî : « *On peut comparer le soufisme à la fièvre, qui au début fait délirer et qui ensuite, bien installée, rend muet.* » Il veut dire par là que le soufi traduit sa station spirituelle et parle en fonction de son état de conscience, et, quand le voile est enlevé, il demeure déconcerté et se tait.

J'ai entendu Fâris dire ceci : « *Quand les pensées qui surgissent dans sa conscience se manifestent sous forme de suggestions* (hujûs), *provoquées par les caprices de l'âme, il trouve le moyen de les interpréter de la façon la plus favorable et alors il se répand en divulgations ; mais quand se réalise la* « *jonction spirituelle* » (wasla), *elle fait disparaître tout ce qui alimentait la complaisance, et le soufi n'a plus d'autre recours que de taire tout ce qui est d'ordre psychique.* »

Interrogé sur le soufisme, Nûrî déclara : « *C'est parler d'une station* (que l'on a obtenue) *et* (la) *recevoir d'une façon appropriée.* — *Et quelles sont les qualités caractéristiques des soufis ?* — *C'est*, dit-il, *d'apporter la joie aux autres, et d'éviter de leur nuire, conformément à la parole de Dieu* : « *Pratique l'indulgence ! Ordonne de faire le bien ! Et détourne-toi de ceux qui ignorent* (la Loi) *!* » »[142].

— « *Parler d'une station* », cela signifie que, s'il a à le faire éventuellement, il parlera de son propre état, et non pas de celui d'un autre et d'une façon théorique.

— « *Recevoir d'une façon appropriée* », cela veut dire qu'il prend en charge l'état qui est le sien et non pas celui d'un autre.

On nous a récité ces vers, attribués également à Nûrî :

*Tu m'as mis dans l'embarras pour décrire l' « état », par
l' « état » lui-même. Et comment serait-il décrit par la parole,
ce qui est sans parole ?
Tout homme qui prétend à un « état », ne le crois pas, tant
qu'il ne l'a pas traduit (en actes) !*

Nous voudrions maintenant faire connaître quelques stations spirituelles d'après les soufis eux-mêmes, mais sans nous étendre, de crainte d'être trop longs. Et nous ne reproduirons que les paroles des maîtres faciles à comprendre, en évitant les symboles trop obscurs et les allusions trop subtiles.

Nous commencerons donc par le repentir.

35. Leur doctrine sur le repentir (*tawba*) [143]

Interrogé sur ce qu'est le repentir, Junayd Ibn Muhammad répondit : « *C'est l'oubli de ta faute.* » Sahl, lui, avait dit : « *C'est que tu n'oublies pas ta faute.* » La parole de Junayd signifie : que tu expulses si bien de ton cœur la saveur de cet acte qu'il n'en reste aucune trace au fond de ton être, et que tu te retrouves comme si tu ne l'avais jamais connue.

Selon Ruwaym : « *Le sens du repentir, c'est que tu te repentes du repentir.* » C'est exactement ainsi qu'il faut comprendre ce que disait Râbi'a [144] : « *Je demande pardon à Dieu de mon manque de sincérité quand je dis : je demande pardon à Dieu.* »

Interrogé sur le repentir, Husayn Maghâzilî [145] répondit : « *M'interroges-tu sur le repentir du « retour à Dieu »* (inâba) *ou sur le repentir de l' « exaucement »* (istijâba) *? — Qu'est* donc le repentir du retour à Dieu ? — C'est que tu craignes Dieu à cause du pouvoir qu'Il a sur toi — Et qu'est donc le repentir de l'exaucement ? — C'est que tu aies honte devant Dieu parce qu'Il est proche de toi [146]. »

Selon Dhû-l-Nûn : « *Le repentir du commun des croyants est à l'égard de la faute ; celui des privilégiés est à l'égard de la négligence ; celui des prophètes, c'est de voir leur impuissance à atteindre ce que d'autres ont atteint.* »

Nûrî disait : « *Le repentir, c'est que tu te repentes de te souvenir d'autre chose que de Dieu — que soient proclamées Sa Majesté et Sa Grandeur !* »

Quant à Ibrâhîm al-Daqqâq [147], il définissait ainsi le repentir : « *C'est que tu sois désormais à l'égard de Dieu un visage sans nuque, comme tu avais été autrefois à son égard une nuque sans visage !* »

36. Leur doctrine sur le renoncement (zuhd) [148]

Junayd a dit : « *Le renoncement, ce sont les mains vides de tout bien, et le cœur vide de tout attachement.* »

Interrogé sur ce qu'était le renoncement, 'Alî Ibn Abî Tâlib — que Dieu l'agrée ! — répondit : « *C'est que tu ne te soucies pas de quiconque dévore ce bas monde, qu'il soit croyant ou infidèle.* »

Selon Yahyâ : « *Le renoncement, c'est négliger ce qui n'est pas indispensable.* »

Pour Ibn Masrûq [149] : « *L'ascète (zâhid = l'homme qui renonce) est celui qu'aucune cause seconde (sabab) ne possède en partage avec Dieu.* »

Interrogé sur le renoncement, Chiblî s'écria : « *Malheureux ! quelle importance a donc ce qui vaut moins qu'une aile de moustique, pour que vous y renonciez !* » De même, Abû Bakr Wâsitî : « *Avec quelle fureur abandonnes-tu un lieu de déjections ! Jusqu'à quand emploieras-tu cette fureur à te détourner* de ce qui ne pèse pas plus pour Dieu qu'une aile de moustique ! »

Interrogé encore sur le même sujet, Chiblî déclara : « *Il n'y a aucun renoncement, en réalité. Ou bien en effet l'ascète renonce à ce qui ne lui appartient pas, et alors ce n'est pas du renoncement. Ou bien il renonce à ce qui lui appartient, mais comment y renoncerait-il, puisqu'il l'a avec lui et chez lui ? Il ne s'agit donc que de s'abstenir, de donner généreusement, et de partager équitablement* (ses biens). » Ce qui revient à considérer le renoncement comme le fait de négliger ce qui n'est pas à soi, or ce qui n'est pas à soi ne saurait être négligé *(matrûk)* puisqu'en fait il l'est déjà, et ce qui est à soi, il n'est pas possible de le négliger.

37. Leur doctrine sur la patience
(sabr)

Sahl a dit : « *La patience, c'est attendre de Dieu le soulagement* (faraj) », et : « *C'est la façon la meilleure et la plus élevée de servir Dieu* ».

Selon un autre soufi : « *La patience, c'est que tu patientes dans la patience* », c'est-à-dire : sans que tu considères le soulagement.

A ce sujet, un autre a composé ce vers :

Il a patienté dans la patience, au point que la patience a
imploré son secours. Et l'inébranlable patient lui a crié :
« Ô patience ! patiente ! »

Commentant la parole de Dieu : « *Demandez aide à la patience et à la Prière !* »[150], Sahl disait : « *c'est-à-dire : demandez l'aide de Dieu, soyez patients avec constance dans le commandement de Dieu, soyez patients avec constance dans la règle de Dieu !* » Il disait aussi : « *La patience est sanctifiée, et par elle toutes les choses deviennent saintes.* »

Abû 'Amr Dimachqî [151], à propos du verset divin (dans la bouche de Job) : « *Le mal m'a touché...!* »[152], ajoutait : « *donne-moi la patience!, car Tu es le plus miséricordieux des miséricordieux* ». Un autre disait à ce sujet : « *Le mal m'a touché* », que Tu réserves à Tes prophètes et à Tes saints, sans que je l'ai mérité, mais parce que « *Tu es le plus miséricordieux des miséricordieux* ». Et un troisième expliquait que la raison de la détresse de Job n'était pas la considération de sa propre personne, mais celle de Dieu, car la douleur avait envahi son corps à un point tel qu'il craignait de perdre l'esprit.

On nous a récité ces vers de Abû-l-Qâsim Samnûn [153] :

J'ai avalé, pour une faveur, les multiples misères du temps.
 Et quand il me passe son outre, je bois.
Combien d'angoisses m'ont abreuvé de leurs coupes ! Et moi,
 je leur ai fait absorber l'océan de ma patience.
Je me suis cuirassé de ma patience contre les vicissitudes
 qui m'enveloppaient, et j'ai dit à mon âme : « patience !
 sinon tu vas périr ».
Des calamités, dont le choc aurait fait s'enfoncer les plus
 hautes montagnes, si profondément que la main n'aurait
 plus su où les toucher !

38. Leur doctrine sur la pauvreté
(faqr)

Abû Muhammad Jurayrî a dit ceci : « *La pauvreté, c'est que tu ne cherches pas ce qui n'existe pas, si c'est pour perdre ce qui existe.* » Cela signifie : c'est que tu ne cherches pas les moyens de subsistance (ou « les secours », selon une variante des manuscrits), à moins que tu craignes d'être incapable d'accomplir ce qui est d'obligation [154].

Ibn al-Jallâ' [155] a dit, quant à lui : « *La pauvreté, c'est qu'il n'y ait rien à toi, et s'il y a quelque chose à toi, que cela ne soit plus à toi, conformément à la parole de Dieu :* « *Ils les préféreront à eux-mêmes, même s'il y a pénurie chez eux* » [156].

Selon Abû Muhammad Ruwaym Ibn Muhammad : « *La pauvreté, c'est être privé de tout ce qui existe, et négliger tout ce qui manque.* »

D'après Kattânî : « *Si la dépendance envers Dieu (iftiqâr) est vraiment réalisée, la richesse par Dieu (ghinâ) l'est aussi, car aucun des deux états n'est parfait sans l'autre.* »

Nûrî disait : « *La caractéristique du pauvre (faqîr), c'est la sérénité dans la privation, la générosité et la préférence donnée à autrui quand il a quelque chose.* »

Selon un soufi éminent : « *Le pauvre, c'est celui qui est privé de secours, et qui se prive de demander, conformément à la parole du Prophète :* « *Si (Abraham) avait adjuré Dieu, Il aurait exaucé sa demande* » [157], *qui montre qu'*(Abraham) *ne l'avait pas fait.* »

Al-Darrâj [158] raconte ceci : « *En voulant chercher une boîte à collyre dans le sac de mon maître (ustâdh), je trouvai une pièce d'argent, ce qui me surprit. A son retour, je lui dis que j'avais trouvé une pièce d'argent dans son sac ;* « *Tu l'as vue !*, *s'écria-t-il, redonne-la* », *puis* « *prends-la, et achète quelque chose avec* » ! *Je lui demandai alors :* « *En quoi cette pièce concerne-t-elle Celui que tu adores ? — Dieu, me répondit-il, ne m'a accordé, de l'or et de l'argent de ce bas monde, que cette seule pièce, et mes dernières volontés auraient été qu'elle fût fixée dans mon linceul pour la restituer à Dieu.* » »

J'ai entendu de la bouche de Abû-l-Qâsim Baghdâdî ce que lui avait dit Dawrî : « *La nuit de la Fête* (de la rupture du Jeûne), *nous nous trouvions en compagnie de Abû-l-Hasan Nûri dans la mosquée de Chûnîzî, quand un homme vint se mêler à nous et demanda à Nûrî :* « *Demain, c'est la Fête ; que porteras-tu donc ?* » *Il se mit alors à réciter ces vers :*

Ils ont dit : « *demain, c'est la Fête; que porteras-tu ?* »
 J'ai répondu : « *la robe dont a fait don Celui qui verse à*
 Son serviteur un breuvage.

*Pauvreté et patience, sont mes deux vêtements, sous lesquels il
y a un cœur qui voit en son Seigneur des jours de fêtes et des
vendredis* (perpétuels).
*L'habit le plus convenable pour rencontrer le Bien-Aimé le jour
des visites, c'est le vêtement qu'Il t'a donné Lui-même* ».
*Le temps est pour moi celui du deuil, si Tu es absent, ô Toi,
mon espérance !, et celui de la fête, tant que je Te vois et
que je T'entends.*

On avait demandé à un soufi éminent (Abû Sa'îd al-Kharrâz [159]) : « *Qu'est-ce qui empêche les riches de venir en aide à cette communauté* (des soufis) *avec ce qu'ils ont en trop ? — Trois choses*, répondit-il : *la première, c'est que ce qu'ils détiennent n'est pas bon ; or, les soufis sont, pour Dieu, ce qu'il y a de plus pur, et ce qui est spécialement destiné aux hommes de Dieu doit être acceptable, puisque Dieu n'accepte que ce qui est bon. La deuxième, c'est que leurs mérites sont tels qu'ils interdisent aux autres d'être bénis et récompensés en leur venant en aide. Et la troisième, c'est que les soufis sont destinés à l'épreuve, pour que ce qu'Il a voulu pour eux s'accomplisse.* »

J'ai entendu Fâris me raconter qu'il avait demandé une fois à un « pauvre », sur lequel il avait remarqué les stigmates de la faim et du mal : « *Pourquoi ne demandes-tu pas aux gens qu'ils te donnent à manger ? — Je crains pour eux, si je le fais, qu'en cas de refus de leur part ils ne soient pas parmi les bienheureux* (du Paradis), *car on m'a rapporté que le Prophète a dit* : « *Si le mendiant est sincère, celui qui lui refusera ne sera pas parmi les bienheureux* » [160].

39. Leur doctrine sur l'humilité
(tawâdu')

Interrogé sur l'humilité, Junayd répondit : « *C'est être déférent* (littéralement : « rabattre les ailes », selon le Coran; cf. notamment XVII, 24) *et bienveillant.* »

Selon Ruwaym : « *C'est l'abaissement des cœurs devant* « *Celui qui connaît parfaitement les réalités cachées* » (expression coranique; cf. notamment V, 109).

D'après Sahl : « *La perfection de l'évocation de Dieu, c'est la contemplation, et la perfection de l'humilité, c'est d'être agréé par Dieu.* »

Un autre soufi a dit que l'humilité consistait à « *accepter la réalité, qui provient de la Réalité, en raison de cette Réalité* ».

Selon quelqu'un d'autre, c'est encore « *placer sa fierté dans le fait d'être peu de chose, embrasser la condition misérable, et porter les fardeaux de ses coreligionnaires* ».

40. Leur doctrine sur la crainte
(khawf)

Selon Abû 'Amr Dimachqî : « *L'homme de la crainte* (khâ'if) *est celui qui redoute plus sa propre âme que l'Adversaire.* »

Selon Ahmad Ibn al-Sayyid Hamdûyah : « *L'homme de la crainte, c'est celui dont les créatures ont peur* »; alors que pour Abû 'Abd Allâh Ibn al-Jallâ' : « *L'homme de la crainte, c'est celui avec qui les créatures sont en sécurité.* » Et sur cette question, Ibn Khubayq a dit ceci : « *L'homme de la crainte subit la loi correspondant à chacun de ses* « *moments* » : *il y a un* « *moment* » *où les créatures ont peur de lui, et il y a un* « *moment* » *où elles sont en sécurité avec lui.* » Celui où elles ont peur de lui, c'est quand la crainte le domine entièrement et que tout son être n'est plus que crainte. C'est alors que toute chose a peur de lui, conformément à la parole : « *Celui qui craint Dieu, toute chose le craint* [161]. » Le « moment » où les créatures sont en sécurité avec lui, c'est quand les dangers qu'elles représentaient pour lui et qui assaillaient ses pensées n'ont plus d'effet sur lui, parce que sa crainte de Dieu fait qu'il s'absente d'elles, et quand un homme s'absente des choses, celles-ci s'absentent de lui [162]. On nous a récité ce vers :

Il est brûlé par le feu, celui qui le sent ; mais celui qui est le feu, comment pourrait-il être brûlé ?

Selon Ruwaym : « *L'homme de la crainte ne redoute que Dieu.* » Cela signifie qu'il ne Le craint pas en raison de son âme, mais par vénération envers Lui; quant à la crainte suscitée par l'âme, c'est celle du châtiment.

Sahl a dit : « *La crainte est mâle, et l'espérance est femelle.* » Cela veut dire que de leur union sont engendrées les réalités profondes de la foi. Cette parole est également de lui : « *Quand le serviteur craint autre chose que Dieu, mais espère en Dieu, alors Dieu tranquillise sa crainte, bien qu'il reste « voilé » par elle.* »

41. Leur doctrine sur la piété
(taqwâ)

Sahl a dit : « *La piété, c'est la contemplation des « états » selon la condition de l'isolement avec Dieu* (infirâd) »; c'est-à-dire, en se préservant de tout ce qui n'est pas Dieu, en se reposant sur Lui et en savourant Son bon plaisir.

Au sujet de Sa parole : « *Soyez pieux envers Dieu autant que vous en êtes capables !* » [163], c'est-à-dire : avec toute votre capacité, Sahl ajoutait : « *autant que vous êtes capables de manifester la pauvreté et le dénuement* (spirituels) ».

Selon Muhammad Ibn Sinjân : « *La piété, c'est négliger ce qui n'est pas Dieu.* »

Au sujet de Sa parole : « *Mais (seule) la piété (venue) de vous L'atteindra* » [164], Sahl disait que c'était l'innocence *(tabarrî)* et la sincérité *(ikhlâs)*.

D'après un autre soufi : « *La racine de la piété, c'est d'éviter ce qui est interdit et contrarier l'âme ; et mieux on échappe aux caprices de l'âme, mieux on atteint la certitude* (yaqîn). »

On nous a récité ces vers de Nûrî :

J'ai été pieux envers Toi, et ce n'est pas par la peur née de l'appréhension du sort (funeste).
Comment cela se pourrait-il, alors que Tu es pour moi un Ami incomparablement plus intime que le compagnon de mes veilles !
toi qui parviens jusqu'au plus secret des âmes, et qui cernes ce que cache la conscience ;
mais c'est parce que je Te vénère trop pour accorder la moindre importance à ce qui n'est pas Toi.

42. Leur doctrine sur la sincérité *(ikhlâs)*

Junayd a dit : « *La sincérité, c'est ce en vertu de quoi Dieu est désiré en toute œuvre.* »

Selon Ruwaym : « *La sincérité, c'est supprimer de ton action la vision de toi-même.* »

J'ai entendu Fâris me raconter qu'un groupe de « pauvres », originaires du Khurâsân, s'était rendu auprès de Abû Bakr Qahtabî ; il leur demanda : « *Que vous commande votre maître ?* », c'est-à-dire Abû 'Uthmân (sans doute Sa'îd Ibn Ismâ'îl Hîrî ; voir *notice biographique* n. 52). Ils lui répondirent : « *Il nous commande de multiplier les actes d'obéissance* (tâ'a), *avec l'obligation de considérer leurs imperfections.* » Il s'écria alors : « *Le malheureux ! que ne vous commande-t-il point de vous en abstraire et de considérer plutôt Celui qui les crée !* »

A la question : « *De toutes les œuvres, laquelle est pure (khâlis)* ? », Abû-l-'Abbâs Ibn 'Atâ' répondit : « *Celle qui échappe à la contamination des défauts* (de l'âme) »; et Abû Ya'qûb Sûsî : « *C'est celle qui n'est connue ni de l'ange, qui alors l'inscrirait, ni de l'Adversaire, qui la corromprait, ni de l'âme, qui s'en enorgueillirait.* » Cela signifie que le serviteur consacrera son action exclusivement à Dieu, et qu'il s'en désistera pour Lui.

43. Leur doctrine sur l'action de grâces *(chukr)*

Hârith al-Muhâsibî a dit : « *L'action de grâces, c'est un surcroît de Dieu pour ceux qui sont reconnaissants.* » Ce qui signifie que, lorsque l'homme rend grâce, Dieu lui apporte encore davantage Son concours, et l'homme manifeste une gratitude accrue.

Selon Abû Sa'îd al-Kharrâz : « *L'action de grâces, c'est reconnaître Qui est le Dispensateur des bienfaits, et c'est également confesser Sa Souveraineté.* »

Abû 'Alî Rûdhabârî a dit ceci :

Si chacun de mes membres avait une langue pour Te louer des bienfaits que Tu as apportés,
en me montrant ainsi reconnaissant, ma gratitude ne ferait qu'augmenter Ta bienveillance et Tes bontés.

Un soufi éminent a dit : « *L'action de grâces consiste à s'abstraire de la gratitude, par la vision du Dispensateur des bienfaits.* »

Pour Yahyâ Ibn Mu'âdh : « *Tu n'es pas reconnaissant tant que tu rends grâce, et l'aboutissement de l'action de grâces, c'est d'être plongé dans l'embarras.* » Cela signifie que l'action de grâces est elle-même un bienfait de Dieu, qui nécessite qu'on Lui rende grâce à nouveau, et ainsi de suite indéfiniment.

On nous a récité ces vers de Abû-l-Hasan Nûrî :

Je te rendrai grâce, non pas pour Te payer par ma gratitude d'avoir répandu Tes bienfaits, mais pour que l'action de grâces soit prononcée,
et pour évoquer mes jours passés près de Toi et leurs délices ; la dernière chose qui reste à celui qui rend grâce, c'est l'évocation (dhikr).

Un soufi éminent (Hallâj) a dit dans l'une de ses oraisons *(munâjât)* : « *Mon Dieu ! Tu sais mon impuissance à Te rendre grâce comme il convient ; alors, rends-Toi grâce à Toi-même à ma place !* »

44. Leur doctrine sur la remise confiante *(tawakkul)* [165]

Selon Sarî Saqatî : « *La remise confiante, c'est se dépouiller de la force et de la puissance.* »

Selon Ibn Masrûq : « *La remise confiante, c'est l'abandon total et continuel* (istirsâl) *à la Décision de Dieu* (qadâ') *dans le déroulement de ses dispositions* » ; alors que pour Sahl : « *C'est l'abandon total et continuel devant Dieu.* »

D'après Abû 'Abd Allâh Qurachî : « *Le tawakkul, c'est renoncer à tout autre asile que Dieu* [166]. »

Selon Abû Ayyûb : « *C'est l'abandon du corps dans l'état de servitude, l'attachement du cœur à la Souveraineté divine, et la certitude sereine d'avoir le nécessaire pour subsister* (kifâya) [167]. »

D'après Junayd : « *La remise confiante, dans sa réalité profonde, c'est que l'homme soit à l'égard de Dieu comme quand il n'existait pas ; et Dieu sera ainsi pour lui tel qu'Il a cessé d'être.* »

Abû Sa'îd al-Kharrâz a dit : « *Le nécessaire pour subsister a été assuré par le Seigneur aux sujets de Son royaume ; ils n'ont donc pas besoin des « stations » de la remise confiante, pour qu'Il* leur accorde ce nécessaire. Qu'il est laid pour les « purs » (= les soufis) de réclamer ! » Il considérait que se remettre à Dieu avec confiance pour l'obtention du nécessaire, cela revenait à le réclamer. Et pour Chiblî, c'était « *de la mendicité louable* ».

Sahl a dit : « *Toutes les stations spirituelles ont un « visage » et une « nuque », sauf celle de la remise confiante, qui a un visage mais pas de nuque.* » Il visait par là le *tawakkul* du souci exclusif de Dieu, qui ne réclame rien en échange, et non pas le *tawakkul* relatif à la subsistance nécessaire.

Selon un autre : « *C'est un secret entre le serviteur et Dieu.* » Ceci signifie, d'après un soufi éminent (Hallâj), que : « *La réalité profonde du* tawakkul, *c'est l'abandon du* tawakkul », c'est-à-dire : que Dieu soit pour eux comme Il était quand ils n'existaient pas.

Un grand soufi (Hallâj) demanda à Ibrâhîm al-Khawwâs : « *Jusqu'où t'a conduit le soufisme ? — Jusqu'à la remise confiante. — Malheureux ! Tous ces efforts pour, finalement, la prospérité de ton ventre* [168] *!* » Cela voulait dire : ta remise confiante à Dieu n'était qu'en vue de toi-même et pour te préserver des désagréments qui pouvaient t'atteindre.

45. Leur doctrine sur l'acceptation du destin *(ridâ)*

Selon Junayd : « *L'acceptation du destin, c'est abandonner le libre arbitre* (ikhtiyâr). »

Selon Hârith al-Muhâsibî : « *L'acceptation du destin, c'est la tranquillité du cœur soumis au déroulement de la décision divine.* »

Selon Dhû-l-Nûn : « *C'est le contentement du cœur, quand le décret divin suit son cours.* »

Selon Ruwaym : « *C'est accueillir avec joie les dispositions divines.* »

Selon Ibn 'Atâ' : « *L'acceptation du destin, c'est quand le cœur considère que Dieu a choisi pour le serviteur de toute éternité ; et ce qu'Il a choisi est donc ce qu'il y a de mieux pour lui.* »

Alors qu'il se trouvait auprès de Râbi'a, Sufyân (Thawrî) fit cette prière : « *Mon Dieu ! sois satisfait de moi !* » Elle lui dit alors : « *N'as-tu point honte de demander l'approbation de Quelqu'un dont tu n'es pas satisfait !* »

Sahl a dit ceci : « *Si l'acceptation* (par le serviteur) (ridâ) *rejoint la Satisfaction* (du Seigneur) (ridwân), *il en résulte la sérénité* (tuma'nîna) », « *Et à eux la félicité et le séjour magnifique !* » [169] Il avait en vue ici Sa parole : « *Dieu est satisfait d'eux, et ils sont satisfaits de Lui* [170]. » Et cela signifie que l'acceptation en cette vie du serviteur soumis au déroulement des dispositions divines suscite dans la Vie future la Satisfaction divine, selon ce qu'ont tracé les « plumes de la prédestination ».

Dieu a dit : « *Et il sera décrété entre eux selon la Vérité, et il sera dit :* « *Louange à Dieu, le Seigneur des Mondes !* » [171]. Cette louange sera prononcée par les deux groupes de monothéistes, ceux du Paradis et ceux de l'Enfer, car il ne sera pas permis aux « associationnistes » de la dire, parce qu'ils sont « voilés ».

On nous a récité ces vers de Nûrî :

*L'acceptation est faite d'amertumes, que l'on boit avec la même
   résignation que des chameaux qui se contentent d'une eau
   trouble,
après y avoir amené d'autres, là où seule une chamelle chétive
   trouve à paître à satiété !*

46. Leur doctrine sur la certitude
(yaqîn)

Selon Junayd : « *La certitude, c'est l'enlèvement du doute.* »
Selon Nûrî : « *La certitude, c'est la contemplation.* »
Selon Ibn 'Atâ' : « *La certitude, c'est quand cesse ce qui faisait obstacle à la perpétuation du « moment » privilégié.* »
Selon Dhû-l-Nûn : « *Tout ce que voient les yeux concerne le savoir, et tout ce que savent les cœurs concerne la certitude.* »
Selon un autre soufi : « *La certitude, c'est l'œil du cœur* ('ayn al-qalb). »
Selon 'Abd Allâh : « *La certitude, c'est joindre ce qui est distinct et se séparer de ce qui se trouve entre les réalités distinctes.* » Ceci est illustré par les paroles de Hâritha (cf. chap. 1 et n. 12) : « *Et ce fut comme si je voyais se dresser le Trône de mon Seigneur* »; sa vue se joignit à ce qui était caché, et les voiles qui se trouvaient entre lui et ce qui était caché furent enlevés.
Selon Sahl : « *La certitude, c'est le dévoilement* (mukâchafa) », tout en citant cette parole : « *Si le voile était ôté, je n'aurais pas davantage de certitude* [172]. »

47. Leur doctrine sur la remémoration ou invocation de Dieu *(dhikr)* [173]

La véritable remémoration, c'est que tu oublies dans l'invocation tout ce qui n'est pas Celui qui est invoqué, conformément à Sa parole : « *Remémore-toi ton Seigneur quand tu auras oublié !* » [174]; c'est-à-dire : si tu oublies ce qui n'est pas Lui, c'est alors que tu te remémores Dieu.
Le Prophète a dit : « *Les exclusifs arrivent les premiers. — Et qui sont les exclusifs* (mufarridûn), *ô Envoyé de Dieu ?* lui

demanda-t-on. — *Ce sont ceux et celles qui se remémorent Dieu fréquemment* [175]. » Et l'exclusif est celui qui n'est avec personne d'autre que Lui.

Un soufi éminent (Hallâj) a dit : « *L'invocation chasse l'inattention* (ghafla), *et quand celle-ci est supprimée, tu es un* « *invoquant* » (dhâkir), *même si tu restes silencieux.* »

On nous a récité ce vers de Junayd :

Je T'ai invoqué, non pas que je T'aie oublié un seul instant, mais la moindre remémoration est de faire mention de Toi par ma langue.

J'ai entendu Abû-l-Qâsim Baghdâdî me rapporter qu'il avait posé à un soufi éminent la question suivante : « *Pourquoi donc l'âme des sages est-elle insatisfaite dans les invocations, et trouve-t-elle sa satisfaction dans les méditations* (afkâr), *alors que méditer ne mène à rien de stable, tandis que les invocations apportent la joie en échange ?* » Et sa réponse fut celle-ci : « *C'est parce que les fruits des invocations sont considérés comme peu de chose, et qu'elles ne les soulagent pas de leurs souffrances, tandis qu'ils sont éblouis par la gloire de ce qui fait suite à leurs méditations et les rend inconscients des douleurs de leurs combats spirituels* (mujâhadât). » Ces paroles signifient que si les fruits des invocations sont peu appréciés, c'est parce que tous flattent l'âme et que les sages se détournent de l'âme et de ce qui lui est agréable. Quant à leurs méditations, elles ont pour objet la majesté de Dieu, la crainte qu'Il inspire, Sa grâce, ou Sa bienveillance. Ils méditent ainsi sur ce qui est dû à Dieu en témoignage de vénération envers Lui, et ils renoncent à leurs mérites auprès de Dieu par respect envers Lui, conformément à ce que disait le Prophète, rapportant cette parole de Dieu : « *Celui qui est trop occupé à se souvenir de Moi pour Me demander quelque chose, Je le gratifie d'un don supérieur à ce que J'accorde à ceux qui demandent* [176]. » Il entendait par là : celui qui est trop occupé à contempler Ma Grandeur pour m'invoquer par la langue. Toute invocation par la langue est en effet une demande. De plus, la contemplation de la Grandeur divine les remplit de stupeur, et interdit l'invocation, comme l'a dit le Prophète : « *Je ne saurais faire Tes louanges* » [177].

On nous a récité ces vers de Nûrî :

Je voudrais L'invoquer sans cesse, tellement mon amour pour Lui est intense, mais, chose étonnante ! l'invocation disparaît dans l'extase (wajd) *;*
mais, chose plus étonnante encore !, parfois c'est l'extase qui disparaît, parfois c'est l'invocation elle-même, dans la proximité et dans l'éloignement.

Selon Junayd : « *Celui qui dit « Dieu ! » sans qu'il y ait vision intérieure est un imposteur.* » Ce qui justifie cette affirmation, ce sont les paroles de Dieu : « (Quand les hypocrites viennent à toi), *ils disent : « Nous attestons qu'en vérité tu es l'Envoyé de Dieu... et Dieu atteste qu'en vérité les hypocrites sont les menteurs* » [178]. Dieu les a traités de menteurs, bien que la phrase prononcée par eux fût vraie, parce qu'elle ne provenait pas de la vision intérieure. Et d'après un autre soufi : « *Le cœur est fait pour la vision intérieure* (ou « contemplation » = muchâhada), *et la langue est faite pour exprimer la vision intérieure, et celui qui s'exprime sans qu'il y ait vision intérieure est un faux témoin.* »

On nous a récité ces vers d'un grand soufi (Hallâj) :

C'est Toi, mon ravisseur, ce n'est pas l'invocation qui m'a ravi à moi-même ; que mon cœur s'attache à mon invocation est inconcevable !
L'invocation est un intermédiaire, qui Te cache à mes regards, quand la pensée qui surgit dans mon esprit s'en revêt.

Et cela veut dire : l'invocation étant l'attribut de l'invoquant, si je suis « absent » dans mon invocation, la raison de cette absence est en moi-même. Ce sont uniquement les attributs du serviteur qui l'empêchent de contempler son Seigneur.

Sarî Saqatî a raconté ceci : « *J'étais en compagnie d'un nègre, au désert, et je m'aperçus que, chaque fois qu'il invoquait Dieu, il changeait de couleur et devenait blanc. Je lui dis alors : « Je remarque une chose extraordinaire : chaque fois que tu invoques Dieu, ton aspect se transforme, et tu n'es plus le même !* » *Il me répondit : « Mon ami !, si toi tu invoquais Dieu comme il faut, ton aspect se transformerait, et tu ne serais plus le même.* » *Ensuite, il se mit à réciter ces vers :*

Nous avons invoqué, et si nous invoquions, ce n'était pas pour avoir été oublieux ; mais la brise de la Proximité apparaît, éblouissante.
Il me fait évanouir à moi-même, et je demeure par Lui et pour Lui, car l'Être divin informe et parle de Lui. »

On nous a récité ces vers d'Ibn 'Atâ' :

Je pense qu'il y a différentes sortes de remémorations ; elles sont remplies de l'amour et du désir qui poussent à se rappeler.
Un souvenir qui est le compagnon intime de l'âme, et qui se mêle à elle comme s'il prenait la place du souffle de la vie, circulant et empruntant ses voies.
Une invocation qui dépouille l'âme d'elle-même, et qui est pour elle sa fin, qu'elle le sache ou non.
Et une invocation qui s'élève bien au-dessus des têtes et des sommets, et qui échappe à la saisie de l'imagination et de la pensée ;
les regards de l'œil du cœur Le voient, et c'est une véritable vision ; et dès lors le cœur en contemplation néglige l'invocation.

Il a ainsi classé la remémoration en plusieurs catégories : la première est celle du cœur, dans laquelle Celui qui est remémoré n'est pas oublié, et point n'est besoin alors de l'invoquer (par la langue). La deuxième est l'évocation des attributs de Celui qui est remémoré. La troisième est la vision de Celui qui est remémoré, et il y a alors disparition de l'invocation, parce que les attributs de Celui qui est remémoré font disparaître tes propres attributs, et qu'ainsi tu cesses d'invoquer.

48. Leur doctrine sur les relations familières, ou intimité avec Dieu *(uns)*

Interrogé sur ce qu'étaient les relations familières avec Dieu, Junayd répondit : « *C'est la disparition de la réserve malgré la présence de la crainte révérencielle.* » La « disparition de la réserve », cela signifie que l'espérance l'emporte sur la crainte.

A la même question, Dhû-l-Nûn fournit la réponse suivante : « *C'est, pour celui qui aime, être à l'aise avec l'Aimé.* » Ceci est illustré par la demande de l'Ami de Dieu (Abraham) : « *Montre-moi comment Tu fais revivre les morts !* », et celle de l'Interlocuteur de Dieu (Moïse) : « *Montre-Toi à moi, que je Te regarde !* », à quoi Dieu répondit : « *Tu ne Me verras point* »[179], comme pour s'excuser, et ce qui voulait dire : cela ne t'est pas possible.

Interrogé lui aussi à ce sujet, Ibrâhîm Mâristânî[180] dit ceci : « *Les relations familières avec Dieu, c'est que le cœur soit réjoui par l'Aimé.* »

La réponse de Chiblî fut : « *C'est que tu éprouves de l'aversion pour ta propre société* » *(wahchatuka minka)*.

Selon Dhû-l-Nûn : « *Le premier degré de la « station de l'intimité », c'est que, même jeté dans le feu, l'on n'oublierait pas Celui avec qui l'on a des relations familières.* »

Selon un autre soufi : « *L'intimité, c'est de se familiariser avec Dieu par les invocations, et d'oublier ainsi la vue des autres.* »

On nous a récité ces vers de Ruwaym :

*Tu as occupé mon cœur par ce que Tu possèdes, et toute ma vie
je ne cesserai d'y penser.
Tu as fait de moi affectueusement Ton familier, et Tu m'as
écarté de toute cette humanité.
Ton évocation est pour moi comme un confident qui me fait
face, et qui m'annonce de Ta part que j'obtiendrai l'objet de
Ta promesse.
Où que Tu sois, ô but de mes aspirations !, Tu es le lieu de mes
regards.*

49. Leur doctrine sur la proximité
(qurb) [181]

Interrogé sur la « proximité » (du serviteur par rapport à Dieu), Sarî Saqatî répondit : « *C'est l'obéissance* (tâ'a). »
Selon un autre : « *C'est qu'il y ait abaissement de la part du serviteur et abaissement en sa faveur* », conformément à Sa parole : « *Prosterne-toi et rapproche-toi* [182] ! »
Interrogé, Ruwaym répondit : « *C'est la suppression de tout obstacle.* »
La réponse d'un autre soufi fut : « *C'est que tu contemples Ses actions sur toi.* » Cela signifie : que tu voies Ses œuvres et Ses dons sur toi, et que tu oublies tes propres actes et tes efforts spirituels. C'est, par ailleurs, que tu ne te considères pas comme l'agent, conformément à la parole divine adressée au Prophète : « *Ce n'est pas toi en vérité qui as lancé, quand tu as lancé, mais c'est Dieu qui a lancé* », et au verset : « *Ce n'est pas vous qui les avez tués, mais c'est Dieu qui les a tués* [183] ».
Et on nous a récité ces vers de Nûrî :

Je croyais que la concentration de tout mon être (jam'î) *dans
l'extinction à moi-même* (fanâ'î), *c'était me rapprocher ;
quelle erreur !, se rapprocher de Toi, ne peut venir que de Toi.*

*Sans Toi, je n'ai plus de patience ; il n'y a aucun moyen
  pour moi de T'atteindre ; je ne peux me passer de Toi, et je
  ne saurais T'échapper !
Des hommes se sont rapprochés de Toi par l'espérance, et Tu
  les as traités avec bienveillance ; pourquoi donc, moi, suis-je
  loin de Toi, alors que tout mon être a péri !*

Cela signifie : je croyais que le fait de concentrer mon être sur Toi et de m'éteindre à tout ce qui n'est pas Toi, c'était me rapprocher de Toi. Mais la concentration et l'extinction de l'être sont des attributs, et Ta proximité ne saurait être le fait de mes attributs; mais au contraire, s'approcher de Toi ne peut se faire que par Toi et ne provenir que de Toi. Il a voulu dire ensuite ceci : des hommes se sont rapprochés de Toi par leurs œuvres et leurs actes d'obéissance, et Tu les as traités avec bienveillance par pure faveur de Ta part; tandis que moi, je n'ai pas à mon actif d'œuvres qui me rapprocheraient de Toi, mourant du désir d'être proche de Toi alors que je n'en ai pas le moyen par moi-même.

On nous a récité ces autres vers de Nûrî :

*Ô Lui que je contemple hors de moi et que je crois proche de
  moi, alors que Sa Gloire est inaccessible !
Quand mon âme renonce à se consoler de Lui, une vision dont
  les merveilles ne s'éteignent pas me ramène à Lui.*

L'idée de consolation suppose celle de désespoir; il veut dire : chaque fois que je désespère à cause de moi-même, une manifestation de Sa Faveur me tire du désespoir.

Chiblî a dit : « *Je suis désorienté à Ton sujet ; prends-moi par la main, ô Guide de ceux que Tu plonges dans le désarroi !* »

50. Leur doctrine sur la jonction
(ittisâl)

La « jonction » implique que l'intime de l'être est séparé *(infisâl)* de tout ce qui n'est pas Dieu [184], et qu'il ne voit, au sens d'être conscient de l'importance d'une réalité *(ta'zîm)*, rien d'autre que Lui, et qu'il n'écoute que Lui.

Selon Nûrî : « *La jonction consiste dans les dévoilements dans le cœur et les contemplations de l'intime de l'être.* » Les dévoilements dans le cœur, c'est ce qui est illustré par le récit de Hâritha : « *Et ce fut comme si je voyais se dresser le Trône de Dieu* » (cf. plus haut, chap. 46). Les contemplations de l'intime de l'être sont comme ce dont a parlé le Prophète : « *Adore Dieu comme si tu Le voyais !* », et comme ce qu'a raconté le fils de 'Umar : « *Il nous semblait voir Dieu en ce lieu* [185]. »

Un soufi a dit : « *La jonction, c'est quand l'intime de l'être parvient à la station de l'oubli du monde extérieur* (dhuhûl). » Cela signifie que le serviteur est alors trop occupé par la conscience de la grandeur de Dieu pour être conscient de l'importance d'une autre réalité.

Selon un soufi éminent : « *La jonction, c'est quand le serviteur ne voit que son Créateur et qu'aucune pensée autre que celle de l'Auteur de son existence n'entre en contact avec l'intime de son être.* »

Sahl a dit : « *C'est l'épreuve qui les a remués, et ils se sont mis à bouger; s'ils étaient restés tranquilles, ils auraient rejoint Dieu.* »

51. Leur doctrine sur l'amour
(mahabba) [186]

Selon Junayd : « *L'amour, c'est l'inclination des cœurs.* » Cela signifie que le cœur s'incline sans effort vers Dieu et ce qui appartient à Dieu.

Selon un autre soufi : « *L'amour, c'est être en accord* (muwâfaqa). » C'est-à-dire Lui obéir dans ce qu'Il a ordonné, s'abstenir de ce qu'Il a condamné, et accepter ce qu'Il a décidé et prédestiné.

Selon Muhammad Ibn 'Alî Kattânî : « *L'amour, c'est donner la préférence à l'Aimé.* »

Selon un autre encore : « *C'est donner la préférence à Celui que tu aimes sur ce que tu aimes.* »

Selon Abû 'Abd Allâh Nibâjî : « *L'amour est jouissance quand il s'agit de la créature, et anéantissement quand il s'agit de Dieu.* » Il entend par anéantissement qu'il n'est plus question de toi, que ton amour est sans motif, et que tu n'as plus de raison d'être.

Selon Sahl : « *Celui qui aime Dieu est vie; mais celui qui aime, il n'y a pas de vie pour lui.* » Par « *il est vie* », il veut dire que sa vie est bonne, parce que celui qui aime trouve ses délices en tout ce qui lui vient de l'Aimé, qu'il s'agisse de choses agréables ou désagréables. Par « *il n'y a pas de vie pour lui* », il entend qu'il cherche à parvenir jusqu'à Lui, et qu'il redoute alors d'être coupé de Lui, ce qui revient pour lui à être privé de la vie.

Un soufi éminent (Hallâj) a dit ceci : « *L'amour est jouissance, mais quand il s'agit de l'Être divin il n'y a pas de délectation, parce que les conditions de la Réalité sont d'être stupéfait, totalement absorbé, et désorienté par elle* (dahch, istîfâ', hayra). *L'amour du serviteur pour Dieu, c'est la conscience de Sa grandeur, qui occupe les profondeurs de son être et qui exclut toute autre vénération. Et l'amour de Dieu pour le serviteur, c'est de l'éprouver par Lui-même, le rendant ainsi impropre à tout ce qui n'est pas Lui.* » C'est le sens de Sa parole : « *Je t'ai choisi pour Moi* [187]. » Quant à la phrase « *le rendant ainsi impropre à tout ce qui n'est pas Lui* », elle signifie : de telle sorte qu'il ne reste plus en lui de quoi prêter attention aux autres et prendre en considération ce qui est sujet aux changements.

Selon un autre soufi : « *L'amour est de deux sortes : l'amour de confession, qui est aussi bien celui des privilégiés que celui du commun des croyants, et l'amour d'* « *extase* » (wajd), *ce mot* étant pris dans le sens de « ce qui atteint l'homme » (intérieurement) (isâba) ; il n'y a plus alors en lui ni vue de lui-même et du monde, ni vue des causes secondes et des états changeants, mais il est totalement plongé dans la vue de ce qui est divin et de ce qui vient de Dieu. »

On nous a récité ces vers (de Râbi'a) :

Je T'aime de deux amours : un amour personnel et un amour
   auquel Tu as droit.
Quant à l'amour personnel, c'est que je ne suis occupée qu'à me
   souvenir de Toi, à l'exclusion de tout autre.
Et quant à l'amour auquel Tu as droit, c'est que je ne vois pas
   le monde sans T'avoir vu.
Point de louange pour moi en l'un ni l'autre amours, mais
   louange à Toi en tous les deux !

Ibn 'Abd al-Samad (Raqâchî ?) a dit ceci : « L'amour, c'est ce qui rend aveugle et sourd. Il rend aveugle à tout ce qui n'est pas l'aimé, de sorte qu'on ne voit que l'objet recherché, comme l'a dit le Prophète : « L'amour des choses rend aveugle et sourd »[188]. Et il récita ces vers :

L'amour m'a rendu sourd à tout ce qui n'est pas Son entretien
   de la nuit, et qui a vu aimer un amour qui engendre
   la surdité !
L'amour m'a privé de la vue, sauf pour Le regarder ; l'amour
   rend aveugle, il peut aussi tuer, s'il est tenu secret.

On lui doit également ces vers :

L'excès d'amour est un état auquel ne peut résister le jugement
   de l'homme le plus pondéré, quand ce redoutable événement
   l'a vaincu.
Il s'en délecte si ses terribles atteintes se modèrent, mais s'il
   dépasse la mesure, il en est ébloui !

Les soufis (*al-qawm* : « la gent spirituelle ») ont des expressions qui leur sont particulières et des termes conventionnels pour ce qui les concerne, que personne ou presque n'utilise à part eux. Nous fournirons à ce sujet quelques informations sur ce que nous présentons d'une façon fragmentaire, et nous en exposerons les significations brièvement. Mais en faisant cela nous n'avons en vue que le sens même de l'expression à défaut de ce qu'elle sous-entend, car ce qu'elle suppose implicitement n'entre pas même dans le domaine du langage allusif, et à plus forte raison d'un exposé clair. Quant aux états spirituels des soufis dans leur essence profonde, l'expression en est inadéquate, même si pour ceux qui en ont l'expérience elle est couramment admise.

52. Leur doctrine sur le dépouillement *(tajrîd)* et l'esseulement *(tafrîd)* [189]

La signification du dépouillement, c'est que l'on se dégage extérieurement des « accidents » *(a'râd)* et intérieurement des « compensations » *(a'wâd)*. Ceci consiste à ne rien prendre des réalités contingentes de ce bas monde, et à ne rien demander en échange de ce qu'on a abandonné, ni pour cette vie ni pour la vie future. Mais au contraire l'on fait cela parce que c'est un droit impératif de Dieu, et pour aucune autre raison ni aucun autre motif. Et l'on se détache intérieurement de la considération des stations que l'on occupe et des états que l'on habite, en ne s'y reposant pas et en n'y restant pas étroitement attaché.

L'esseulement consiste à s'isoler des « formes » *(achkâl)*, à rester à l'écart dans les états spirituels, et à s'unifier dans les actes. Ceux-ci ne sont alors accomplis que pour Dieu seul, sans qu'il y ait vue de soi ni considération du monde, et sans envisager de compensation. Dans les états on reste à l'écart des états; on ne voit aucun état à soi, mais au contraire on s'en abstrait, par la vue de Celui qui change les états. On s'isole des « formes », en n'entretenant pas de relations familières avec elles, mais en ne les fuyant pas non plus.

On a dit : « *Le dépouillement, c'est ne pas posséder, et l'esseulement, c'est ne pas être possédé.* »

On nous a récité ces vers de 'Amr Ibn 'Uthmân Makkî :

Un solitaire s'est esseulé en Dieu le Solitaire, et il est resté
  seul, car l'Être désiré est Seul.
Il en est bien ainsi, car j'ai constaté qu'il y a plusieurs degrés
  d' « isolés », et loin est le but à approcher !
Un « isolé » s'élève, par l'aspiration de son cœur, loin du
  monde sensible tout entier, et il s'en écarte.
Il a marché sans relâche vers les sommets en s'esseulant, et
  tout homme esseulé par l'épreuve est solitaire.
Un autre s'élève vers les hauteurs en s'isolant de l'âme par
  l'extase, et l'âme disparaît de lui.
Un autre, délivré de la captivité par l' « extinction », s'est
  retrouvé tout seul, et un Ami affectueux l'a choisi.

Le solitaire « *qui a marché sans relâche vers les sommets* » est esseulé dans l'épreuve parce qu'il n'atteint pas ce qu'il cherche, et qu'il ne vit en compagnie de rien d'autre. Le solitaire « *qui s'est isolé de l'âme par l'extase* » ne ressent pas l'épreuve; et le solitaire « *qui est délivré de la captivité de l'âme par l'extinction* » de celle-ci est celui qui est choisi, qui est « rapproché », et qui est esseulé dans la Réalité (divine).

53. Leur doctrine sur l'extase
(wajd) [190]

L'extase implique la rencontre soudaine du cœur avec un événement (spirituel) : frayeur, affliction, vision d'une réalité appartenant aux conditions de la vie future, ou encore découverte d'une situation de relation entre le serviteur et Dieu.

Selon les soufis : « *C'est quand les cœurs entendent et voient.* » Dieu a dit : « *Certes, ce ne sont point les yeux qui sont aveugles, mais ce sont les cœurs dans les poitrines qui sont aveugles* », et « *(En vérité, il y a là une édification pour qui a un cœur), prête l'oreille et est témoin* [191]. »

Celui dont l' « extase » *(wajd)* est faible « s'extasie » *(tawâjada)*; et ce phénomène est la manifestation extérieure de ce qu'il « trouve » *(wajada)* intérieurement. Celui dont l'extase est forte reste maître de soi et calme. Dieu a dit : « *... par laquelle se hérisse la peau de ceux qui redoutent leur Seigneur; puis s'adoucissent leur peau et leur cœur au souvenir de Dieu* » [192].

Selon Nûrî : « *L'extase est une flamme qui naît dans l'intime de l'être, favorisée par le désir; et quand cet événement spirituel survient, les membres s'agitent sous l'effet de la joie ou de la tristesse.* »

Les soufis ont dit aussi : « *L'extase est liée au fait d'être transitoire, tandis que la* « connaissance » (ma'rifa), *elle, est stable et ne passe pas.* »

On nous a récité ces vers de Junayd :

L'extase transporte de joie celui qui trouve en elle son repos;
   mais quand l'Être divin est présent, il n'y a plus
   d'extase.
Mon extase m'avait empli de joie; mais ce que je trouvai
   à l'intérieur de l'extase me détourna de la vue de
   l'extase.

On nous a également récité ces vers d'un grand soufi (Samnûn; cf. Sarrâj, p. 321) :

*Il a découvert le voile, et sous Son pouvoir a été abaissée la
   puissance des formes et de toute réalité intelligible qui était
   présente.*
*A Dieu ne plaise qu'Il soit atteint par l'expérience intérieure
   (wujûd) ; et la flamme de l'extase n'est que le signe d'une
   impuissance irrémédiable.*
*L'extase n'atteint qu'une forme qui disparaît, et elle-même
   s'efface quand apparaît la Vision.*
*J'étais transporté de joie dans l'expérience intérieure, rempli
   d'émotion ; tantôt elle me rendait inconscient de moi-même,
   tantôt j'étais présent.*
*Celui qui était attesté a fait disparaître l'expérience intérieure
   de Son témoin ; Il a fait disparaître l'expérience et toute
   réalité énonçable !*

Un soufi a dit : « *L'extase est porteuse des bonnes nouvelles que l'Être divin annonce : l'ascension vers les stations de Ses contemplations.* »

On nous a récité ces vers d'un autre soufi :

*A Celui qui s'est montré généreux en accordant l'extase, il
   convient encore davantage de le faire au moyen des grâces
   et des dons qui font disparaître cette expérience.*
*J'ai eu la certitude, quand Il a commencé à m'encourager
   par l'extase, que l'Être généreux parachèverait Sa promesse.*

Et ces vers de Chiblî :

*Selon moi, l'extase est un reniement tant qu'elle ne vient pas de
   ma vision.*
*Et selon moi, le témoin de l'Être fait disparaître le témoignage
   de l'expérience intérieure !*

54. Leur doctrine sur l'emprise
(ghalaba)

L'emprise est un état qui se manifeste chez le serviteur, sans qu'il puisse en observer la raison ni respecter les bienséances légales *(adab)*. Il perd tout discernement à l'égard de ce qui lui arrive, et cela le conduit parfois même à des comportements que désavouent ceux qui ne sont pas avertis de son état. Il reprend ensuite ses esprits, quand les accès de son expérience intérieure se sont calmés. Les états qui exercent plus ou moins leur emprise peuvent être la peur, la crainte révérencielle, la vénération profonde, ou la honte.

La tradition rapporte un fait de ce genre dans le cas de Abû Lubâba Ibn Mundhir. Sommés par le Prophète de se soumettre au jugement de Sa'd Ibn Mu'âdh, les Banû Qurayza étaient venus le consulter. D'un geste de la main, Abû Lubâba leur montra sa gorge, ce qui signifiait le massacre pour eux. Puis il fut pris de repentir, ayant compris qu'il avait trahi Dieu et Son Envoyé. Il partit alors pour aller s'attacher à l'un des piliers de la mosquée (de Médine), déclarant : « *Je ne quitterai pas cette place, tant que Dieu ne m'aura pas pardonné ce que j'ai fait* [193]. »

Cela s'explique par le fait que l'emprise de la peur de Dieu qui s'était emparée de lui l'avait empêché de s'adresser à l'Envoyé de Dieu, comme lui en faisait obligation Sa parole : « *... si encore, lorsqu'ils se sont fait tort à eux-mêmes, ils étaient venus à toi et avaient demandé pardon à Dieu et si l'Envoyé avait demandé pardon pour eux à Dieu* » [194]. Par ailleurs, s'attacher à des colonnes ou à des piliers n'est pas dans la Loi ! Le Prophète, après l'avoir attendu longtemps, dit alors : « *S'il était venu à moi, je lui aurais pardonné, mais puisqu'il a agi comme il l'a fait, ce n'est pas à moi de le libérer de la situation où il se trouve, tant que Dieu ne lui aura pas pardonné.* » Mais Dieu, qui savait qu'il était sincère et qu'il avait agi sous l'emprise de la peur, lui pardonna et révéla Son pardon au Prophète, qui le libéra alors.

Il n'avait pas été possible à Abû Lubâba, en proie à la peur, de considérer la cause, c'est-à-dire la demande de pardon à adresser à l'Envoyé (par les Banû Qurayza), conformément à la parole de Dieu citée précédemment. Et il ne lui avait pas été possible non plus de respecter les règles de la bienséance, c'est-à-dire pour lui en l'occurrence présenter ses excuses à celui envers qui il avait commis une faute, à savoir l'Envoyé.

Il en fut de même pour 'Umar, subjugué par son zèle pour la religion, quand il s'opposa à l'Envoyé de Dieu, qui voulait conclure un traité de paix avec les « associationnistes » l'année (des événements) de Hudaybiyya. 'Umar se précipita alors vers Abû Bakr, et l'interpella en ces termes : « *Ô Abû Bakr !, cet homme n'est-il pas l'Envoyé de Dieu ? — Si. — Ne sommes-nous pas des musulmans ? — Si. — Et eux, ne sont-ils pas des associationnistes ? — Si. — Alors pourquoi apporterions-nous à notre religion l'avilissement ? — Tu n'as qu'à t'en tenir à ses ordres, et moi j'atteste qu'il est l'Envoyé de Dieu*, lui répondit Abû Bakr. — *Moi aussi, j'atteste qu'il est l'Envoyé de Dieu.* » Puis, ne pouvant dominer ce qu'il éprouvait, il se rendit auprès de l'Envoyé de Dieu, et lui tint le même langage qu'à Abû Bakr. Le Prophète lui répondit la même chose que Abû Bakr, en précisant : « *Je suis le serviteur de Dieu et son envoyé, je n'enfreindrai pas Ses ordres, et Il ne m'abandonnera pas.* »

'Umar devait dire par la suite : « *Je n'ai pas cessé de jeûner, de distribuer des aumônes, d'affranchir des esclaves, et de prier, effrayé des paroles que j'avais prononcées, jusqu'à ce que je finisse par espérer un mieux pour moi* [195]. »

Il s'était également opposé au Prophète, quand celui-ci fit la prière (funéraire) sur 'Abd Allâh Ibn Ubayy. Selon le récit de 'Umar lui-même : « *Un changement se produisit en moi, et je lui dis, debout tout contre sa poitrine* : « *Ô Envoyé de Dieu, tu ferais la prière sur cet homme-là !* » ; et 'Umar énumérait les conflits qui l'avaient opposé au Prophète, jusqu'au moment où celui-ci l'interrompit : « *Recule, 'Umar ! il m'a été donné de choisir* (ma décision), *et j'ai choisi* », et il fit donc la prière sur

Ibn Ubayy. 'Umar déclara ensuite : « *Quelle chose étonnante pour moi que mon audace à l'égard de l'Envoyé de Dieu* [196] *!* »

Un autre exemple est fourni par Abû Tayba, qui but le sang du Prophète, à qui il pratiquait une saignée. C'est une chose interdite, selon la Loi, mais il l'a faite parce qu'il était dans un état d'emprise. Le Prophète l'excusa, tout en lui disant : « *Tu viens de t'exposer aux dangers de l'Enfer* [197]. »

Tous ces cas et beaucoup d'autres du même genre montrent que l'emprise est un état admissible, dans lequel est permis ce qui ne l'est pas dans l'état de calme intérieur. Celui qui reste calme en cas d'emprise est plus ferme et plus parfait intérieurement, parce qu'il est à un niveau plus élevé. Et il en était ainsi pour Abû Bakr.

55. Leur doctrine sur l'ivresse
(sukr)

L'ivresse extatique implique pour l'homme que son discernement des choses est éclipsé, sans que les choses elles-mêmes le soient. Cela signifie qu'il ne distingue plus entre, d'une part, les douceurs et les délices, et, d'autre part, ce qui en est le contraire, quand il est en compagnie de (ou « en harmonie avec », selon une variante des manuscrits) l'Être divin. Il est en effet subjugué par l'expérience intérieure de l'Être, et privé du discernement entre la douleur et le plaisir.

Selon certaines traditions rapportées au sujet de Hâritha, celui-ci aurait dit : « *Pierre et argile, ou or et argent, tout cela se vaut pour moi.* » De même, 'Abd Allâh Ibn Mas'ûd [198] déclara : « *Je ne me soucie pas des conditions dans lesquelles je peux me trouver, richesse ou pauvreté : pour la pauvreté, il y a la patience, et pour la richesse, il y a l'action de grâces.* » Il n'y avait plus pour lui de discrimination entre l'agréable et son contraire, car il était sous l'emprise de la vision de la patience et de l'action de grâces, dues à l'Être divin.

Un soufi a récité ces vers :

Ma passion pour Toi a envahi mon cœur, et au fond de lui il n'y a plus pour moi que Toi.
Si, dans l'amour, Tu me découpais en morceaux, le fond de mon cœur ne désirerait que Toi.

La lucidité (*sahw*; à la fois sobriété et dégrisement), qui suit l'ivresse, implique que l'homme discerne ce qui est cause de souffrance de ce qui est cause de plaisir, et qu'il les reconnaît. Il choisit alors ce qui provoque la souffrance, en accord avec l'Être divin, sans pourtant être conscient de la souffrance, mais au contraire en trouvant du plaisir dans ce qui fait souffrir.

C'est ainsi qu'un grand soufi (Dhû-l-Nûn) a pu dire : « *Si l'épreuve me découpait morceau par morceau, je ne ferais que croître en amour sur amour pour Toi.* »

Et Abû-l-Dardâ' [199] a eu cette parole : « *J'aime la mort, par désir ardent de mon Seigneur ; j'aime la maladie, comme expiation de mes fautes ; et j'aime la pauvreté, par humilité envers mon Seigneur.* »

Un Compagnon du Prophète s'est écrié : « *Combien sont aimables les deux choses que les hommes détestent, la mort et la pauvreté !* »

Cette condition spirituelle est plus parfaite. En effet, celui qui est en état d'ivresse extatique peut se trouver dans une situation détestable sans le savoir, inconscient de sa nature; tandis que celui qui est lucide choisit délibérément les souffrances de préférence aux délices, puis trouve le plaisir dans ce qui le fait souffrir, parce que la conscience de son Auteur l'emporte.

Quant à celui qui a la condition de la lucidité avant d'avoir celle de l'ivresse, il choisit parfois les souffrances au lieu des délices en vue d'une récompense ou en considération d'une compensation, et c'est donc dans les souffrances qu'il souffre et dans les délices qu'il se délecte. C'est la condition de la « lucidité-ivresse » (ou de la « patience-action de grâces », selon une variante des manuscrits).

On nous a récité ces vers d'un grand soufi :

S'il suffit pour toi que la lucidité te fasse réaliser ce qui est pour Lui, comment sera-ce dans l'ivresse, qui en est plus capable ! Tes deux états, lucidité et ivresse, n'en sont qu'un pour moi, dans lequel je ne cesse d'être à la fois lucide et ivre (d'après la variante de Qûnawî, le commentateur de Kalâbâdhî).

C'est-à-dire : quand l'état de discernement supprime de moi-même ce qui est pour moi, et me fait réaliser ce qui est pour Toi, comment sera-ce dans l'état d'ivresse, qui m'enlève le discernement ! C'est Dieu qui disposera de moi dans mes actes d'adoration et qui surveillera mes états. Ces deux situations (lucidité et ivresse) s'accomplissent en moi, et je ne cesserai jamais de m'y trouver.

56. Leur doctrine sur l'inconscience *(ghayba)* et la conscience *(chuhûd)*

L'inconscience (*ghayba*; littéralement « absence ») implique que l'homme est soustrait au souci de sa personne *(huzûz al-nafs)*, et qu'il ne le voit pas, bien que ce souci subsiste avec lui et existe en lui. Il y est cependant soustrait par la conscience de ce qui appartient à l'Être divin.

En voici un exemple : on avait dit à Awzâ'î : « *Nous avons vu au marché ta servante aux yeux bleus. — Ah bon !* fit-il, *elle avait les yeux bleus ?* » Quand on raconta cela à Abû Sulaymân Dârânî, il expliqua : « *Les yeux de leur cœur se sont ouverts, et les yeux de leur tête se sont clos.* » En s'exclamant « *Ah bon ! elle avait les yeux bleus ?* », Awzâ'î faisait savoir en même temps que, malgré son inconscience de la couleur des yeux de sa servante, il continuait à aimer les jeunes femmes aux yeux noirs.

La conscience *(chuhûd;* « être présent à », « être témoin de »), c'est que l'homme voit par Dieu, et non par lui-même, ce qui concerne sa personne; et ceci implique que toute préoccupation pour sa personne sera satisfaite dans l'état de servitude et dans la soumission de la nature humaine, et non pas pour le plaisir, ni par convoitise.

Il y a une autre inconscience, au-delà de la première : c'est quand l'homme s'abstrait de l' « extinction » *(fanâ)* et de ce qui « s'éteint » *(fânî),* par la conscience de la « pérennisation » *(baqâ')* et de ce qui « perdure » *(bâqî),* comme Hâritha l'a fait savoir pour son propre cas. Cette conscience n'est pas une vision, mais un envahissement de l'être; et l'inconscience qui lui est associée est relative à ce qui est soit mauvais soit profitable, ce n'est pas une inconscience qui résulterait d'un état d'occultation *(istitâr)* ou de voile *(ihtijâb).*

On nous a récité ces vers de Nûrî :

Je suis devenu conscient, mais ce n'est pas en lançant des regards; à défaut de regards, il y a un témoin de Celui qui n'est pas là.
Et je suis devenu inconscient de mon inconscience, parce qu'Il est non manifesté; c'est alors qu'a brillé l'apparition de Son mystère caché, qui n'est pas le néant.

Un de nos maîtres a parlé de la conscience en ces termes : « *La conscience, c'est que tu considères ce qui en est l'objet comme dédaignable, et inexistant par nature, à cause de l'envahissement de ton être par ce que suscite le témoin de l'Être divin, comme l'a dit le poète* (Labîd) : « *Assurément toute chose sauf Dieu est illusoire,* (et toute joie est fatalement passagère) », *ou comme l'a dit Moïse :* « *Ce n'est, de Ta part, qu'une fascination* », *considérant le Samaritain comme inexistant, à cause de sa conscience de l'Être divin* [200]. »

On nous a récité ces vers de Nûrî :

En ne me souciant que de Lui, j'ai tendu un voile qui me cache le siècle, ébloui par la pensée de Sa grandeur, qui me rend méprisable.
Le siècle ignore que je suis inconscient de lui, et moi, j'ignore les malheurs quand ils arrivent.
De tout mon être, j'accomplis fidèlement Ses désirs ; il en sera ainsi tout le temps que je vivrai, et que m'importe le reste !

57. Leur doctrine sur la concentration *(jam')* et la séparation *(tafriqa)*

La « concentration » commence par celle de l'aspiration spirituelle *(himma)*, et elle implique que toutes les préoccupations *(hamm*; pl. *humûm)* n'en soient plus qu'une. Selon la Tradition : « *Pour celui qui aura concentré toutes ses préoccupations en une seule, qui est celle des fins dernières (ma'âd*; littéralement « retour », à Dieu, des hommes et du monde), *Dieu se chargera du reste ; mais pour celui dont les préoccupations se seront répandues dans tous les sens, Dieu ne se préoccupera pas de l'endroit où elles l'auront mené à sa perte* [201]. » C'est la phase du combat et de la discipline spirituels.

La concentration, qu'ont en vue les soufis qui en sont les maîtres, est celle qui devient un état pour le serviteur : ce n'est plus au prix de ses efforts que ses préoccupations cessent de se disperser et qu'il les rassemble, mais elles sont concentrées et unifiées parce qu'il a pris conscience de Celui qui les réunit ; et la concentration est obtenue du fait qu'elle s'opère par Dieu seul et personne d'autre.

La « séparation » (ou « différenciation » et « distinction ») qui suit la concentration implique que le serviteur se sépare du souci de sa personne, et de la recherche de ce qui lui est agréable ou délectable. Il est ainsi séparé de lui-même, et tous ses gestes ne sont plus destinés à lui-même. Il peut arriver, dans certains cas, que l'homme « unifié » considère les exigences naturelles de sa personne; mais il en est protégé, car il y a désormais un obstacle entre elles et lui, et rien d'elles ne peut plus l'atteindre. Cela ne se fait pas malgré lui; bien au contraire, c'est ce qu'il a voulu, parce qu'il sait que c'est l'action de l'Être divin sur lui, que c'est un privilège qu'Il lui accorde, et qu'Il l'attire ainsi à Lui exclusivement.

Interrogé sur ce qu'est la concentration, un soufi éminent (Hallâj) répondit : « *C'est concentrer l'intime de l'être sur ce à quoi l'on ne peut se soustraire, et l'y contraindre définitivement, car Il n'a ni semblable ni contraire.* »

Un autre a dit ceci : « *Il les a concentrés sur Lui en les amenant à reconnaître leur impuissance, et Il les a séparés de Lui quand ils L'ont cherché à partir d'eux-mêmes. Ainsi donc, aller à Sa recherche à travers les causes secondes n'a apporté que la dispersion, tandis que la concentration a été obtenue quand ils L'ont contemplé dans tous les domaines.* » La séparation dont il a parlé est celle qui précède la concentration. Cela signifie que se rapprocher de Lui par les œuvres est une séparation, et c'est quand ils Le contemplent comme proche d'eux qu'il y a concentration.

On nous a récité ces vers d'un grand soufi :

*La concentration les a privés d'existence, selon ce qu'il en est
  pour eux dans l'éternité, et la séparation leur a donné
  l'existence, pour un temps et sans efficience.*
*Leur âme s'est évanouie, et son évanouissement c'est qu'ils
  sont privés d'existence en la présence de l'Être sur lequel
  ils se sont concentrés, hors de l'humanité.*
Et leur concentration hors des attributs de la forme (rasm)
  est pour eux l'effacement des modifications (talwîn) *dues
  à l'altérité qui affectait cette forme.*
*Le temps est pour eux un état qui disparaît dans leur éternité,
  là où ils étaient cachés, sans formes, par Celui qui est
  l'objet de leur concentration.*

*Jusqu'à ce que leur arrive, dans la séparation, ce qui leur
était destiné de Sa part quand ils étaient présents* (dans Sa
science).
*La concentration, c'est leur inconscience d'eux-mêmes, et la
séparation, c'est leur présence à eux-mêmes ; et c'est
exister ou être privé d'existence, selon le point de vue.*

Commentaire

Vers 1 : « *La concentration les a privés d'existence, selon ce
qu'il en est pour eux...* », signifie que le fait de savoir que leur
existence appartient à l'Être dans la Science qu'Il a d'eux les
a privés d'eux-mêmes, puisqu'ils sont devenus des êtres Lui
appartenant. La concentration est ainsi considérée comme un
état de non-être, puisqu'il n'y a plus alors que la Science de
l'Être divin à leur sujet. Et la séparation, c'est quand Il les
fait sortir du néant à l'existence.

Vers 2 : « *Leur âme s'est évanouie* » signifie qu'ils se sont vus
dans l'existence comme lorsqu'ils étaient inexistants, ne disposant pas d'eux-mêmes, ni en mal ni en bien, et sans que la
Science de Dieu à leur sujet soit modifiable.

Vers 3 : Leur concentration efface pour eux les attributs de
la forme, c'est-à-dire leurs actes et leurs attributs. Ils ne sont
plus susceptibles de modifications ou d'altérations, mais ils
sont selon ce que Dieu a su, a prédestiné, et a décidé.

Vers 4 : Leur état dans l'existence temporelle disparaît dans
la Science éternelle, où ils n'étaient que néant, inexistants et
sans formes (variante : « sus » au lieu de « néant »).

Vers 5 : Et quand Il les a fait exister, Il a actualisé sur eux
ce qu'Il avait prévu pour eux.

Vers 6 : « *La concentration* », c'est qu'ils soient inconscients
de leur présence, et qu'ils ne soient pas conscients d'être les
auteurs de leurs actions. « *La séparation* », c'est qu'ils soient
conscients de leurs états et de leurs actions. « *L'existence* » et
« *la privation d'existence* » sont deux états différents pour
eux, mais non pour l'Être divin.

Abû Sa'îd al-Kharrâz a dit : « *La signification de la concentration, c'est qu'Il leur a fait découvrir en eux-mêmes Son existence, ou plutôt, Il les a privés de leur existence pour eux-mêmes, dans leur existence pour Lui.* » Et c'est le sens de Sa parole : « *Je deviens son ouïe, sa vue, et sa main, et c'est par Moi qu'il entend, par Moi qu'il voit, et par Moi qu'il saisit* [202]. »

Tout cela signifie qu'ils agissaient par eux-mêmes et pour eux-mêmes, et que désormais ils agissent par l'Être divin et pour Lui.

58. Leur doctrine sur la révélation *(tajallî)* et l'occultation *(istitâr)*

Selon Sahl : « *Il y a trois cas de révélation : révélation essentielle* (ou « théophanie »), *et il s'agit du* « *dévoilement* » (mukâchafa), *révélation des attributs de l'Essence, qui sont les lieux de la Lumière, et révélation de la Décision de l'Essence, qui concerne donc la Vie dernière et ses conditions.* »

— « *La révélation essentielle ou dévoilement* », dont parle Sahl, ce sont les découvertes intérieures du cœur *(kuchûf)* en cette vie, comme ce qu'a dit 'Abd Allâh, le fils de 'Umar : « *Il nous semblait voir Dieu en ce lieu* », pendant la procession autour de la Ka'ba *(tawâf)*, ou comme ce qu'a dit le Prophète : « *Adore Dieu comme si tu Le voyais !* » (cf. chap. 50 et n. 185). Quant aux découvertes par la vision *('iyân)*, elles n'auront lieu que dans la Vie dernière.

— « *La révélation des attributs de l'Essence, qui sont les lieux de la Lumière* » est que, par exemple, se révèlent au serviteur la puissance de Dieu à son égard, de sorte qu'il ne craindra plus que Lui, et Sa sollicitude à son endroit, de sorte qu'il n'espérera plus qu'en Lui. Et il en est de même pour tous les Attributs divins; ceci est illustré par les paroles (déjà citées) de Hâritha : « *Et ce fut comme si je voyais se dresser le Trône de*

mon Seigneur. » Cela signifie que ce fut pour lui comme si la Parole même de Dieu se manifestait à lui, dans les énoncés du Coran, et comme si l'énoncé était devenu pour lui vision.
— « *La révélation de la Décision de l'Essence* » se fera dans la Vie dernière : « *Une fraction dans le Jardin paradisiaque, et une fraction dans le Brasier infernal* [203]. »

Un soufi éminent (Hallâj) a dit ceci : « *Le signe de la révélation de Dieu à l'intime de l'être, c'est que ce dont il est conscient ne donne pas prise à l'expression, et n'est pas du domaine de la compréhension. Celui qui s'exprime ou qui comprend est en effet un homme qui pense et qui déduit, et non pas un homme qui regarde avec vénération.* » Il veut dire par là que l'homme est conscient d'une chose qu'il ne peut exprimer ou traduire, parce qu'elle suscite en lui une telle vénération et une telle crainte révérencielle, que cela l'empêche de rendre compte du contenu de son expérience.

On nous a récité ces vers d'un soufi :

Quand elle m'est apparue, j'en ai été tellement ébloui
   d'admiration, que je me retrouve comme quelqu'un pour
   qui rien ne s'est passé.
Je Le trouve, quand Il m'a rendu inconscient de moi-même, et
   quand je suis conscient de Lui, je ne me retrouve plus
   moi-même à cause de Lui.
La « jonction » avec Lui me rend conscient de nul autre que
   Lui, et quand je suis seul, je ne suis pas conscient de Lui.
J'ai été uni et j'ai été séparé de moi-même, par Lui ;
   et quand il y a la réunion, celui qui est seul est compté deux !

Commentaire

Vers 1 : Quand la Réalité divine m'est apparue, j'ai été envahi par l'admiration, et dans le sentiment de Sa grandeur je perds la conscience discursive, et je suis comme celui à qui Elle n'est pas apparue.

Vers 2 : Je ne Le trouve que lorsque je suis inconscient de moi-même, et quand je suis inconscient, mon existence disparaît.

Vers 3 : L'état de « jonction » *(wasl)*, qui est mon « extinction » à moi-même, ne me rend conscient que de Lui, tandis que l'état d'existence individuelle et le fait que je subsiste avec mes attributs m'empêchent d'être conscient de Lui.

Vers 4 : C'est comme si ma « concentration » en Lui me séparait de moi-même. Et ainsi l'état de « jonction » fait que Dieu est l'agent de mes actes, et que je ne suis pas moi-même dans mes actes, que c'est Dieu et non pas moi. Ceci est conforme à Sa parole : « *Ce n'est pas toi en vérité qui as lancé, quand tu as lancé, mais c'est Dieu qui a lancé* » (cf. chap. 48, et n. 183). C'est donc à la fois selon le langage spirituel et celui de l'enseignement traditionnel que l'on peut dire, dans ce cas : Dieu est l'agent de mes actes et j'agis par Lui, et que le même est à la fois le Seigneur et le serviteur.

Un soufi a dit ceci : « *La révélation est l'enlèvement des voiles de la condition humaine* (bachariyya), *sans que cela implique que l'essence de l'Être divin varie* — Il est trop majestueux, trop glorieux, et trop haut pour cela ! —. *Et l'occultation, c'est que la condition humaine fait obstacle à ta prise de conscience du Monde caché* (ghayb). » « *L'enlèvement des voiles de la condition humaine* », cela signifie que Dieu te permet de te maintenir sous l'afflux des réalités du Monde caché qui se manifestent à toi, car la condition humaine ne peut résister aux modes d'être du Monde caché.

Il y a une occultation (différente) qui suit la révélation. Dans ce cas, les choses sont occultées pour toi, de sorte que tu ne les vois pas. C'est ce qui s'est passé pour 'Abd Allâh, le fils de 'Umar, qui, salué au cours de la procession autour de la Ka'ba, n'avait pas répondu et s'en était excusé ensuite auprès de celui qui le lui reprochait : « *Il nous semblait voir Dieu en ce lieu.* » Il faisait ainsi savoir qu'il y avait eu à la fois pour lui une révélation de l'Être divin, et une occultation, qui l'avait rendu inconscient des salutations qui lui étaient adressées.

On nous a récité ces vers d'un grand soufi :

Les secrets de l'Être divin ne se montrent pas à celui qui est voilé ; Il te les a cachés, ne t'oppose donc pas à Lui pour ce qu'Il t'a celé !
Ne te fatigue pas avec ce que tu ne saurais atteindre ! A Dieu ne plaise que la Réalité se montre, et que tu Lui donnes asile !

59. Leur doctrine sur l'extinction *(fanâ')* et la pérennisation *(baqâ')* [204]

L'extinction, c'est la disparition des satisfactions, et l'homme n'y a plus alors aucune part. C'est aussi l'élimination de la discrimination, dans l'extinction à toutes les choses et la préoccupation exclusive de ce en quoi l'on s'abolit. C'est ainsi que 'Amir Ibn 'Abdallâh [205] a pu dire : « *Que m'importe, si ce que j'ai vu est une femme ou un mur !* » L'Être divin assume la direction de ses actes, et le fait agir dans ses pratiques rituelles et dans ses activités conformes. Il est alors préservé dans tout ce qu'il doit faire pour Dieu, et soustrait à tout désir personnel, ainsi qu'à toutes les formes de désobéissance. Cela lui est désormais impossible ; telles sont l'infaillibilité et l'impeccabilité (*'isma* ; littéralement « protection » divine, cf. chap. 26), et c'est le sens de Sa parole : « *Je deviens son ouïe et sa vue* » (cf. chap. 57, et n. 202).

La « pérennisation » (*baqâ'* ; littéralement « rester, demeurer »), qui suit l'extinction, implique que l'homme est éteint à tout ce qui le concerne personnellement, et « perdure » par ce qui appartient à Dieu.

Un grand soufi a dit ceci : « *La pérennisation est la « station » des prophètes ; ils ont été revêtus de la Paix divine* (sakîna), *et rien de ce qui peut leur survenir ne saurait les empêcher d'accomplir leur devoir envers Lui, ni de recevoir Sa Faveur :*

« *Voilà la Faveur de Dieu. Il l'accorde à qui Il veut* » [206].

« *Quant à celui qui* « *perdure* » (bâqî), *toutes les choses sont devenues pour lui comme une seule, et tous ses gestes constituent des activités conformes à l'Être divin, excluant toute désobéissance. Il est donc éteint aux désobéissances, et perdure dans la conformité.* » Que les choses soient devenues pour lui comme une seule, cela ne signifie pas que les désobéissances se confondraient pour lui avec les actions conformes, et que ce qu'Il a défendu serait identique à ce qu'Il a ordonné. Mais cela veut dire qu'il n'exécute que ce que Dieu a ordonné et ce qui a Son agrément, et rien de ce qui Lui déplaît, et que ce qu'il fait, il l'accomplit pour Dieu, et non pas pour sa satisfaction personnelle, ni en cette vie ni en l'autre.

C'est également le sens de cette parole des soufis : « *Il est éteint à ses propres attributs, et il perdure par les attributs de l'Être divin.* » En effet, Dieu ne fait les choses que pour les autres, et non pour Lui, puisqu'Il n'en retire aucun profit pour Lui-même et n'a à écarter de Lui aucun mal — Dieu est bien trop haut pour cela ! —. Il ne fait les choses que pour qu'elles soient utiles aux autres, à moins qu'elles leur nuisent. Et celui qui perdure par l'Être divin, celui qui s'est éteint à lui-même, ne fait pas les choses pour en retirer un profit personnel ni pour écarter de lui un mal ou, plus exactement, ce n'est pas là son dessein. Satisfaire à ses propres désirs et aux exigences de ses intérêts a été écarté de lui; cela signifie qu'il n'en a ni la volonté ni l'intention.

Mais cela ne veut pas dire qu'il n'a plus de satisfaction à attendre, du fait que, en accomplissant une chose que Dieu lui impose, il la fait pour Dieu, et non par désir d'une récompense ou par peur d'un châtiment. Ces deux sentiments, le désir et la peur, continuent à l'accompagner et subsistent en lui. Mais s'il désire une récompense, c'est pour être en accord avec Dieu, qui a suscité ce désir et ordonné qu'on lui demande la récompense, ce n'est nullement pour sa délectation personnelle. Et s'il a peur du châtiment, c'est également par vénération envers Lui et par conformité avec Sa volonté, puisqu'Il S'est fait craindre de Ses serviteurs. Tous ses gestes sont donc bien pour la satisfaction des autres, et non pour la sienne; c'est dans le même sens que l'on dit couramment : « *Le croyant mange avec l'appétit des siens.* »

On nous a récité ces vers d'un soufi :

Il l'a éteint à sa satisfaction personnelle dans tout ce qui lui
  est échu, en le faisant perdurer dans une Forme, pour
  qu'elle Le manifeste,
et pour que la Forme qu'il découvre prenne la place de
  sa forme (propre). *Ainsi l'intime de son être déborde d'une*
  Réalité qui le traite avec des égards.

L'idée générale de l'extinction et de la pérennisation est donc que l'homme est éteint à ses satisfactions personnelles, et qu'il perdure pour les satisfactions des autres. Cela implique particulièrement l'extinction aux états de désobéissance conscients et aux gestes voulus et délibérés qui les actualisent, et la pérennisation dans les états de conformité conscients et par les gestes voulus et délibérés qui les actualisent. Cela implique en particulier également l'extinction au sentiment de l'importance de ce qui est autre que Dieu, et la pérennisation dans la vénération de Dieu. Ce dernier aspect est illustré par les paroles de Abû Hâzim (cf. notice biographique n. 2) : « *Qu'est-ce que ce bas monde ! : ce qui est passé n'est plus que rêves, et ce qui nous reste n'est que vains espoirs et qu'illusions. Et qu'est le Diable, pour qu'on le craigne ! : si on lui obéit, il n'est d'aucun profit, et si on lui désobéit, il est inoffensif.* » C'était pour lui comme si le monde et le Diable n'existaient pas.

Un exemple de l'extinction aux satisfactions est donné par 'Abd Allâh Ibn Mas'ûd (cf. n. 198) : « *J'ignorais,* dit-il, *que parmi les Compagnons de l'Envoyé de Dieu il y en avait qui désiraient les biens de cette vie, jusqu'à ce que Dieu révèle :* « *Parmi vous, il en est qui désirent les biens de ce monde, tandis que d'autres désirent la vie dernière* » [207]. » Lui-même était donc éteint au désir du monde.

On peut citer aussi à nouveau sur ce sujet les paroles de Hâritha : « *J'ai détaché mon âme de ce monde..., et ce fut comme si je voyais se dresser le Trône de mon Seigneur.* » Il était éteint à cette vie par la vie dernière, et il était éteint aux autres par Celui qui impose Sa volonté *(al-Jabbâr)*.

On peut rappeler de même le cas de 'Abd Allâh, le fils de 'Umar, qui, au cours de la procession autour de la Ka'ba, n'avait pas répondu aux salutations de quelqu'un, qui s'en était plaint à l'un de ses compagnons. 'Abd Allâh s'en était alors excusé, en disant : « *Il nous semblait voir Dieu en ce lieu.* »

Citons aussi ces paroles de 'Amir Ibn 'Abd al-Qays (cf. n. 205) : « *Je préférerais être transpercé de coups de lances, plutôt que de trouver en moi ce dont vous parlez !* » (à savoir les pensées qui leur traversaient l'esprit pendant la Prière ; selon le commentaire de Qûnawî). Ce qui fit dire à Hasan (Basrî) : « *Dieu ne nous a pas accordé un tel privilège !* »

Il y a une extinction, qui est une totale inconscience aux choses, comme celle de Moïse, quand son Seigneur Se révéla à la montagne : « *Et Moïse tomba foudroyé* [208]. » Il ne fournit ensuite aucune information sur l'état dans lequel il se trouvait à ce moment-là, et Celui qui avait été la cause de sa perte de conscience n'en dit rien non plus.

Selon Abû Sa'îd al-Kharrâz : « *Le signe distinctif de celui qui est éteint* (fânî), *c'est que le désir de toute satisfaction en ce monde et en l'autre a disparu chez lui, à l'exception de celle que lui procure Dieu. Ensuite lui apparaît une manifestation de la Puissance de Dieu, qui lui montre la disparition de la satisfaction dont Dieu était la cause, par la « réalisation » de la Majesté divine ; puis lui apparaît une manifestation de Dieu, qui lui montre la disparition de la satisfaction procurée par la vision de la disparition de sa satisfaction, et il reste la vision de ce qui est de Dieu et pour Dieu ; l'Unique et l'Impénétrable S'isole dans Son Éternité* (ou « Son Unité », selon une variante des manuscrits), *et il n'y a plus ni extinction à un autre que Dieu avec Dieu, ni pérennisation !* »

Commentaire

Le souci de sa satisfaction en ce monde, et qui a disparu, c'est celui de la recherche des choses contingentes (ou « accidents » = *a'râd*), et, pour l'autre monde, c'est celui de la recherche des compensations (*a'wâd*; cf. chap. 52). Il ne reste alors que le désir de la satisfaction procurée par Dieu, c'est-à-dire Son agrément à son sujet, et Sa proximité. Ensuite la réalisation de la Majesté divine fait naître en lui un nouvel état, celui de la considération de son indignité : comment est possible la proximité de Dieu pour un homme tel que lui !, et comment Dieu peut-Il agréer un homme tel que lui ! Puis survient encore un nouvel état : l'Être divin l'envahit totalement, et le prive de la vision de son attribut, qui était précisément la vision de la disparition de la considération de lui-même. Il ne reste alors en lui que la vision de ce qui est de Dieu pour Dieu. Et il s'éteint à ce qui est de Dieu pour Dieu. Il se retrouve alors tel qu'il était dans la Science de Dieu avant d'exister, ainsi que ce qui lui avait été prédestiné de Sa part, sans que lui-même ait encore agi.

Selon une autre façon de dire les choses, l'extinction serait la disparition des attributs de la condition humaine, sous l'effet de la charge divine, c'est-à-dire du poids des qualités de la divinité. Les attributs de la condition humaine sont alors abolis, tels que l'ignorance et l'injustice, conformément à Sa parole : « *L'homme s'en est chargé ; il était en vérité injuste et ignorant* »[209], ainsi que l'ingratitude et la méconnaissance des bienfaits. Tout attribut blâmable est aboli en l'homme, ce qui implique notamment que Sa science triomphe de son ignorance, Sa justice de son injustice, et Sa gratitude de son ingratitude.

Selon Abû-l-Qâsim Fâris : « *L'extinction est l'état de celui qui n'est plus conscient de son attribut propre, ou plus exactement, qui prend conscience que son attribut propre est submergé par ce qui le fait disparaître.* » Il a dit également ceci : « *L'extinction de la condition humaine ne signifie pas qu'elle est* anéantie, mais qu'elle est recouverte par un état délectable qui surpasse la vue de la souffrance. » Cet état délectable, qui se manifeste chez le serviteur, est comparable à celui des femmes (tombées amoureuses) de Joseph, qui « *se tailladèrent les mains* »[210]. Leurs réactions naturelles étaient abolies, sous l'effet de l'émotion délectable qu'avait fait naître au plus profond d'elles-mêmes la vue de Joseph, et qui les avait rendues insensibles à la douleur de leurs mains tailladées.

Sur ce sujet, un contemporain a composé les vers suivants :

Celles qui se tailladèrent les mains n'étaient plus elles-mêmes
  à la vue de l'homme qui était la merveille des créatures.
Leur nature s'était abolie, incapable de ressentir le plaisir et la
  douleur à la fois.
Mais « *la femme du puissant* »[211], *elle, comme si elle s'était*
  changée en Joseph, et que sa main était devenue celle de
  Joseph, elle ne se la taillada pas.

On nous a récité également ces vers sur l'extinction (déjà cités au chap. 17) :

Nous avons invoqué, et si nous invoquions, ce n'était pas pour
  avoir été oublieux ; mais la brise de la Proximité apparaît,
  éblouissante.
Il me fait évanouir à moi-même, et je demeure par Lui et
  pour Lui, car l'Être divin informe et parle de Lui.

Certains soufis considèrent tous ces états comme n'en faisant qu'un, même si les termes pour les désigner sont différents. Pour eux, l'extinction et la pérennisation sont le même état, comme la concentration et la séparation, de même que l'inconscience et la conscience, l'ivresse et la lucidité.

Il en est ainsi parce que l'homme qui est éteint à ce qui est à lui est le même qui perdure par ce qui est à Dieu, et que celui qui perdure par ce qui est à Dieu est le même qui est éteint à ce qui est à lui. Et celui qui est séparé est en même temps « concentré » (ou « unifié » = *majmû'*), parce qu'il n'est conscient que de l'Être divin, et celui qui est concentré est en même temps séparé, parce qu'il n'est conscient ni de lui-même ni des créatures ; il perdure par le fait qu'il demeure constamment avec l'Être divin et qu'il est concentré en Lui, tout en étant éteint à ce qui est autre que Lui et séparé des autres êtres. Il est aussi inconscient et ivre, parce que tout discernement a cessé en lui. Comme nous l'avons dit, il ne distingue plus entre les souffrances et les états délectables ; cela signifie aussi que toutes les choses sont devenues uniques pour lui, et qu'il n'est plus conscient d'aucune opposition, puisque l'Être divin ne dirige en lui que des actions en conformité avec Lui. Il n'y a de discernement possible qu'entre une chose et une autre, mais quand les choses n'en sont plus qu'une, il n'y a plus de discernement.

D'autres expriment ce qu'est l'extinction de la façon suivante : le serviteur est soustrait à toute détermination formelle *(rasm)* en lui-même, et à toute réalité formelle déterminable *(marsûm)*. Il perdure alors dans son « moment », sans savoir qu'il y a pérennisation, sans se rendre compte qu'il y a extinction, et sans être informé de son « moment ». Plus exactement, c'est son Créateur qui connaît sa pérennisation, son extinction, et son « moment », et c'est Lui qui le préserve de toute chose blâmable.

Il y a des divergences entre les soufis sur la question suivante : celui qui est « éteint » peut-il ou non demeurer à nouveau avec ses attributs propres ?

Selon certains, il recouvre ses attributs, et l'état d'extinction n'est pas durable, car s'il l'était, cela entraînerait nécessairement l'impossibilité physique pour ses membres d'accomplir non seulement les pratiques religieuses d'obligation stricte, mais aussi les activités qui concernent la vie matérielle et les fins dernières. Abû-l-'Abbâs Ibn 'Atâ' a écrit sur ce sujet un livre intitulé *Le retour et le point de départ des attributs*.

Quant aux soufis éminents et à ceux qui sont des hommes d'expérience, ils n'adoptent pas la thèse du retour des attributs chez celui qui est « éteint ». Citons parmi eux notamment Junayd, al-Kharrâz, et Nûrî. Leur position est la suivante.

L'extinction est une grâce de Dieu, un don qu'il fait au serviteur, une marque de faveur de Sa part, et un privilège qu'Il lui accorde. C'est uniquement une chose que Dieu fait à celui qu'Il S'est réservé pour Lui-même et qu'Il S'est choisi. Si donc Il le renvoyait à ses attributs, ce serait de Sa part enlever ce qu'Il a donné, et reprendre ce qu'Il a accordé, ce qui serait indigne de Dieu. Ou bien alors ce serait un changement de décision *(badâ')* [212], mais ceci est le fait de quelqu'un qui acquiert une connaissance nouvelle, supposition à rejeter en ce qui concerne Dieu. Ou bien encore ce serait de Sa part une duperie et une tromperie, mais duper est une chose qu'on ne saurait attribuer à Dieu, et Il ne trompe pas les croyants. Il n'induit en erreur que les hypocrites et les infidèles.

La « station » spirituelle de l'extinction n'est pas atteinte par l'action personnelle, car autrement cela rendrait possible tout aussi bien son contraire. Si l'on objecte à cela le cas de la foi, qui peut être perdue, alors qu'elle est le « degré » le plus noble et qu'elle permet ensuite d'atteindre toutes les « stations », l'on répondra ceci : la foi que l'on peut perdre est celle que le serviteur acquiert par la « *reconnaissance par la langue* » et « *l'œuvre des membres* » (cf. chap. 27), sans qu'elle ait pénétré la réalité profonde de son être, qu'on l'envisage sous l'angle de la prise de conscience, ou sous celui de la sincérité des engagements. Mais il reconnaît verbalement, sans plus, ce dont il ne connaît pas la vérité. C'est d'un tel homme que la Tradition parle en ces termes : « *L'ange viendra trouver le serviteur placé dans la tombe, et lui posera la question : « Que dis-tu au sujet de cet homme* (Muhammad) *? »* ; *et il répondra : « J'ai entendu les gens dire telle chose, et je l'ai répétée »* [213]. C'est un douteur, et non un homme qui a la certitude. Il se peut aussi qu'il confesse sa foi publiquement, tout en la traitant de mensonge dans son for intérieur, comme l'hypocrite [214], qui la reconnaît verbalement, mais qui, dans son cœur, la renie et dissimule son opposition. Ou bien encore, il s'agira de quelqu'un qui confesse sa foi verbalement, sans la démentir intérieurement ni lui vouer une sourde opposition, mais qui n'a malheureusement pas pris conscience de la justesse d'une confession, méritoire certes, mais sans vision intérieure *(muchâhada)*. Il n'en a pas obtenu la confirmation théorique, par des arguments qui en auraient établi la justesse, et il n'a pas non plus été gratifié d'un état de vision intérieure, qui aurait supprimé les doutes. Dieu avait prévu pour lui le malheur éternel *(chaqâ')*, et ainsi une objection insidieuse, qui lui est venue à l'esprit ou que quelqu'un lui a faite, l'a alors égaré et l'a fait passer de la foi à son contraire.

Celui pour qui Dieu « *avait prédestiné la Très Belle Récompense* » (cf. n. 4) est en sécurité. Les soupçons ne l'assaillent pas, et les objections cessent pour lui, en étudiant le Livre, la Tradition, et les arguments rationnels. Les pensées pernicieuses sont écartées de lui, et les objections insidieuses d'un contradicteur sont repoussées, car il n'est pas possible que ce qui s'oppose à la Vérité ait les arguments de la Vérité. Un tel homme n'est pas en proie aux doutes. Ou bien il aura eu le bonheur de prendre conscience de la justesse de sa foi, et c'est Dieu qui repoussera loin de lui les pensées pernicieuses, en le protégeant totalement ; c'est Lui aussi, qui, par une Grâce de Sa part, écartera de lui le contradicteur semeur de doutes, qu'il n'aura plus à affronter. La vérité de sa foi sera donc sauve, même s'il est dépourvu de l'art de convaincre, indispensable dans une discussion avec un contradicteur, et s'il n'a pas en lui les possibilités (intellectuelles) pour chasser les pensées pernicieuses. Ou bien enfin, il sera de ceux qui ont été gratifiés d'une foi vraie en ce qu'ils confessent, par des visions ou des dévoilements intérieurs. Ce fut le cas de Hâritha, qui nous a rapporté qu'il avait eu la vision intérieure de l'objet de la foi qu'il confessait. Ce qui lui était caché avait pris la place de ce qui lui était immédiatement perceptible, puisque, selon son récit, il s'était détaché du monde sensible, et que ce qui était caché lui était devenu visible et ce qui était visible lui était devenu caché. Dans le même sens, Dârânî disait : « *Les yeux de leur cœur se sont ouverts, et les yeux de leur tête se sont clos* » (cf. chap. 56).

Celui qui est gratifié de cette façon d'une foi vraie en ce qu'il confesse ne saurait se détourner de l'autre monde, pour revenir à celui-ci, ni abandonner le plus pour le moins. Tout ceci est dû à la protection de Dieu dont il bénéficie, et témoigne de la véracité de Sa promesse : « *Dieu affermit ceux qui ont eu la foi, par la parole ferme, en cette vie et en la vie dernière* [215]. » Il est donc bien établi que le véritable croyant ne perd pas la foi, car c'est un don que Dieu lui accorde, une faveur, une grâce, et un privilège; à Dieu ne plaise qu'Il revienne sur ce qu'Il a accordé, et reprenne ce qu'Il a donné !

La foi véritable et la foi formelle ont la même apparence extérieure, mais leur réalité intérieure est différente. Quant à l'extinction et aux autres stations spirituelles d'élection, leurs apparences extérieures sont différentes, mais leur réalité intérieure est la même, parce qu'elles ne sont pas de l'ordre de l'acquisition personnelle, mais de l'ordre de la grâce. Et la thèse soutenue par celui qui dit que l'homme « éteint » retourne à ses attributs est absurde. Cela reviendrait en effet à reconnaître tout d'abord que Dieu a privilégié un serviteur et l'a choisi pour Lui-même, et à dire ensuite, en prétendant qu'Il le renvoie à ses attributs, qu'Il privilégie ce qu'Il ne privilégie pas, et qu'Il choisit ce qu'Il ne choisit pas; et ceci est bel et bien une absurdité ! Il est tout aussi impossible d'admettre l'explication selon laquelle Dieu agirait ainsi pour l'éduquer et le préserver de la tentation (métaphysique ?). Mais Dieu ne le préserve pas en lui enlevant ce qu'Il lui a donné, ni en le renvoyant d'un état plus élevé à un état moins élevé. Sinon, il faudrait admettre que les prophètes aient été protégés des occasions de tentation, en étant renvoyés de l'état de prophétie à l'état de sainteté, ou même plus bas; et ceci est inadmissible ! Et les grâces que Dieu accorde pour protéger Ses prophètes et préserver Ses saints de la tentation sont trop abondantes pour être énumérées et comptées, et Sa puissance est trop parfaite pour être limitée à une action plutôt qu'à une autre.

Si l'on objecte le cas de celui à qui Dieu avait donné Ses signes « *et qui s'en dépouilla* » (cf. chap. 26 et n. 121), cela n'est pas valable, car l'homme en question n'avait absolument pas eu d'état de vision intérieure, ni fait l'expérience d'une station spirituelle; ce n'était absolument pas un être privilégié, ou choisi par Dieu, mais l'objet d'un leurre, d'une tromperie, et d'une manœuvre habile. Dieu avait fait paraître sur lui les marques extérieures des privilégiés, alors qu'en réalité il faisait partie des réprouvés. Il l'avait paré extérieurement de la beauté des pratiques rituelles et de la pureté des oraisons; mais son cœur était aveugle, et le fond de son être était voilé. Il n'a jamais ressenti la saveur de l'élection, ni goûté les délices de la foi. Et il n'a jamais reconnu Dieu par une vision intérieure, selon les paroles mêmes de Dieu à son sujet : « *Et il fut du nombre des égarés* » (cf. n. 121), et au sujet d'Iblîs : « *Et il fut du nombre des infidèles* [216]. » Junayd a dit ceci : « *Iblîs n'est pas parvenu à Le comptempler en Lui obéissant, et Adam n'a pas cessé de Le contempler en Lui désobéissant.* » Et Abû Sulaymân (Dârânî) : « *Retourner n'est le fait que de ceux qui sont en chemin; s'ils étaient arrivés jusqu'à Lui, ils ne s'en seraient pas retournés.* »

Selon Junayd, l'homme « éteint » serait préservé en ce qui concerne l'accomplissement du culte de l'Être divin. On lui avait en effet rapporté le fait suivant : Abû-l-Hasan Nûrî restait dans la mosquée de Chûnîzî depuis plusieurs jours, sans manger, sans boire, et sans dormir, et pourtant il accomplissait ponctuellement la Prière aux moments prévus. L'un de ceux qui étaient auprès de Junayd expliqua alors : « *C'est parce qu'il est dans l'état de* « *lucidité* ». — *Non*, rectifia Junayd, *c'est parce que ceux qui ont des expériences intérieures sont préservés, car ils se trouvent à ces moments-là devant Dieu.* »

L'homme qui est « éteint » n'est ni foudroyé, ni frappé de démence, et il ne cesse pas d'être un homme; il ne devient donc pas un ange ou un pur esprit, mais il fait partie de ceux en qui s'est abolie la conscience des exigences naturelles de leur propre personne, comme il a été dit précédemment.

Il y a deux sortes d'hommes « éteints » : il y a d'abord celui qui n'a pas à être élevé à la dignité de guide et de modèle à suivre. Il est possible alors que son extinction, qui est la perte de conscience de ses attributs, apparaisse sous les traits de la démence et de la perte de la raison, car il ne discerne plus ce qui lui est agréable et il ne cherche plus à satisfaire ses désirs personnels. Mais dans cet état, il reste préservé, en tout ce qui touche aux pratiques obligatoires du culte de Dieu. Il y en a eu beaucoup d'exemples dans la Communauté musulmane, et l'on peut citer : Hilâl l'Abyssin, l'esclave de Mughîra Ibn Chu'ba, qui vécut à l'époque du Prophète, et qui fut d'ailleurs l'objet d'une prédiction de celui-ci [217]; Uways Qaranî (cf. chap. 1, n. 19, et notices biographiques), qui vécut à l'époque de 'Umar. Lui aussi fut l'objet d'une prédiction, faite par le Prophète à 'Umar et 'Alî; et beaucoup d'autres encore, jusqu'à 'Ulayyân le fou et Sa'dûn, notamment.

Il y a ensuite celui qui sera un guide, que l'on prendra comme modèle, et dont dépendront ceux qu'il a la charge de diriger. Il est donc établi dans les fonctions de direction et d'instruction. Et il est transféré dans l'état de pérennisation, de telle sorte qu'il n'agisse que conformément aux attributs de l'Être divin, et non selon les siens propres; et nous avons déjà précisé ce cas précédemment.

Interrogé sur l'intuition (*firâsa*; cf. chap. 1, et n. 20), Junayd répondit : « *C'est une vision juste de la réalité que l'on rencontre. — N'appartient-elle à l'intuitif qu'à l'instant de la rencontre avec la réalité, ou bien lui appartient-elle en vertu de ses « moments » spirituels ? — La réponse est non* (pour la première hypothèse); *c'est au contraire en vertu de ses « moments » spirituels, car l'intuition est un don divin, et elle demeure avec lui constamment.* » Junayd nous fait ainsi savoir que les dons divins sont une acquisition définitive.

Celui qui étudie soigneusement les écrits des soufis, et qui a compris leurs allusions, sait que leur doctrine est bien telle que nous l'avons reproduite. Même si la question précédente, comme d'autres similaires, n'a pas été traitée par nous exactement selon les textes ou selon les termes utilisés par eux, l'explication de ce point de doctrine a été faite à partir de ce que nous avons pu comprendre de leurs expressions énigmatiques et de ce que nous avons pu saisir de leurs allusions.

60. Leur doctrine sur les caractères véritables de la connaissance

Un maître soufi a dit ceci : « *La connaissance (ma'rifa) est de deux sortes : la connaissance de (Sa) juste valeur (haqq; notre traduction correspond à l'interprétation de Qûnawî), et la connaissance de (Sa) réalité (haqîqa). La connaissance de Sa juste valeur* (ou « à laquelle Il a droit »), *c'est affirmer l'Unicité de Dieu selon les Attributs qu'Il a montrés. Quant à la réalité, il n'y a aucun moyen d'y parvenir, car il est impossible d'embrasser Son Impénétrabilité (samadiyya) et la nature véritable de Sa Souveraineté* — et Dieu a dit : « *... tandis qu'ils ne L'embrassent point dans leur science* » [219] —, *car l'Impénétrable est Celui dont les qualités et les attributs ne sauraient être appréhendés dans leur nature véritable.* »

Un soufi éminent (Hallâj) a défini ainsi la connaissance : « *C'est que, dans ses diverses méditations, l'intime de l'être reste attentif à respecter le contenu des expériences obtenues par les invocations, et selon les indications des découvertes intérieures successives.* » Cela signifie la condamnation à l'échec de toute tentative pour exprimer ce que l'intime de l'être peut contempler de la grandeur de Dieu, avec le sentiment de Sa juste valeur et la vénération de Sa dignité.

Interrogé sur la connaissance, Junayd répondit : « *C'est que l'intime de l'être soit renvoyé du sentiment de la grandeur de l'Être divin, qui Le fait échapper à toute compréhension, à celui de Sa majesté, qui Le fait échapper à toute atteinte.* » A la même question, il fournit également la réponse suivante : « *C'est que tu saches que Dieu est différent de tout ce que tu peux concevoir dans ton cœur. Quel désarroi ! : Il n'a rien de commun avec personne, et personne n'a rien de commun avec Lui. Il n'y a là qu'une existence qui renvoie au non-être, et à laquelle toute expression est inadéquate, parce que la créature est précédée dans l'ordre de l'être, et ce qui est « précédé » ne saurait comprendre Celui qui le « précède »*. « *Une existence qui renvoie au non-être* », cela veut dire, pour celui qui est gratifié d'un état spirituel, que Son existence peut être l'objet d'une expérience de vision intérieure et personnelle, mais quand il s'agit de Le qualifier et de Le décrire, c'est comme s'Il n'existait pas.

Junayd a dit encore : « *La connaissance, c'est d'avoir présentes à l'esprit les fins dernières du devenir, et c'est aussi, pour le sage, se comporter sans pécher par excès ni par défaut.* » Cela implique qu'il ne considère pas son état comme sien, mais plutôt ce qui préexiste dans la Science de l'Être divin à son sujet, qu'il prend conscience que l'issue de son devenir est ce qui lui a été prédestiné, et qu'il est agi par Dieu, qu'il Le serve ou qu'il se montre défaillant.

Un soufi a dit : « *Quand la connaissance survient dans l'intime de l'être, il est incapable de la supporter, comme le soleil, dont les rayons empêchent de le délimiter et de saisir sa nature.* »

Et selon Ibn Farghânî (Wâsitî) : « *Qui connaît la réalité formelle* (rasm) *s'enorgueillit, qui connaît la marque de la prédestination* (wasm) *est dans le désarroi, qui connaît la préexistence* (sabq) *ne prend plus d'initiative, qui connaît l'Être est affermi, et qui connaît Celui qui gouverne devient humble.* » Cela signifie que celui qui se voit accomplissant le culte de Dieu est vaniteux; celui qui prend conscience que Dieu a prédestiné ce qui le concerne est dans le désarroi, parce qu'il ignore le contenu de la Science divine à son sujet et ce qu'a tracé pour lui la Plume de la prédestination; et celui qui comprend que ce qui a été prévu pour lui dans la répartition des destinées *(qisma)* ne peut être ni avancé ni retardé renonce à tout désir personnel; celui qui connaît de

Dieu Son pouvoir et Sa sollicitude à son endroit, est affermi et n'est plus troublé dans les circonstances redoutables ou quand il est dans le besoin; et celui qui sait que Dieu se charge de ses affaires, se soumet humblement à Ses décisions et à Ses décrets.

Un soufi éminent (Hallâj) a dit : « *Quand l'Être divin Se fait connaître au serviteur, Il installe la Connaissance là où il n'y a plus dans sa conscience ni amour, ni crainte, ni espérance, ni pauvreté, ni richesse, parce que ce sont des états qui restent en deçà de leur but, et que l'Être est au-delà des limites.* » Cela signifie qu'il n'est plus conscient de ces états, parce que ce sont ses attributs, et que ceux-ci sont incapables d'atteindre ce qui est digne de l'Être divin.

On nous a récité ces vers d'un grand soufi :

Tu as veillé à me préserver, et j'ai été ainsi protégé contre le foyer de la pestilence.
Tu es mon recours au moment du litige (au Jugement dernier, selon l'interprétation de Qûnawî), et c'est Toi qui apaises ma soif.
Quand le sage chevauche sa monture, partant secrètement à la découverte des hauteurs,
et quand il plonge dans les mers abondantes, qui donnent à profusion les révélations subites,
il rompt le sceau des mystères, qui barre l'accès à ce qui donne la vie au cœur du saint éploré.
Celui qui est rempli de stupeur dans l'émerveillement de la Rencontre donne l'apparence d'être à la fois mort et vivant.

C'est-à-dire : « *celui qui est rempli de stupeur dans l'émerveillement* » de ce que Dieu lui montre est celui qui a la vision intérieure de la grandeur de Dieu et de Sa majesté. « *Il donne l'apparence d'être à la fois mort et vivant* », car la vue de ce qui est sien a été abolie en lui, et il expérimente qu'il ne peut rien sur sa propre destinée, ni l'avancer ni la retarder (interprétation jugée insuffisante par Qûnawî).

61. Leur doctrine sur la connaissance de l'Unité

La connaissance de l'Unité (*tawhîd*; à la fois connaissance spirituelle de l'unité divine et de l'unicité de Dieu, et connaissance doctrinale comme au chap. 5) est basée sur sept éléments fondamentaux : Isoler l'éternité de la temporalité. Affirmer que la transcendance de l'Éternel Le met hors d'atteinte de l'être temporel (*muhdath* = « produit » et « contingent »). Renoncer à la thèse de l'équivalence des appellatifs divins *(nu'ût)* [220]. Rejeter toute notion de motif en ce qui concerne Sa Souveraineté. Proclamer que l'Être divin est trop haut pour que l'être temporel ait le pouvoir d'agir sur Lui et de Le modifier. Nier de Lui, en vertu de Sa transcendance, toute discrimination et toute réflexion. Repousser, en vertu de Sa sainteté, toute analogie.

Muhammad Ibn Mûsâ Wâsitî a dit : « *La connaissance de l'Unité se résume en ceci : tout ce qui est à la portée du langage ou tout ce que l'expression discursive* (bayân) *peut indiquer, sur la grandeur de Dieu, sur le « dépouillement », ou sur l' « esseulement », tout cela, dis-je, est causé* (ma'lûl), *et la Réalité divine est bien au-delà.* » Ce qui signifie que tout cela vient de tes attributs et de tes qualités, contingents et causés tout comme toi, alors que la réalité de l'Être divin est Sa qualification par Lui-même.

Un soufi éminent (Hallâj) a défini ainsi la connaissance de l'Unité : « *C'est que tu sois rendu esseulé en étant unifié, et que l'Être divin fasse que tu n'aies pas conscience de toi-même* [221]. »

D'après Fâris : « *Il n'y a pas de véritable connaissance de l'Unité, tant qu'il te reste à te dépouiller de quelque chose : celui qui atteste l'Unité de Dieu par la parole n'est pas conscient d'être seul avec Lui dans l'intime de son être, et celui qui atteste l'Unité de Dieu par un état intérieur* (n')*est soustrait alors* (qu')*aux paroles ; mais quand il y a la vue de l'Être divin, Il fait qu'il n'y ait de conscience que de ce qui est à Lui. Ainsi donc, la connaissance de l'Unité est impossible par le moyen de la parole ou de l'état intérieur !* »

Un soufi a dit : « *La connaissance de l'Unité, c'est que tu te quittes toi-même entièrement, à la condition de t'être acquitté complètement de tes devoirs, et sans retour de ce dont tu t'es coupé.* » Cela signifie que tu dois dépenser tous tes efforts à accomplir ce que Dieu exige de toi, et ensuite te délivrer de la considération que tu as fait ton devoir; la connaissance de l'Unité mettra fin à tous tes attributs, sans retour pour aucun d'eux, qui alors te couperait de Lui.

Selon Chiblî : « *Le serviteur ne réalise véritablement la connaissance de l'Unité que s'il se fuit lui-même avec aversion, quand l'Être divin Se manifeste à lui.* »

Un autre soufi a dit : « *Celui qui a la connaissance de l'Unité est l'homme que Dieu isole des « deux Demeures »* (ce monde-ci et l'autre), *parce que l'Être divin protège celui qui est sacré pour Lui. N'a-t-Il pas dit : « Nous sommes vos protecteurs en la vie immédiate et en la vie dernière »* [222] *?; c'est-à-dire : Nous ne vous renverrons pas à une autre réalité que Nous, en ce monde et dans l'autre. Voici à quoi l'on reconnaît celui qui a la connaissance de l'Unité : il ne lui arrive plus de se souvenir de l'importance des choses qui n'ont aucune réalité auprès de l'Être divin; les réalités sensibles sont repoussées loin du fond de son âme, et les « compensations » sont chassées de son cœur, de sorte qu'il n'est plus conscient d'aucune réalité sensible et qu'aucune « compensation » ne l'asservit. Il ne scrute plus le secret de son être et ne prête plus attention aux bontés* (dont il est l'objet). *Dans l'accomplissement de Son devoir, il est voilé à son devoir, et dans l'accomplissement de Son désir, il est dépouillé de son désir. Il n'a plus la moindre part, mais il est le captif de la plus riche part, car l'Être divin est la plus riche part. Et celui qui a « manqué » l'Être divin n'a plus rien, quand bien même posséderait-il le monde; mais celui qui a trouvé l'Être divin a tout, même s'il ne possède pas un seul atome.* »

Cela signifie que, lorsqu'il accomplit son devoir, la vue que c'est sa personne qui l'exécute lui est cachée. Et il est dépouillé de ses désirs personnels, même s'il voit qu'il les satisfait (le jeu des mêmes pronoms, se rapportant tantôt à Dieu, tantôt à l'homme, a échappé à Kalâbâdhî). La part qui lui échoit de la part de l'Être est qu'il trouve l'Être; et il en est le captif, n'ayant plus la liberté d'avancer ou de reculer.

On nous a récité ce vers d'un soufi :

Les découvertes intérieures de l'Être divin, c'est l'Être Lui-même qui leur donne à toutes l'existence ; et l'intelligence des plus grands maîtres est impuissante à les comprendre.

62. Leur doctrine sur les caractères distinctifs du sage (*'ârif*)

On demanda à Hasan Ibn 'Alî Ibn Yazdâniyâr : « *Quand le sage est-il en présence de l'Être divin ?* » Il répondit : « *Quand se manifeste ce qui témoigne de la présence* (châhid), *sont abolies les réalités de ce monde, disparaissent les facultés sensibles, et s'évanouit la sincérité !* »

Commentaire

Par « *ce qui témoigne de la présence* », c'est-à-dire celle de l'Être divin, il entend Ses actions envers toi et prévues pour toi, telles que la bonté et la faveur dont Il te gratifie par le fait de Le connaître, d'attester Son Unité, et de croire en Lui. Et cette vision abolit en toi celle de tes propres actions, de ta bonté, et de ton obéissance; c'est ainsi que tu vois la grande quantité de tes mérites engloutie dans la moindre petite chose qui vient de Lui, bien que, en réalité, ce qui vient de Lui ne soit pas peu de chose, et que ce qui vient de toi ne vaille pas grand-chose !

« *L'abolition des réalités de ce monde* », c'est que tu ne vois plus les créatures en ce qui te concerne, qu'il s'agisse de mal ou d'utilité, de blâme ou de louange.

« *La disparition des facultés sensibles* » est illustrée par la tradition : « *... c'est alors par Moi qu'il parle, et par Moi qu'il voit* » (cf. chap. 57 et 59, et n. 202).

« *L'évanouissement de la sincérité* », c'est que tu ne te considères plus comme agissant sincèrement, et que tu ne regardes plus tes actions comme pures, si jamais elles le furent ; et d'ailleurs elles ne le seront jamais, si tu te vois tel que tu es, car tes attributs sont « causés » tout comme toi.

Interrogé sur l'étape terminale du sage, Dhû-l-Nûn la définit ainsi : « *C'est quand il est tel qu'il était, là où il était avant qu'il ne fût !* » Ce qui veut dire qu'il contemple Dieu et Ses actions, sans se voir lui-même, ni voir ses propres actions.

Un soufi a dit : « *La créature qui connaît Dieu le mieux est celle qui est la plus désorientée* (tahayyur) *à Son sujet.* »

On avait demandé à Dhû-l-Nûn quels étaient les premiers degrés auxquels s'élevait le sage ; il répondit : « *C'est d'être désorienté, puis de sentir son propre dénuement* (iftiqâr), *puis de Le rejoindre, puis d'être désorienté.* »

Commentaire

La première « perplexité » (*hayra* ; mot de la même famille que *tahayyur*) concerne Ses actions et Ses bienfaits à son endroit. Il ne voit pas en effet quelle action de grâces pourrait égaler Ses bienfaits. Il sait pourtant qu'il est tenu d'en rendre grâce ; mais s'il le fait, son action de grâces est elle-même un nouveau bienfait de Dieu, nécessitant à son tour une action de grâces. Par ailleurs, il voit que ses actions ne sont pas comparables aux Siennes, car il est conscient de leur indignité, mais que pourtant elles sont une obligation pour lui, à laquelle il ne lui est pas loisible d'échapper. A ce sujet, l'on raconte qu'un jour Chiblî se dressa pour faire la Prière ; il resta longtemps dans cette position, puis pria. Une fois la Prière terminée, il s'écria : « *Malheureux que je suis ! si je prie, c'est du reniement, et si je ne prie pas, c'est de l'infidélité* » ; c'est-à-dire : je renie la grandeur du bienfait de Dieu et la perfection de Sa faveur, en lui opposant mon action de grâces dans toute son indignité. Puis Chiblî se mit à réciter ces vers :

*Louange à Dieu, même si je ne suis que pareil à la grenouille
   se tenant au fond des eaux ;
si elle parle, elles envahissent sa bouche, et si elle se tait, elle
   meurt de chagrin.*

La dernière « perplexité », c'est qu'il est désorienté dans les vastes espaces de la connaissance de l'Unité, où l'on se perd. Son intelligence est égarée, et son esprit ne parvient pas à suivre, à cause de la grandeur de la puissance de Dieu, qui le remplit de crainte et de vénération. N'a-t-on pas dit : « *Avant d'arriver à la connaissance de l'Unité, il y a des déserts où s'égarent les pensées.* »

Abû-l-Sawdâ' demanda à un soufi éminent (Hallâj) : « *Le sage a-t-il un* « *moment* » ? — *Non.* — *Pourquoi* ? — *Parce que le* « *moment* » *est une brise passagère qui soulage la détresse, tandis que la Connaissance, ce sont des vagues qui submergent, qui montent et qui descendent ; pour le sage, le* « *moment* » *est alors plongé dans la nuit et les ténèbres* [223]. » Puis il récita ce vers :

*Les connaissances exigent ton effacement total, comme il est
   exigé du novice qu'il commence par ne pas regarder ce sur
   quoi sa vue se porte* (nous avons suivi l'interprétation
   de Qûnawî).

Fâris a dit : « *Le sage est un homme dont la science est un état spirituel, et dont les gestes sont sous l'emprise* (de Dieu). »

Interrogé sur ce qu'est le sage, Junayd eut cette réponse : « *La couleur de l'eau est la couleur du récipient.* » Cela signifie qu'en tout état il suit ce qui lui est le plus conforme, de sorte que ses états sont différents les uns des autres ; et c'est pourquoi l'on dit de lui qu'il est « *le fils du moment* ».

A la même question, Dhû-l-Nûn répondit : « *Il était ici, et puis il est parti.* » Cela veut dire qu'on ne le voit jamais, à deux moments différents, dans une condition spirituelle identique, parce que c'est un Autre que lui qui le fait agir.

On nous a récité ces vers d'Ibn 'Atâ' :

Si les langues du siècle pouvaient parler de moi, elles diraient
   que je traîne avec majesté la robe de l'amour ardent.
Mais elles ignorent ma véritable condition et ma véritable
   situation : contre toute apparence, c'est moi que l'on entraîne.

Selon Sahl Ibn 'Abd Allâh : « *Le premier degré de la Connaissance, c'est que le serviteur est gratifié dans l'intime de son être d'une certitude, qui apaise ses membres, eux-mêmes gratifiés d'une acceptation confiante, et ainsi il est sauf en cette vie ; et par la gratification de la vie du cœur, il est assuré de la victoire en la vie dernière.* »

Nous avions dit que le sage est celui qui a dépensé tous ses efforts pour accomplir ce qui est dû à Dieu. La connaissance des bontés divines s'est réalisée en lui, et toutes les choses le ramènent véritablement à Dieu. Dieu a dit : « *Tu vois leurs yeux répandre des larmes, en raison de ce qu'ils ont connu de la Vérité* [224]. » Il est possible que « *ce qu'ils ont connu de Dieu* », de Sa bonté et de Sa bienveillance, se rapporte au fait qu'ils étaient l'objet de Ses desseins, qu'Il S'était tourné vers eux particulièrement, et qu'Il les avait privilégiés parmi les leurs. Ce fut le cas de Ubayy Ibn Ka'b ; quand le Prophète lui dit : « *Dieu m'a ordonné de réciter le Coran devant toi* » (ou « *de faire de toi un « lecteur » du Coran* ») [225], il s'écria : « *Serait-il question de moi là ! — Oui* », lui répondit le Prophète. Ubayy se mit alors à pleurer. Il ne voyait pas comment rendre une telle faveur, et il ne trouvait pas d'action de grâces pouvant égaler

Ses bienfaits, ni de paroles dignes de Lui. Et conscient de son impuissance, il pleura.

Le Prophète dit à Hâritha : « (Maintenant que) *tu connais, continue ainsi !* » Le Prophète lui attribuait la Connaissance, et lui demandait de s'y attacher, sans faire mention d'une action à accomplir.

Interrogé sur ce qu'est le sage, Dhû-l-Nûn eut encore cette réponse : *C'est un homme qui est avec les autres, tout en étant séparé d'eux.* »

Et Sahl, à nouveau : « *Ceux qui possèdent la Connaissance de Dieu sont comme* « *les Hôtes des* A'râf », « *les connaissant tous par leurs marques distinctives* » [226]. *Dieu les a placés à un niveau d'où ils dominent* « *les deux Demeures* », *et il leur a donné la connaissance des* « *deux Royaumes* » (ce monde-ci et l'autre). »

On nous a récité ces vers d'un soufi :

Mon âme gémit après des êtres qui sont partis, et qui ont atteint le but auquel je ne suis pas arrivé après avoir été longtemps leur compagnon.
Réduits au silence, devant l'orgueil des princes ; quand on les voyait, l'on pensait à des êtres cachés et sans formes.

63. Leur doctrine sur celui qui désire *(murîd)* et celui qui est désiré *(murâd)*

Celui qui désire est en réalité celui qui est désiré, et *Celui* qui est désiré est *Celui* qui désire, car celui qui désire Dieu ne désire que par le désir (ou « la volonté » = *irâda*) de Dieu, qui l'a précédé.

Dieu a dit en effet : « *Il les aimera, et ils L'aimeront* », et « *Dieu est satisfait d'eux, et ils sont satisfaits de Lui* », et encore : « *Puis Il revint à eux* (par le pardon), *pour qu'ils reviennent* (à Lui, par le repentir) [227]. » Ainsi donc, c'est Son désir d'eux qui est la raison de leur désir de Lui, car la cause de toute chose est Son action, qui, elle, n'a pas de cause. Au serviteur que l'Être divin désire, il est impossible de ne pas Le désirer; et Il a fait que celui qui désire soit celui qui est désiré, et que *Celui* qui est désiré soit *Celui* qui désire. Cependant qu'en celui qui désire, l'effort a précédé la découverte intérieure, et qu'en celui qui est désiré, c'est la découverte intérieure qui a précédé l'effort.

Celui qui désire est celui dont Dieu a dit : « *Ceux qui auront combattu pour Nous, en vérité Nous les conduirons dans Nos voies* [228]. » Et il est celui que désire Dieu, qui agit alors sur son cœur et produit en lui une grâce, qui l'incite à faire des efforts, à se tourner vers Lui, et à Le désirer, puis Il lui accorde la révélation des états intérieurs. Comme l'a rapporté Hâritha : « *J'ai détaché mon âme de ce monde, assoiffé pendant le jour et veillant la nuit* » (cf. chap. 1); puis il dit : « *et ce fut comme si je voyais se dresser le Trône de mon Seigneur* ». Il faisait ainsi savoir que sa découverte intérieure des réalités du monde caché faisait suite à son détachement de ce bas monde.

Celui qui est désiré est celui que l'Être divin attire à Lui par Sa toute-puissance. Il lui accorde la révélation des états intérieurs, et la force de la contemplation l'incite à faire des efforts, à se tourner vers Lui, et à supporter les fardeaux qu'Il lui impose. Ce fut le cas des Magiciens de Pharaon, que la soudaine révélation intérieure qu'ils avaient eue aidait à supporter ce dont il les menaçait; et ils lui répondirent : « *Nous ne te préférerons point aux preuves qui nous ont été données, ni à Celui qui nous a créés. Décide donc ce que tu médites de décider* [229] !... » Dieu fit de même pour 'Umar Ibn al-Khattâb; il était parti avec l'intention de tuer l'Envoyé de Dieu, et c'est l'Être divin qui le « captura » en route [230]. L'histoire d'Ibrâhîm Ibn Adham (voir notice biographique, n. 6) présente un cas semblable : il était allé à la chasse pour se divertir, quand soudain il entendit une voix qui s'adressait à lui : « *Ce n'est pas pour cela que tu as été créé, ce n'est pas cela que l'on t'a ordonné »*, et ceci par deux fois, puis une troisième fois, et cela provenait du pommeau de sa selle; il s'écria alors : « *Par Dieu ! je ne Lui désobéirai plus, à partir d'aujourd'hui et tant que mon Seigneur me protégera* [231]. »

Telle est l'attraction *(jadhba)* de la Toute-Puissance divine. Ceux qui en ont été l'objet ont été soustraits à leur personne et à leurs biens à la suite de révélations intérieures.

Le juriste Abû 'Abd Allâh Baraqî m'a récité ces vers de sa composition :

L'intime du cœur de celui qui désire est devenu pur, et sa
  folle passion le fait errer de vallée en vallée.
Partout où l'entraîne sa course, il ne trouve de refuge qu'en le
  Seigneur des hommes.
Il est devenu pur dans l'accomplissement fidèle, et il s'est
  acquitté fidèlement dans la pureté ; et la lumière de la pureté
  est le flambeau du cœur.
Il a désiré, mais pas avant d'avoir été désiré ; quelle félicité
  pour lui d'être désirant et désiré !

64. Leur doctrine sur l'effort et le comportement spirituels

Un soufi éminent a dit ceci : « *Le culte de Dieu* (ta'abbud) *consiste à accomplir comme un devoir ce qu'Il a assigné. Et* « *comme un devoir* » *signifie qu'il doit être accompli sans en attendre une compensation, même si tu es conscient que c'est une faveur divine. Bien plus, le droit qu'a Dieu sur toi en ce qui concerne l'œuvre exclura complètement de ta part la considération de la faveur et de la compensation, conformément à Sa parole :* « *Dieu a acheté aux croyants leur personne et leurs biens* » [232], *qui implique qu'ils L'adorent selon la servitude de l'esclave, et non par convoitise.* »

On demanda à Abû Bakr Wâsitî : « *Quel doit être l'état de*

conscience du serviteur dans les activités auxquelles il se livre ?
— *Il doit abolir la conscience qu'elles sont siennes, puisqu'elles existent par un Autre que lui* », répondit-il.

Abû ʿAbd Allâh Nibâjî a dit : « *La complaisance dans l'obéissance est le produit d'une certaine distance* (wahcha) *à l'égard de l'Être divin. Le serviteur en effet n'atteindra pas plus l'Être divin par l'obéissance qu'il n'en sera séparé. Qu'il ne s'appuie donc pas sur elle comme une chose sur laquelle on peut compter avec certitude, sans pour autant l'abandonner dans un esprit de rébellion ! Mais plutôt, qu'il accomplisse le culte de l'Être divin comme un esclave et un serviteur, en s'appuyant sur ce qui est prévu de toute éternité !* » Par l'expression « *la complaisance dans l'obéissance* », il entend la considération que cette obéissance vient de toi, ce qui exclut la conscience de la faveur divine à ton égard par le concours (tawfîq) qu'Il t'apporte. Et ceci est conforme à Sa parole : « *Et certes la remémoration de Dieu est plus grande* » [233], qui implique qu'elle est trop grande pour être accessible à votre intelligence, compréhensible par votre raison, et exprimable par votre langue.

La véritable remémoration, c'est d'ailleurs que tu oublies tout ce qui n'est pas Lui, conformément à Sa parole : « *Remémore-toi ton Seigneur quand tu auras oublié !* » (cf. début du chap. 47), et à celle-ci : « *Mangez et buvez en paix, pour prix de ce que vous avez accompli dans les temps abandonnés* [234] ! » « *Abandonnés* » signifie : sans la remémoration de Dieu; et ceci pour que vous sachiez que ce que vous avez obtenu vient de la faveur de Dieu, et non de vos propres œuvres (Qûnawî souligne le caractère forcé de cette interprétation, « *les temps abandonnés* » étant habituellement compris comme « *les temps passés* »).

Abû Bakr Qahtabî disait : « *Les âmes de ceux qui ont la connaissance de l'Unité sont des âmes qui ont pris en aversion toute manifestation de leurs attributs et de leurs qualités propres, et qui en désavouent la moindre démonstration. Elles se sont coupées des réalités sensibles* (chawâhid), *et de tout ce qui peut être profitable* (ʿawâ'id) *ou présenter un intérêt* (fawâ'id). *Et elles sont devenues incapables de manifester la moindre prétention devant Lui, pour avoir entendu Sa parole :* « *... et qu'il n'associe personne au culte de son Seigneur* [235] *!* » Les « *réalités sensibles* » désignent ici les créatures; par « *ce qui peut être profitable* » il faut comprendre les « compensations » *(a'wâd)*, et « *ce qui peut présenter un intérêt* » désignerait les « accidents » (ou « contingences » : *a'râd*).

Abû Bakr Wâsitî a dit ceci : « *Le takbîr dans la Prière* (prononcer la formule « *Allâh akbar* » = « Dieu est très Grand »), *c'est pour toi comme si tu disais :* « *Tu es trop majestueux pour que je T'atteigne par la Prière, ou que je me sépare de Toi en la négligeant* », *car la liaison et la séparation ne sont pas des gestes, mais ce qui a été prédestiné de toute éternité.* »

Junayd a dit : « *Que ton souci dans la Prière soit de ne pas l'accomplir sans la joie et le contentement de te joindre à Celui auprès de qui il n'est d'accès que par Lui-même !* »

Et selon Ibn 'Atâ' : « *Que ton souci dans la Prière soit de ne pas l'accomplir sans la crainte et la vénération pour Celui qui te voit quand tu pries !* »

D'après un autre soufi : « *La signification de la Prière implique le dépouillement des liens et l'esseulement dans les réalités divines* » (cf. chap. 52). Les « liens » désignent tout ce qui est autre que Dieu, et les « réalités » sont ce qui appartient à Dieu et ce qui vient de Lui.

Et selon un autre encore : « *La prière* (salât) *est liaison* (wasl : mot ayant les mêmes lettres que *salât*, mais dans un ordre différent). »

J'ai entendu ceci, de la bouche même de Fâris : « *Le jeûne* (sawm) *implique que l'on soit soustrait à la vue du monde par celle de l'Être divin, conformément à Sa parole :* « *J'ai voué au Miséricordieux un jeûne, et ne parlerai aujourd'hui à aucun humain* » [236], *c'est-à-dire : par le fait que je me soustrais aux hommes par la vue de l'Être divin, je ne saurais permettre à quoi que ce soit de me distraire et de me couper de Lui pendant mon jeûne.* » Fâris renvoyait à la tradition du Prophète : « *Le jeûne est une protection* », c'est-à-dire un voile qui sépare de ce qui n'est pas Dieu. Cette tradition se rapportait à une autre, dans laquelle Dieu dit : « *Le jeûne m'appartient, et c'est Moi-même qui le récompense* »[237], ce qui signifie, selon un soufi éminent : et c'est Moi qui en suis la récompense. D'après Abû-l-Hasan Ibn Abî Dharr (cf. n. 136), cela signifierait : la récompense du jeûne est que Je sois connu; et il ajoutait : « *C'est là une récompense suffisante!*, car rien ne saurait atteindre la valeur de la connaissance de Dieu, ni même s'en approcher ! » J'ai entendu Abû-l-Hasan Hasanî Hamadhânî dire, à propos de cette même tradition « *Le jeûne m'appartient* » : « *C'est afin d'en écarter les convoitises : la convoitise de l'Adversaire serait en effet de le corrompre, car il ne saurait convoiter ce qui appartient à Dieu ; la convoitise de l'âme serait de s'en enorgueillir, car elle ne s'enorgueillit que de ce qui lui appartient ; et la convoitise des* « *contestataires* » (khusûm) *dans la Vie dernière* (le Jour du Jugement)[238], *car ils ne pourront prendre que ce qui appartient au serviteur, et non pas ce qui appartient à Dieu.* » Voilà la signification des paroles que j'ai pu comprendre.

Un soufi a dit : « *Le tourment de l'épreuve, c'est de considérer sa propre personne et de compter sur ses propres actions ; quand on se fie à cela, on est atteint par le malheur ; et l'atteinte du malheur fait la joie des ennemis*[239]. »

On nous a récité ces vers de Nûrî :

Aujourd'hui je dis : je vais presque atteindre le terme, et le
  temps que je dise « *presque* », *il est loin de moi.*
Je lutte, mais je suis inférieur à la tâche, et mon impuissance
  à mener à bien mes efforts est tout mon combat.
Ma seule espérance est que Tu m'accordes Ta satisfaction,
  sinon mon sort, au Retour final, sera celui de l'exil.

Et ces autres vers :

Si je respecte Ta volonté dans l'observance des oraisons, pour
  obtenir ce que convoitent les êtres voués au changement et
  à l'altération,

comment me serait-il possible d'avoir une vision de Toi, qui me soulagerait de la séduction du moment spirituel et, bien plus encore, du voile de l'action !

C'est-à-dire : si je considère, dans mes actes et mes efforts spirituels, Ta récompense, recherchée par ceux qui mènent le combat intérieur et qui ont un comportement spirituel, alors comment pourrai-je prendre conscience de ce qui me soulagerait de la crainte de l'issue des états et des moments, constamment changeants, et de la considération de mes actes et de mes efforts, qui Te cachent à moi.

65. Des conditions pour parler de spiritualité

On demanda à Nûrî : « *Quand l'homme est-il digne de parler de spiritualité aux musulmans ?* » Il répondit : « *Quand il tient la compréhension* (des choses spirituelles) *de Dieu même, il est habilité à les faire comprendre à Ses serviteurs ; sinon, il devient une calamité pour tous les musulmans de son pays.* »

Sarî Saqatî a dit ceci : « *Je me souviens, quand les gens venaient à moi, que je priais :* « *Mon Dieu ! accorde-leur la science, qui les détournera de moi, car je préférerais que ce ne soit pas à moi qu'ils s'adressent !* » »

Et Sahl Ibn 'Abd Allâh : « *Depuis trente ans je parle à Dieu, et les gens s'imaginent que c'est à eux que je parle.* »

Junayd dit à Chiblî : « *Nous, nous avons apporté tous nos soins à cette science, et nous l'avons mise sous le boisseau* (littéralement : « nous l'avons cachée dans les caves »), *et toi, tu arrives et tu l'exhibes publiquement ! — C'est moi qui parle, et c'est moi qui entends ; y aurait-il donc dans les deux Demeures quelqu'un d'autre que moi ?* », répondit Chiblî.

Un soufi éminent interpella Junayd, qui discourait (de spiritualité) devant les gens : « *Ô Abû-l-Qâsim ! Dieu n'agrée du savant sa science que s'Il l'y trouve à l'intérieur ; si donc tu*

es à l'intérieur de la science, restes-y, sinon, descends de là ! »
Junayd se leva alors; et, pendant deux mois, il ne s'adressa plus aux musulmans. Puis il sortit à nouveau, en déclarant : « *Je ne serais pas revenu vers vous, si l'on ne m'avait rapporté cette parole du Prophète* : « *A la fin des temps, celui qui dirigera les hommes sera le plus vil d'entre eux* » [240]. Junayd a dit également : « *Je n'ai pas parlé aux musulmans avant que trente* « badal » (littéralement : « substitut »; personnage de la hiérarchie des saints cachés) [241] *ne m'aient désigné et conseillé de le faire, en me le confirmant par ces mots* : « *Tu es habilité à appeler les hommes à Dieu.* »

On demanda à un soufi éminent : « *Pourquoi ne parles-tu pas aux musulmans ? — Le monde actuel est retourné en arrière et a fait volte-face, et s'avancer vers celui qui recule, c'est reculer plus que lui* », répondit-il.

Abû Mansûr Panjakhînî [242] ayant posé à Abû-l-Qâsim al-Hakîm (voir *notice biographique* n. 56) la question suivante : « *Avec quelle intention m'adresserai-je aux musulmans ? — Je ne connais pas d'autre intention pour une transgression que celle d'y renoncer* », répondit-il.

Abû 'Uthmân Ibn Ismâ'îl Râzî demanda à Abû Hafs Haddâd (voir *notice biographique* n. 22), dont il était le disciple, l'autorisation de parler aux musulmans. « *Qu'est-ce qui t'y pousse ?* lui dit Abû Hafs. — *J'ai pitié d'eux, et je voudrais les conseiller. — Et jusqu'où irait ta compassion pour eux ? — Si je savais que Dieu me punirait à la place de tous ceux qui croient en Lui, et qu'Il les ferait entrer au Paradis, je trouverais dans mon cœur la force de l'accepter.* » Abû Hafs lui donna alors son autorisation, et il assista à la réunion. Quand Abû 'Uthmân eut fini de parler, un mendiant se leva, et Abû 'Uthmân, devançant tout le monde, lui donna le vêtement qu'il portait. Abû Hafs s'écria alors : « *Menteur ! prends garde de parler aux musulmans, tant que tu as en toi ce défaut ! — Et qu'est-ce donc, maître ? — Ton désir de leur donner des conseils désintéressés* (nasîha) *et ta compassion pour eux n'auraient-ils pas dû leur donner la priorité sur toi ? Ils auraient ainsi été récompensés d'avoir cherché à être les premiers à faire une bonne action* (envers le mendiant), *et avant toi.* »

Je tiens de la bouche de Fâris qu'il avait entendu Abû 'Amr Anmâtî [243] rapporter ceci : « *Nous étions auprès de Junayd, quand vint à passer Nûrî, qui salua. Junayd lui rendit ses salutations, en ajoutant :* « *Parle, toi qui commandes aux cœurs ! — Ô Abû-l-Qâsim, tu les as trompés, et ils t'ont installé sur les chaires des mosquées, et moi, qui les ai conseillés loyalement, ils m'ont jeté sur les tas de fumier !* » Et Junayd nous confia : « *Je n'ai jamais vu mon cœur plus affligé qu'à ce moment.* » (Nûrî) vint nous trouver le vendredi suivant, et nous déclara : « *Quand vous voyez un soufi parler* (de spiritualité) *aux gens, sachez qu'il est vide !* »

Commentant le verset : « *... et dis-leur, sur eux-mêmes, des paroles efficaces* » [244], Ibn 'Atâ' disait : « *ce sont des paroles à la mesure de leur compréhension, et à la portée de leur esprit* ».

Et au sujet du verset : « *Et s'il avait dit sur Nous certaines paroles, Nous l'aurions pris par la main droite...* », un autre soufi l'interprétait comme ceci : s'il avait parlé des expériences intérieures aux hommes attachés aux formes extérieures de la religion. Et il tirait argument de cet autre verset : « *Communique ce qu'on a fait descendre vers toi, de la part de ton Seigneur* » [245], puisque Dieu n'a pas dit : « communique ce par quoi Nous Nous sommes fait connaître à toi ».

Husayn Maghâzilî (cf. n. 145) aperçut Ruwaym Ibn Muhammad en train de discourir sur la pauvreté; il s'arrêta devant lui, et lui récita :

Que fais-tu avec un sabre, si tu n'es pas un combattant ?
Que n'achètes-tu donc des anneaux, pour décorer ton sabre !

Il signifiait ainsi à Ruwaym qu'il parlait d'un état spirituel qui lui était étranger.

Un soufi éminent a dit ceci : « *Celui qui parle d'une réalité intérieure qui ne le concerne pas fait l'âne, conformément à la parole de Dieu :* « *comme l'âne qui porterait des livres* » [246].

66. Des pieux scrupules des soufis et de leurs mortifications

Hârith al-Muhâsibî avait hérité de son père plus de trente mille dinars, mais il n'y toucha pas; et il donnait comme explication : « *Il était qadarite* [247]. »

Abû 'Uthmân (Hîrî) a rapporté ceci : « *Nous nous trouvions avec Abû Hafs* (Haddâd) *dans la maison de Abû Bakr Ibn Abî Hanîfa. Nous vînmes à parler d'un ami absent. Abû Hafs dit alors :* « *Si nous avions du papier, nous pourrions lui écrire. — Il y en a ici* » *lui fis-je. Abû Bakr était allé au marché. Abû Hafs me répondit :* « *Peut-être Abû Bakr vient-il de mourir, nous n'en savons rien, et le papier appartiendrait à ses héritiers* » ; *il renonça alors à écrire* » (pour Abû 'Uthmân et Abû Hafs, voir *notices biographiques* n. 52 et 22).

Abû 'Uthmân rapporte également ceci : « *J'étais auprès de Abû Hafs. Il y avait devant lui des raisins secs. J'en pris un, et le mis dans ma bouche ; il me saisit alors à la gorge, en me disant :* « *Traître, tu manges mon grain de raisin ! — C'est parce que je suis sûr de ton renoncement à ce bas monde, et que je connais ton abnégation, que j'ai pris ce grain. — Ignorant que tu es, tu es sûr d'un cœur dont n'est pas maître celui à qui il appartient !* », *me répondit-il.* »

J'ai entendu dire par beaucoup de nos maîtres, qu'ils évitaient la compagnie d'un soufi (littéralement : « d'un pauvre ») pour l'une des trois raisons suivantes : s'il faisait le Pèlerinage pour quelqu'un d'autre en acceptant de l'argent, s'il partait pour le Khurâsân, ou s'il allait au Yémen. Ils affirmaient que s'il partait pour le Khurâsân, c'était pour y vivre agréablement, et que rien de licite ne s'y trouvait pour permettre de se nourrir d'une façon irréprochable. Quant au Yémen, les tentations pour l'âme y abondaient.

Abû-l-Mughîth (Hallâj) ne s'appuyait pas (sur des coussins) et ne dormait pas étendu sur le côté; il restait debout toute la nuit. Si ses yeux se fermaient malgré lui, il demeurait accroupi, le front appuyé sur les genoux, et il s'assoupissait un moment. On lui dit alors : « *Ménage-toi !* — *Par Dieu*, répondit-il, *Il* (certains manuscrits ajoutent « *al-rafîq* » : « le Compagnon divin ») *ne m'a pas ménagé avec une mansuétude qui m'ait donné de quoi me réjouir ! N'avez-vous donc pas entendu la parole du seigneur des Envoyés* : « *Ceux qui endurent les pires épreuves ont été les prophètes, et viennent ensuite les justes, et ceux qui rivalisent de perfection avec eux* » [249].

On dit que Abû 'Amr Zajjâjî demeura à la Mekke pendant de nombreuses années, sans jamais accomplir ses besoins naturels sur le Territoire sacré *(haram)*. Il en sortait, puis y revenait quand il était en état de pureté [250].

J'ai entendu Fâris raconter ceci : « *Abû 'Abd Allâh, connu sous le nom de Chikthal, ne parlait pas aux gens, se réfugiait dans les ruines à l'extérieur de Koufa, et ne se nourrissait que de balayures, pourvu qu'elles fussent licites. Un jour, je le trouvai, et m'attachai à ses pas. Je lui dis* : « *Par Dieu, je te le demande, ne me feras-tu pas savoir ce qui t'empêche de parler ?* — *Homme ! me répondit-il, le monde est en vérité une illusion, et on ne saurait parler de ce qui n'a pas de réalité ; quant à l'Être divin, les mots sont impuissants à L'exprimer. Pourquoi parler, dans ces conditions ?* » *Il me laissa alors, et passa son chemin.* »

Fâris m'a également rapporté le récit suivant de Husayn Maghâzilî : « *Une nuit, j'aperçus 'Abd Allâh al-Qachchâ', debout au bord du Tigre, et qui s'écriait* : « *Seigneur ! j'ai soif, Seigneur ! j'ai soif* », *et ceci jusqu'au matin. Quand le jour fut levé*, « *Malheureux que je suis, dit-il, Tu m'autorises une chose et tu mets un obstacle entre elle et moi, et Tu m'en interdis une autre en me laissant libre d'y accéder ! Que dois-je faire ?* » *Et il s'en retourna, sans y avoir bu.* »

Il me raconta aussi ce que lui avait dit un soufi : « *J'étais avec les musulmans* (lors de l'attaque des pèlerins par les Qarmates), *l'* « *Année de la Privation* » [251], *et je m'étais échappé, puis j'étais revenu, faisant le tour des blessés. Je remarquai alors Abû Muhammad Jurayrî, qui devait être plus que centenaire. Je lui dis : « Maître ! ne prierez-vous pas pour ne plus voir pareille chose ! — Je l'ai fait,* (mais maintenant) *je fais ce que je veux faire », me répondit-il. Je réitérai ma demande, et il me dit : « Mon ami, l'heure n'est plus aux invocations, mais à l'acceptation du destin et à la soumission. — Avez-vous besoin de quelque chose ? — J'ai soif », me répondit-il. Je lui apportai de l'eau ; il la prit et s'apprêtait à boire, quand il me regarda et me dit : « Ceux-là ont soif, et moi je boirais ! ce serait de la convoitise ». Il me rendit l'eau, et mourut à cet instant ».* (Pour Jurayrî, voir *notice biographique* n. 39.)

J'ai entendu Fâris encore me rapporter ce que lui avait dit un compagnon de Jurayrî : « *Je suis resté pendant vingt ans sans penser à la nourriture, jusqu'au moment où on me l'apportait. Pendant vingt ans, j'ai fait la prière de l'aube sans avoir perdu l'état de pureté depuis la deuxième prière du soir. Pendant vingt ans, je n'ai engagé de liens qu'avec Dieu, de crainte que ma langue ne me fasse Lui mentir. Pendant vingt ans, ma langue n'écoutait que ce qu'il y avait dans mon cœur. Puis les choses ont changé, et depuis vingt ans mon cœur n'écoute que ma langue.* » Quand il dit : « *ma langue n'écoutait que ce qu'il y avait dans mon cœur* », cela signifie : je ne disais que la vérité de mon état intérieur. Et le sens de « *mon cœur n'écoute que ma langue* » est : Il a préservé ma langue, conformément à Sa parole : « ... c'est alors par Moi qu'il entend, par Moi qu'il voit, et par Moi qu'il parle ».

Fâris disait aussi : « *J'ai entendu l'un de nos maîtres rapporter ces paroles de Muhammad Ibn Sa'dân* [252] *: « J'ai servi durant vingt années Abû-l-Mughîth* (Hallâj), *sans jamais le voir regretter une chose qu'il aurait pu obtenir, ni rechercher une chose qui lui faisait défaut.* » »

On dit que Abû-l-Sawdâ' (cf. n. 232) avait accompli soixante fois la « Station » (à 'Arafa, moment crucial du Pèlerinage; cf. n. 66), et Ja'far Ibn Muhammad Khuldî [253] cinquante fois. Un maître, et je pense qu'il s'agit probablement de Abû Hamza Khurâsânî [254], avait fait dix fois le Pèlerinage à l'intention du Prophète, dix fois à l'intention des « Dix Compagnons » (assurés du Paradis; cf. n. 111), et ensuite une fois pour lui-même, dans la pensée que grâce aux Pèlerinages précédents Dieu agréerait le sien.

67. Des grâces que Dieu accorde aux soufis et des instructions *(tanbîh)* qu'Il leur communique par une voix inconnue

Abû Sa'îd al-Kharrâz a dit ceci : « *Le soir de 'Arafa, la proximité de Dieu fit que je m'abstins de L'implorer. Puis mon âme me sollicita de L'implorer; j'entendis alors une voix qui me disait :* « *Après avoir trouvé Dieu, demanderais-tu à Dieu autre chose que Dieu !* »

Abû Hamza Khurâsânî a raconté ce qui suit : « *Une année où je faisais le Pèlerinage, je marchais, et je tombai dans un puits. Mon âme me suggéra d'appeler du secours, mais je dis :* « *Non, par Dieu, je ne demanderai pas de l'aide.* » *A peine avais-je pris cette résolution, que deux hommes passèrent près du puits; l'un des deux dit à l'autre :* « *Viens, nous allons recouvrir l'entrée de ce puits, qui se trouve sur le chemin.* » *Et ils revinrent avec des roseaux et une natte. J'allais crier, et puis je priai :* « *Ô Toi qui es encore plus près de moi que ces deux hommes !* » *Ils recouvrirent le puits et s'en allèrent, et j'avais gardé le silence. Soudain un être fit pendre ses jambes dans le puits, en me disant :* « *Accroche-toi à moi !* », *ce que je fis. C'était un lion ! Et une voix m'interpella :* « *C'est bien, Abû Hamza ! et Nous t'avons sauvé de la mort dans ce puits grâce à un lion !* » [255].

J'ai entendu un de nos amis raconter ce que lui avait dit Abû-l-Walîd al-Saqqâ' : En une certaine occasion, nos compagnons m'offrirent du lait, et je me fis la réflexion : « *Cela me portera tort* [256]. » Et un jour où j'invoquais Dieu en disant : « *Mon Dieu, pardonne-moi, car Tu sais que je ne T'ai jamais* rien « *associé* » *pas un seul instant !* », j'entendis une voix, qui me dit : « *Pas même la nuit du lait ?* »

Abû Sa'îd al-Kharrâz a fait le récit suivant : « *J'étais dans le désert, et je fus pris d'une faim violente. Mon âme me réclamait de demander à Dieu de la nourriture, mais je dis :* « *Ce n'est pas ainsi que se comportent ceux qui se remettent avec confiance à Dieu.* » *Alors mon âme me réclama de demander à Dieu la patience, et j'allais le faire, quand j'entendis une voix qui disait :*

*Il affirme qu'il est proche de Nous et que Nous n'abandonnons
 pas celui qui vient à Nous,
mais il Nous demande des forces, dans l'impuissance et la
 faiblesse, comme si Nous ne le voyions pas et comme s'il ne
 Nous voyait pas.* »

Ce qui atteste l'authenticité du phénomène de la « voix inconnue » (*hâtif* : interlocuteur invisible), c'est la tradition suivante, qui remonte à 'Aïcha [257] : « *Lorsqu'ils voulurent laver le corps du Prophète, dit-elle, ils furent d'avis différents, et se demandèrent :* « *Nous ne savons pas si nous devons dépouiller l'Envoyé de Dieu de ses vêtements, comme nous le faisons pour nos morts, ou bien si nous devons le laver avec ses vêtements sur lui.* » *Tandis qu'ils discutaient ainsi, Dieu les plongea dans une sorte de sommeil, et tous sans exception avaient le menton sur la poitrine ; puis quelque chose parla venant d'un coin de la pièce, et l'on ne savait pas ce que c'était, qui dit :* « *Lavez le corps du Prophète dans ses vêtements !* »

68. Des instructions qu'Il leur communique par la lecture des pensées

Abû-l-'Abbâs Ibn al-Muhtadî [258] a raconté ceci : « *J'étais au désert, et j'aperçus un homme qui marchait devant moi, nu-pieds et nu-tête, et dépourvu de toute gourde pour les ablutions (rakwa)* [259]. *Je me dis en moi-même :* « *Comment cet homme prie-t-il ? il ne peut ni se purifier ni faire la Prière.* » *Il se tourna alors vers moi, et récita :* « *Il sait ce qui est dans vos âmes, et prenez garde à Lui* [260] *!* » *Je tombai sans connaissance. Ayant repris mes esprits, je demandai pardon à Dieu du jugement que j'avais porté sur cet homme. Et pendant que je marchais le long d'un chemin, voici qu'il se trouva à nouveau devant moi. Lorsque je le vis, j'eus peur de lui et je m'arrêtai. Il se tourna vers moi, puis récita :* « *Et Il est Celui qui accepte le repentir de Ses serviteurs, et qui efface les mauvaises actions* [261]. » *Il disparut alors, et je ne le revis plus.* » Voilà comment Abû-l-'Abbâs a raconté la chose.

J'ai entendu rapporter par Abû-l-Hasan Fârisî (cf. n. 138) le récit que lui avait fait Abû-l-Hasan al-Muzayyin [262] : « *Je m'enfonçai dans le désert, en solitaire et pour me détacher de tout. Quand j'eus atteint al 'Umaq (sur la route de la Mekke, selon Qûnawî), je m'assis au bord de l'étang, et mon âme m'entretenait du fait que j'avais traversé le désert pour me détacher de tout et en éprouvait quelque fierté. Et voici qu'apparut de derrière l'étang Kattânî — ou quelqu'un d'autre, je ne suis pas bien sûr —, qui m'apostropha en ces termes :* « *Grand couard ! jusqu'à quand ton âme te contera-t-elle des futilités !* », ou, selon une autre version : « *Grand couard ! préserve ton cœur, et que ton âme ne te conte pas des futilités !* »

Dhû-l-Nûn a dit ceci : « *J'avais aperçu un jeune homme revêtu de vieilles guenilles, et mon âme le trouvait sale, tandis que mon cœur était conscient de sa sainteté. Je demeurais ainsi à méditer sur son cas, partagé entre ma réaction personnelle et*

mon intuition (littéralement : « entre mon âme et mon cœur »).
Le jeune homme lut dans mes pensées ; il me regarda, et me dit :
« Dhû-l-Nûn, ne me regarde pas pour voir quelle est ma nature,
car la perle est à l'intérieur de la coquille ! » Puis il s'éloigna,
en récitant ces vers :

Je me promène fièrement parmi les gens du siècle, sans lever
   les yeux sur un seul d'entre eux.
Car je suis un preux, à l'esprit tranchant ; je me connais et
   je connais les hommes.
Et je suis devenu libre, maître et roi, et ma cuirasse est l'habit de
   l'abstinence. »

Ce qui atteste l'authenticité du phénomène de la « lecture des pensées » *(firâsa)* est la tradition suivante, qui remonte à l'Envoyé de Dieu : « *Prenez garde à l'intuition du croyant, car il regarde avec la lumière de Dieu* [263] ! »

69. Des instructions qu'Il leur communique par les paroles intérieures *(khawâtir)* [264]

Abû Bakr Ibn Mujâhid al-Muqri' [265] a raconté ceci : « *Abû 'Amr Ibn al-'Alâ'* [266] avait été choisi pour diriger la Prière, alors qu'il n'avait pas les dispositions pour être imâm et qu'on l'avait mis en avant malgré lui. Lorsqu'il fut placé devant (les rangées des fidèles), il leur dit : « *Restez bien droits !* », et il perdit connaissance. Ce n'est que le lendemain qu'il retrouva ses esprits ; on lui demanda alors ce qui s'était passé, et il répondit : « *Au moment où je vous ai dit* « *restez bien droits* », *une inspiration venue de Dieu fit irruption dans mon cœur, comme s'Il me disait : « Ô Mon serviteur, es-tu jamais resté bien droit devant Moi un seul instant, pour que tu dise à Mes créatures* « *restez bien droits* » !

Junayd a dit : « *Une fois où j'étais tombé malade, je demandai à Dieu qu'Il me guérisse ; Il me dit alors dans l'intime de mon être : « Ne t'interpose pas entre Moi et ton âme !* »

Un de nos amis m'a rapporté ce que Muhammad Ibn Sa'dân avait entendu raconter par un soufi éminent (Hallâj) : « *Il m'arrive de m'assoupir, et alors je suis interpellé : « Dormirais-tu, inconscient de Moi ! S'il en est ainsi, Je vais te frapper à coups de fouet !* »

70. Des instructions qu'Il leur communique par les songes et leurs allusions symboliques

Abû Bakr Muhammad Ibn Ghâlib m'a rapporté ce que Muhammad Ibn Khafîf [267] avait entendu raconter par Abû Bakr Muhammad Ibn ʿAlî Kattânî (*notice biographique n. 28*) : « *Je vis en songe l'Envoyé de Dieu, selon mon habitude — il était devenu en effet habituel pour lui de voir le Prophète pendant la nuit de chaque lundi et celle de chaque jeudi ; le Prophète lui posait des questions, et il y répondait — ; il s'avança vers moi, accompagné de quatre personnages. Il me demanda : « Abû Bakr, reconnais-tu cet homme ? — Oui, c'est Abû Bakr* (le premier calife). *— Et celui-ci ? — Oui, c'est ʾUmar* (le deuxième calife). *— Et celui-là ? — Oui, c'est ʾUthmân* (le troisième calife). *— Et reconnais-tu le quatrième ? » J'hésitai, et ne répondis point ; il réitéra sa question, et j'hésitai encore ; une troisième fois, et j'hésitais toujours, car j'éprouvais au sujet de cet homme une certaine irritation. Alors le Prophète ferma la main et la pointa vers moi, puis il l'ouvrit et me frappa la poitrine, en m'ordonnant : « Abû Bakr, dis : « c'est ʾAlî Ibn Abî Tâlib » ! — Ô Envoyé de Dieu, c'est ʾAlî Ibn Abî Tâlib* (le quatrième calife). *» Et ainsi il établit des liens d'amitié entre ʾAlî et moi. Ensuite ʾAlî me prit la main et me dit : « Abû Bakr, lève-toi, pour que nous allions à Safâ* (lieu saint de la Mekke) ! », et je partis avec lui jusqu'à Safâ. Je dormais dans ma chambre, et quand je m'éveillai, c'était à Safâ que je me trouvais. »

J'ai entendu Mansûr Ibn 'Abd Allâh [268] me rapporter le récit que lui avait fait Abû 'Abd Allâh Ibn al-Jallâ' (cf. n. 155) : « J'entrai dans la Ville de l'Envoyé de Dieu (Médine), quelque peu démuni. J'allai jusqu'à la tombe du Prophète, et y fis les salutations pieuses sur lui et sur les deux Compagnons inhumés près de lui, Abû Bakr et 'Umar. Ensuite je dis : « Ô Envoyé de Dieu, je suis dans le besoin, et je suis ton hôte cette nuit », puis je me mis à l'écart, et je m'endormis entre la tombe et la chaire. Et voici que le Prophète vint à moi et me remit un pain, dont je mangeai la moitié. Je m'éveillai alors, et j'avais dans la main la moitié d'un pain [269]. »

Yûsuf Ibn Husayn (voir *notice biographique* n. 25) a raconté ceci : « *Il y avait auprès de nous un jeune novice, qui marquait un vif intérêt pour la Tradition* (hadîth), *mais qui se montrait défaillant dans la lecture du Coran. Il fut alors visité en songe, et il lui fut dit* : « *Si tu ne t'éloignais pas de Moi, tu ne délaisserais pas Mon Livre ; n'as-tu donc pas réfléchi aux grâces que contiennent Mes paroles ?* »

Un témoignage de l'authenticité des songes est fourni par la tradition suivante, qui nous a été rapportée et qui remonte à Hasan Basrî (voir *notice biographique* n. 1) [270] : « J'entrai, dit-il, *dans la mosquée de Basra. Tout un groupe de nos compagnons s'y étaient assis, et je me joignis à eux. Or, ils étaient en train de parler d'un certain personnage et d'en dire du mal en son absence. Je les dissuadai alors d'en parler, et je leur citai des traditions sur la médisance, que j'avais recueillies et qui remontaient à l'Envoyé de Dieu et aussi à Jésus fils de Marie. Les soufis s'abstinrent donc de poursuivre, et ils se mirent à parler d'autre chose. Au bout d'un moment, la question de cet homme se présenta à nouveau dans la conversation ; ils en discutèrent, et je me mis, moi aussi, à en discuter avec eux. Ensuite chacun partit chez soi de son côté, et je m'en allai chez moi. Je m'endormis, et soudain j'eus un songe, dans lequel un* nègre se présentait à moi, tenant un plat en bois de saule, dans lequel il y avait un morceau de viande de porc. Il me dit : « Mange ! — Je ne mangerai pas, c'est de la viande de porc. » Il insista, et je lui fis la même réponse ; puis une troisième, et je lui répondis encore : « Je ne mangerai pas, c'est de la viande de porc, et c'est interdit. — Tu vas la manger ! » Et je refusai. Il m'écarta alors les mâchoires et me plaça le morceau de porc dans la bouche. Je me mis à le mâcher, car le nègre était resté devant moi, et je fus pris à la fois de la crainte de le rejeter et de la répugnance de l'avaler. C'est dans ces conditions que je me réveillai ; et durant trente jours et trente nuits, par Dieu rien n'y fit !, je trouvais le goût et l'odeur de la viande de porc à tout ce que je mangeais et à tout ce que je buvais [271]. »

71. Des grâces que l'Être divin leur accorde en raison de Son soin jaloux (ghayra) à leur égard

Un groupe de personnes s'était rendu auprès de Râbi'a (cf. n. 144), pour lui rendre visite parce qu'elle souffrait. Elles lui demandèrent : « *Comment te portes-tu ?* — *Par Dieu*, répondit-elle, *je ne vois à mon mal pas d'autre cause que le fait que le Paradis m'a été proposé, et que mon cœur a été attiré par lui. Je pense que mon Seigneur a alors été jaloux de moi, et qu'Il m'a adressé Ses reproches ; et c'est Lui qui peut les faire cesser.* »

Junayd a rapporté ceci : « *J'étais allé auprès de Sarî Saqatî, et j'aperçus qu'il avait une cruche en terre cuite qui était cassée. Je lui demandai ce que c'était. Il me répondit : « Hier soir, ma petite fille m'a apporté une cruche pleine d'eau, en me disant : « Père, voici une cruche, que j'accroche ici ; quand elle sera fraîche, bois-la, car la nuit est étouffante. » (Au bout d'un moment) mes yeux se fermèrent, et j'aperçus (en songe) une très belle esclave, qui vint vers moi. Je lui dis : « A qui appar-*

tiens-tu ? » Elle me répondit : « *A celui qui ne boit pas l'eau fraîche des cruches* », et elle frappa la cruche de sa main ; elle se brisa, et c'est celle que tu vois. » La poterie cassée resta ainsi au même endroit, et il ne la déplaça jamais, au point qu'elle disparaissait sous la poussière. »

Al-Muzayyin (cf. n. 262) a dit : « *J'étais resté dans une étape du désert, sans avoir rien mangé pendant sept jours. Un homme m'invita alors dans sa demeure, et il m'offrit des dattes et du pain, mais je ne pus les manger. Au cours de la nuit j'en eus envie, et je pris un noyau de datte, avec lequel j'essayai d'ouvrir ma bouche. Le noyau heurta mes dents, et une jeune fille de la maison s'exclama :* « *Père, quel appétit a notre hôte cette nuit !* » *Je dis alors :* « *Seigneur, j'ai eu faim sept jours durant, ensuite Tu m'empêches de me nourrir ! Par Ta Toute-Puissance, je n'y goûterai pas !* » »

Ahmad Ibn al-Samîn a raconté ceci : « *Je marchais sur la route de la Mekke, quand j'entendis un homme crier :* « *Secours-moi, homme de Dieu, je t'en conjure ! — Qu'as-tu, qu'as-tu donc ? — Prends-moi ces dirhams, car je ne pourrai pas invoquer Dieu tant que je les aurai avec moi.* » *Je les lui pris donc, et il s'écria :* « *Me voici devant Toi, Seigneur, me voici devant Toi !* » *Il avait en tout et pour tout quatorze dirhams.* »

On avait demandé à Abû-l-Khayr al-Aqta' (« le manchot ») [272] pourquoi on lui avait coupé la main. Il répondit : « *Je me trouvais dans les monts Lukkâm — ou les monts du Liban — avec un de mes compagnons. Un représentant du sultan vint distribuer des dinars. Il m'en tendit un, et je lui présentai le revers de la main. Il y déposa la pièce, et je tournai la main pour la faire tomber dans la poche de mon compagnon, puis je partis aussitôt. Une heure après, des hommes du sultan, qui étaient à la recherche de voleurs, s'emparaient de moi et me tranchaient la main.* »

La signification de tels récits est attestée par cette tradition, qui remonte au Prophète : « *En vérité Dieu protège avec amour Son serviteur contre ce bas monde, comme vous-mêmes vous protégez vos malades* [273]. »

72. Des grâces
qu'Il leur accorde dans ce qu'Il
leur fait supporter

Fâris m'a rapporté ce qu'il avait entendu raconter par Abû-l-Hasan 'Alawî, disciple de Ibrâhîm al-Khawwâs (voir notice biographique, n. 40) : « *J'avais aperçu Al-Khawwâs dans la mosquée de Dînawar, assis dans la cour centrale, cependant que la neige tombait sur lui. Je fus saisi de pitié pour lui, et je lui suggérai d'aller plutôt se mettre dans la partie abritée. Il me répondit non, et se mit à réciter ces vers :*

*La direction de la voie à suivre pour aller à Toi est claire, et
   point n'est besoin de guide pour qui Te désire.
Si l'hiver arrive, en Toi on trouve l'été ; et si l'été arrive, en
   Toi on trouve l'ombre.*

Puis il me dit : « Donne-moi ta main » ; je la lui tendis, et il me la mit sous sa bure. Je constatai alors avec étonnement qu'il était en sueur ! »

J'ai entendu Abû-l-Hasan Fârisî me raconter ceci : « *Je me trouvais dans une région désertique, et je fus pris d'une violente soif. J'étais tellement faible que je ne pouvais plus marcher. J'avais entendu dire qu'avant qu'il ne meure de soif, les yeux de l'homme pleurent ; je m'assis donc, attendant que mes yeux se mouillent de larmes. Et soudain j'entendis un bruit, et je regardai : c'était un serpent, aussi blanc et brillant que du pur argent, et qui se dirigeait rapidement vers moi. J'en fus effrayé, et je me dressai sous l'effet de la peur, qui me redonnait des forces. Je me remis à marcher malgré ma faiblesse, tandis que le serpent me poursuivait en sifflant. Je ne cessai de marcher, et le serpent était toujours derrière moi, jusqu'à ce que j'atteignis un point d'eau. Tout bruit avait cessé ; je me tournai, et ne vis plus le serpent. Je bus, et j'étais sauvé. Il m'arrive parfois d'être dans l'affliction ou de souffrir de quelque mal ; si j'aperçois le serpent pendant mon sommeil, c'est pour moi la bonne nouvelle que je serai soulagé de ma peine ou que mon mal cessera.* »

73. Des grâces qu'Il leur accorde au moment de la mort et après

Abû-l-Hasan, connu sous le nom d'al-Qazzâz (« le marchand de soie »), a raconté ceci : « *Nous nous trouvions à Al-Fajj* [274], *quand un jeune homme au beau visage, et qui portait deux vêtements en loques, vint à nous. Après nous avoir salué, il nous demanda :* « *Y a-t-il ici un endroit où je pourrai mourir propre ?* » *Surpris, nous lui répondîmes oui, en lui indiquant une fontaine non loin de nous. Il s'en alla, fit ses ablutions, et pria un certain temps. Nous l'attendîmes ensuite, mais il ne revenait pas. Nous allâmes le voir ; il était mort.* »

Selon le témoignage des compagnons de Sahl Ibn 'Abd Allâh, alors qu'on procédait au lavage de son corps sur une planche, l'index de sa main droite était dressé (désignant ainsi le Dieu unique).

Abû 'Amr (ou 'Imrân) Istakhrî a rapporté ceci : « *J'ai vu Abû Turâb Nakhchabî dans le désert, debout, mort, sans que son corps ne soit retenu par rien* [275]. »

Ibrâhîm Ibn Chaybân [276] a fait le récit suivant : « *Un novice était arrivé chez moi, et après plusieurs jours de maladie il était mort dans ma demeure. Quand il fut introduit dans la tombe, je voulus lui découvrir la joue et la placer contre la terre, en signe d'humilité et dans l'espoir que Dieu lui ferait miséricorde. Il me sourit alors et me dit :* « *M'humilierais-tu devant Celui qui me choie ? — Non, mon ami, lui répondis-je ; et y aurait-il donc une vie (immédiatement) après la mort ? — Ne sais-tu donc pas que ceux que Dieu aime ne meurent pas, mais qu'ils passent d'une demeure à une autre ?* » [277].

Ibrâhîm Ibn Chaybân a raconté également ceci : « *Il y avait un jeune habitant de mon village qui vivait pieusement et était continuellement à la mosquée. Je lui étais très attaché. Il tomba malade. Un vendredi, j'étais allé faire la Prière à la ville* (sans doute Kirmânchâh), *et j'avais l'habitude, quand j'étais à la ville, de passer ensuite le reste de la journée et la nuit auprès de mes frères. Après la Prière de l'après-midi je fus pris d'une soudaine inquiétude, et je regagnai le village à la nuit tombée. Je m'enquis des nouvelles du jeune homme, et l'on me répondit :* « *Nous pensons qu'il est au plus mal.* » *Je me rendis auprès de lui et le saluai ; au moment même où je lui serrais la main, il expira. Je me chargeai de laver son corps, mais je fis une erreur, et lui versai l'eau sur la main gauche, que je tenais, au lieu de la main droite. Il retira alors sa main, entraînant avec elle les feuilles de jujubier* (faisant office de savon) *! Ceux qui étaient à mes côtés perdirent connaissance. A ma grande frayeur, il ouvrit alors les yeux et me regarda ! Je fis ensuite les prières sur lui, et entrai dans la tombe pour l'ensevelir. Quand je lui dévoilai le visage, il ouvrit les yeux et me sourit, découvrant toutes ses dents ! Nous procédâmes au nivellement de la tombe, en répandant la terre sur lui.* »

Un témoignage de l'authenticité de tout cela est la tradition suivante, qui remonte à Hafs Ibn Yazîd Ibn Mas'ûd Ibn Khirâch : Rabî' Ibn Khirâch [278] s'était juré de ne pas sourire, tant qu'il ne saurait pas s'il serait au Paradis ou en Enfer. Il resta ainsi jusqu'à sa mort, personne ne l'ayant jamais vu sourire avant ce moment-là, selon ce qu'on rapporte. On lui avait fermé les yeux, on l'avait revêtu, on avait fait creuser sa tombe, et on avait fait apporter son linceul. Rub'î Ibn Khirâch avait prononcé alors ces mots : « *Que Dieu fasse miséricorde à mon frère ! Il était celui d'entre nous qui restait le plus longtemps debout à prier pendant la nuit, et qui jeûnait le plus sévèrement quand les journées étaient chaudes.* » Tous étaient assis autour de lui, quand soudain ce qui recouvrait son visage fut écarté, et Rabî' leur faisait face en souriant ! Son frère Rub'î s'écria : « *Y aurait-il donc, mon frère, une* vie (immédiatement) *après la mort ?* — *Oui*, répondit-il, *j'ai rencontré mon Seigneur, et Il m'accueille en m'offrant* « *repos et nourriture parfumée* » [279]. *Mon Seigneur n'est pas courroucé, et Il m'a revêtu de brocart et de soie. En vérité, j'ai trouvé que les choses étaient plus faciles que ce que vous croyez, détrompez-vous ! Mais mon ami cher, Muhammad, m'attend pour prier sur moi ; vite ! vite !* » Après ces dernières paroles, son âme s'en alla, en faisant comme le bruit de petites pierres lancées dans l'eau. Quand cette histoire parvint à 'Aïcha, elle s'exclama : « *Un 'absite ! Que Dieu lui fasse miséricorde ! J'ai entendu l'Envoyé de Dieu dire :* « *Un homme de ma Communauté parlera après sa mort, et il sera parmi les meilleurs musulmans de la deuxième génération*[280]. »

74. Des grâces occasionnelles qu'Il leur accorde

Abû Bakr Qahtabî (voir *notice biographique*, n. 45) a dit : « *J'assistais à une réunion dirigée par Samnûn, quand quelqu'un se leva pour l'interroger sur l'amour* [281]. *Il répondit alors :* « *Je n'en connais aucun aujourd'hui qui comprenne cette question et à qui je puisse en parler.* » *A ce moment un oiseau vint se poser sur sa tête, et descendit sur son genou.* « *S'il y en a un, c'est peut-être lui* », *dit Samnûn ; il se mit à parler, à l'adresse de l'oiseau, de ce qu'il avait appris concernant telle ou telle expérience vécue par les soufis, de telle ou telle de leurs contemplations, de tel ou tel de leurs états spirituels, jusqu'à ce que l'oiseau tomba mort à ses pieds.* »

Abû Bakr Ibn Mujâhid (cf. n. 265) a rapporté ce qu'avait dit à Ahmad Ibn Sinân al-'Attâr [282] l'un de ses compagnons : « *Un jour où j'étais parti pour Wâsit, je vis un oiseau blanc au milieu de l'eau, qui disait :* « *Gloire à Dieu, qui est au-dessus de l'insouciance des hommes !* » »

Ja'far (sans doute Khuldî ; cf. n. 253) a rapporté ceci de la bouche de Junayd : « *J'ai rencontré au désert un jeune novice,* assis près d'un arbre : « *Jeune homme, qu'est-ce qui te fait rester ici ? lui demandai-je. — Une chose que j'ai égarée, et que je cherche.* » *Je m'en allai, le laissant là. A peine étais-je parti, que je le trouvai à un autre endroit, non loin de moi. Je lui dis :* « *Et maintenant pourquoi es-tu assis ici ? — J'ai trouvé en ce lieu ce que je cherchais, et j'y reste définitivement* », *me répondit-il. Et Junayd d'ajouter :* « *Je ne sais pas lequel de ses deux états était le plus noble : sa persévérance à retrouver son expérience intérieure, ou sa persévérance à rester là où il avait atteint ce qu'il désirait.* »

Abû ʿAbd Allâh Muhammad Ibn Saʿdân (cf. n. 252) a rapporté ces paroles d'un soufi éminent (Hallâj) : « *Un jour où j'étais assis en face de la* « *Maison de Dieu* » *(la Kaʿba), j'entendis une plainte qui venait de là :* « *Ô mur, écarte-toi de la route de Mes saints et de Mes bien-aimés ! Car celui qui te rend visite pour toi-même processionne autour de toi, tandis que celui qui Me rend visite pour Moi-même processionne en Moi* [283]. »

75. De l'audition spirituelle
(samâʾ) [284]

L'audition spirituelle repose de la fatigue du moment, soulage ceux qui sont soumis à leurs états d'âme, et rétablit le recueillement de l'esprit préoccupé. Elle est préférable aux autres moyens de délasser la nature, parce que les âmes ne peuvent s'y attarder ni s'y abandonner, à cause de son caractère transitoire. Mais ceux qui ont des révélations intérieures et des contemplations peuvent s'en passer, puisque leur être intime trouve dans le champ de ses découvertes intérieures les moyens mêmes de se recréer.

Fâris m'a rapporté ceci : « *Je me trouvais, dit-il, auprès de Qûta Mawsilî, qui n'avait pas quitté depuis quarante années une colonne de la grande mosquée de Bagdad. Nous lui proposâmes :* « *Il y a ici un excellent chanteur-récitant* (qawwâl); *veux-tu que nous l'invitions pour toi ? » Il nous répondit : « Mon cas est trop grave pour que quelqu'un puisse me fléchir, ou qu'une parole puisse m'influencer ; je suis devenu complètement inébranlable. »*

Quand l'audition spirituelle frappe les oreilles, elle éveille ce qui était caché au fond des êtres ; il y en a alors qui s'agitent parce que leur nature est incapable de supporter la réalité spirituelle qui survient en eux *(wârid)*, et d'autres qui restent fermes grâce à la puissance de leur état intérieur.

Abû Muhammad Ruwaym (voir *notice biographique*, n. 34) a dit ceci : « *Les soufis ont entendu leur première remémoration* (dhikr) *quand Dieu S'est adressé à eux en leur disant : « Ne suis-je point votre Seigneur ?* » (lors du Pacte intemporel ; cf. n. 91). *Cela est resté caché au fond de leur être, de même qu'il a été engendré dans leur esprit. Et quand ils entendent invoquer Dieu, ce qui était latent au fond de leur être se manifeste et les secoue, de la même façon que ce qui était latent dans leur esprit s'est manifesté quand l'Être divin les en a informés* (dans le Coran), *et qu'alors ils ont cru.* »

Ruwaym a dit également : « *J'ai entendu Abû-l-Qâsim Baghdâdî* (Junayd) *déclarer :* « *L'audition spirituelle est de deux sortes : il y a ceux qui écoutent les paroles, et qui en tirent un enseignement ; cette façon d'écouter implique seulement le discernement et la présence attentive du cœur. Et puis il y a ceux qui écoutent la mélodie, qui est la nourriture de l'esprit ; et quand il l'obtient, il règne sur le domaine qui est le sien, et il abandonne le contrôle du corps. L'auditeur manifeste alors des troubles et de l'agitation.* »

Selon 'Abd Allâh Nibâjî (cf. n. 95) : « *L'audition spirituelle est ce qui éveille une pensée et procure un enseignement, et tout le reste n'est que tentation.* »

Junayd a dit encore : « *La miséricorde de Dieu descend sur le soufi* (littéralement : « le pauvre ») *dans trois circonstances : quand il mange, à condition que ce soit pour lui une nécessité ; quand il parle, à condition qu'il soit contraint de le faire ; et quand il écoute une audition spirituelle, à condition que ce soit dans l'extase.* »

Annexes

Notes

1. L'âme *(nafs,* pl. *nufûs)*, ou le « moi », est l'ennemi à combattre pour les soufis. Le cœur *(qalb,* pl. *qulûb)* est le siège de la foi et de la connaissance. Quant au « secret » ou « intime de l'être » *(sirr,* pl. *asrâr)*, les soufis le situeront entre le cœur et l'esprit *(rûh,* pl. *arwâh)*.
2. Conformément au Coran, XXXIII, 40, Muhammad est désigné par la Tradition comme étant « le Sceau des prophètes et des envoyés ».
3. Coran, III, 106.
4. Coran, successivement, XXI, 101, et XLVIII, 26.
5. Ils sont l'équivalent des « hors castes » *(ativarnâshramî)* de l'Hindouisme.
6. Comme on le verra dans le premier chapitre, l'explication du mot soufi est basée sur la corrélation avec les mots arabes de la même racine ou contenant les mêmes lettres, et que nous traduisons par « d'élite » et « limpides » ou « purs ».
7. Sur « les hommes du banc » de la mosquée de Médine, nous renvoyons à l'article *Ahl al-suffa* de *EI*², I, 274, par Montgomery Watt. Ils sont devenus le symbole de la pauvreté et de la piété. Leurs noms sont indiqués dans Hujwîrî, *Kachf al-mahjûb*, p. 81.
8. Abû Hurayra, compagnon du Prophète, mort vers 58/678. Le nombre de hadiths qu'il transmit est considérable : 3 500 environ ; cf. *EI*², I, 132-133, l'article de Robson ; également Ibn al-Jawzî, I, 285-289. Fadâla Ibn 'Ubayd est mentionné par l'historien Tabarî comme faisant partie de ceux qui ne reconnurent pas le califat de 'Alî (cf. IV, 430), et comme ayant dirigé des expéditions contre les Byzantins sous le règne de Mu'âwiya (cf. V, 232-234, et 253). Voir également Abû Nu'aym, *Hilya*, II, p. 17.
9. Sur 'Uyayna Ibn Hisn, se reporter à Montgomery Watt, *Mahomet à Médine*, p. 113-118, et *EI*², II, 893, article Fazâra. Chef d'un groupe de la tribu des Ghatafân, 'Uyayna finit par se rallier au Prophète après l'avoir combattu, mais « *aucun document ne dit qu'il ait accepté l'Islam* ».
10. Sur Abû Mûsâ Ach'arî (m. vers 42/662), compagnon du Prophète, chef militaire et gouverneur, se reporter à *EI*², I, 716-717, article de Veccia Vaglieri.

11. Rawhâ' était un point d'eau de la région de Fur', entre Médine et la Mekke ; cf. Blachère, *Histoire de la littérature arabe*, III, p. 623, et Al-Ghunaym, *Jazîrat al-'Arab*, p. 81, Koweït, 1977. Pour la tradition, cf. Muttaqî, *Kanz al-'ummâl*, V, p. 361.
12. Tradition rapportée avec ses garants par Sarrâj, p. 30, 143, et 561.
13. Cf. Hujwîrî, p. 33, et Ghazâlî, *Ihyâ'*, *Zuhd*, IV, p. 190. Sur Hâritha, cf. Ibn al-Jawzî, I, p. 187, ou Abû Nu'aym, I, p. 356.
14. Coran, IX, 108.
15. Coran, XXIV, 37.
16. Tradition consignée par Suyûtî, n. 151. Sur Abû Umâma Bâhilî, cf. Ibn al-Jawzî, I, p. 308-309.
17. Cf. Jâhiz, *Kitâb al-Hayawân*, VI, p. 50-51 ; également Sarrâj, p. 170-171, et 'Ayn al-Qudât Hamadhânî, *Chakwâ-l-Gharîb*, édition de 'Abd el-Jalîl, p. 205.
18. Sur cette tradition, cf. notamment Ibn Hanbal, II, p. 53.
19. Cf. Hujwîrî, p. 84-85, 'Ayn al-Qudât, *ibid.*, p. 207-208. Sur Uways Qaranî et le cas spirituel des « uwaysis », on pourra se reporter à 'Attâr, p. 27-37 ; Jâmî, p. 77 ; Corbin, *L'imagination créatrice dans le soufisme d'Ibn 'Arabî*, p. 26-27, d'où nous extrayons ce passage : « *Oways n'eut donc pas de guide humain visible... Tous ceux des soufis qui n'ont pas de morshid (guide) visible, c'est-à-dire un homme terrestre comme eux et leur contemporain, revendiquent la qualité et l'appellation d'Owaysis.* » Cf. également Abû Nu'aym, II, p. 79-87.
20. Sur l'intuition et le don de lire les pensées, cf. Quchayrî, p. 115-120, et l'article Firâsa de T. Fahd dans *EI²*, II, p. 937-938.
21. Les « devançants », expression coranique, notamment LVI, 10.
22. Sur cette tradition, voir Bukhârî, VII, p. 174, Quchayrî, p. 82, et sur la question de la cautérisation, Lecomte, *Le traité des divergences du hadîth d'Ibn Qutayba*, p. 362-367.
23. Cette définition linguistique du soufi est citée par Sulamî dans la notice qu'il consacre à Bundâr Ibn Husayn Chîrâzî, p. 467-470. Bundâr fut le disciple de Chiblî, il mourut en 353/964 à Arrajân, ville du Fârs. Cf. également Quchayrî, p. 31.
24. L'expression symbolique (*ichâra*, littéralement : « allusion ») est toujours mise en opposition à l'expression claire et directe *('ibâra)* du langage ordinaire.
25. Le mot *mu'âmalât* désigne habituellement les relations sociales ou les devoirs communautaires, les *'ibâdât* étant les devoirs envers Dieu.
26. Coran, VI, 103.
27. C'est par cette expression « *un soufi parmi les plus grands* » ou « *un soufi éminent* » que Kalâbâdhî désignera presque constamment Hallâj ; cf. Massignon, *Essai*, p. 334. La longue citation de Hallâj, qui va suivre, a été traduite par Massignon, *Passion*, II, p. 636-638. Cf. également Quchayrî, p. 4.
28. Coran, LVII, 3, et LXX, 6 et 7.
29. Coran, LVII, 3, et XLII, 11.
30. Coran, VI, 100.
31. Coran, successivement, II, 255 ; IV, 166 ; XXXV, 11 ; LI, 58 ; LVII, 21 ; XXXV, 10 ; LV, 78.
32. Cf. Quchayrî, p. 4.
33. Coran, XVII, 43. Sur la thèse selon laquelle il ne peut pas survenir en Dieu une qualification qu'il n'aurait pas eue antérieurement, on pourra se reporter à *El-Irchad par Imam el-Harameïn*, édition de Luciani, p. 96-97, et à Mac Carthy, *The Theology of Al-Ash'arî*, p. 14.
34. Coran, VI, 76.
35. Ibn Sâlim (m. en 297/909) avait hérité de la doctrine théologique de Sahl Tustarî ; quant aux œuvres des Sâlimiyya, il ne nous reste que le *Qût al-qulûb*

(« La nourriture des cœurs ») d'Abû Tâlib al-Makkî (m. en 380/990). Massignon a étudié dans le détail les points de doctrine des Sâlimiyya, *Passion*, I, p. 361-362, II, p. 514, 612, 625 et sq. Ils seront accusés de professer le « *hulûl* », c'est-à-dire l' « inhésion » ou l' « infusion » de Dieu dans la créature. Cf. également l'article Hulmâniyya de Pédersen dans *EI²*, III, p. 590.
  36. Coran, successivement, IV, 164 ; XVI, 40 ; IX, 6.
  37. Coran, LXXV, 18. Sur cette question des différentes acceptions du mot *qur'ân*, on pourra se reporter à *El-Irchad*, ibid., p. 118-119.
  38. Cette attitude a été condamnée par les Hanbalites ; cf. Laoust, *La profession de foi d'Ibn Batta*, p. 86.
  39. Coran, X, 26.
  40. Coran, VII, 143.
  41. Coran, successivement, LXXV, 22 et 23 ; LXXXIII, 15 ; X, 26.
  42. Pour cette tradition célèbre, voir notamment Bukhârî, IX, p. 156.
  43. Coran, VI, 103.
  44. Coran, XVII, 1, et LIII, 4 à 18. Les détails de l'Ascension du Prophète *(mi'râj)* ou du « Voyage nocturne » *(isrâ', ou masrâ)* sont donnés notamment dans Bukhârî, V, p. 66-69.
  45. Ibn 'Abbâs (m. vers 68/687-688), « *le docteur* », « *l'océan* (de science) », « *l'interprète du Coran* », fut considéré comme l'autorité suprême de l'exégèse traditionnelle ; cf. Blachère, *Introduction au Coran*, et *EI²*, I, p. 41-42, article de Veccia Vaglieri. Asmâ' (m. en 73/693), fille d'Abû Bakr et demi-sœur de 'Aïcha ; cf. *EI²*, I, p. 735, article de Gibb. Anas Ibn Mâlik (m. vers 91/709), « lecteur » du Coran, fit lui aussi autorité en matière d'exégèse ; cf. Blachère, *ibid.*, p. 104 et p. 226, et *EI²*, I, p. 496, article de Wensinck et Robson. On trouvera dans Bukhârî, V, p. 69 ; VI, p. 107-108 ; et VI, p. 156, l'interprétation d'Ibn 'Abbâs à laquelle Kalâbâdhî fait allusion : « *la vision* (de Dieu) *est une vision de l'œil, par laquelle l'Envoyé de Dieu put* (Le) *voir* ».
  46. Coran, LIII, 11.
  47. Sur cette question, on consultera avec profit Louis Gardet, *Dieu et la destinée de l'homme*, en particulier p. 116-120.
  48. Coran, successivement, XIII, 16 ; LIV, 49 ; LIV, 52.
  49. Coran, successivement, XIII, 16 ; XXXIV, 18 ; XXXVII, 96 ; CXIII, 2 ; XVIII, 28 ; LXVII, 13-14.
  50. Pour cette tradition connue, voir, par exemple, Suyûtî, n. 6358.
  51. Coran, VI, 13.
  52. Coran, VII, 54.
  53. Coran, XIV, 27.
  54. Coran, I, 5.
  55. Coran, XVIII, 82.
  56. Coran, II, 286.
  57. Coran, XLIX, 7.
  58. Coran, successivement, VI, 108, et 125.
  59. Coran, successivement, X, 8 ; XLIII, 76 ; XIV, 27 ; XXI, 23.
  60. Coran, successivement, XXI, 23 ; III, 178 ; IX, 55 et 85 ; V, 41.
  61. Coran, successivement, XXI, 101 ; XXII, 78 ; XI, 119 ; VII, 179.
  62. On trouve cette tradition dans le *Musnad* d'Ibn Hanbal, IV, p. 182.
  63. Selon une variante des manuscrits : « *la menace absolue concerne les infidèles et les hypocrites, et la promesse absolue concerne les croyants qui agissent bien* ».
  64. Coran, successivement, IV, 31 ; II, 284.
  65. Coran, IV, 48.
  66. C'est à 'Arafa, plaine située à 21 km environ de la Mekke et dominée par le « Mont de la Miséricorde », que se déroule la phase la plus importante

du Pèlerinage : la « station » *(wuqûf)* des fidèles, depuis midi jusqu'au coucher du soleil.

67. Coran, III, 106 : « ... *A ceux dont les visages seront devenus noirs* (il sera dit) : « *Êtes-vous redevenus infidèles après* (avoir reçu) *la foi ? Goûtez le tourment en prix d'avoir été infidèles !* »

68. Coran, IX, 102.

69. Coran, IV, 40.

70. Coran, successivement, XCIII, 5 ; XVII, 79 ; XXI, 28 ; XXVI, 100.

71. Pour ces deux traditions, successivement, Suyûtî, n. 4892 ; Bukhârî, VIII, p. 82, IX, p. 149-150, et p. 179-181.

72. Coran, successivement, XXXVII, 23 ; XIV, 48. Bukhârî, VIII, p. 146-147. Cf. également Louis Gardet, *Dieu et la destinée de l'homme*, p. 320-321.

73. Coran, VII, 8-9, et XXIII, 102-103.

74. Voir notre *Profession de Foi* d'Ibn Arabî, chap. IV, et en particulier p. 171-172.

75. Sur « *les Dix qui ont reçu la bonne nouvelle du Paradis assuré* », voir également notre *Profession de Foi*, p. 190 et n. 42.

76. Coran, III, 104. Ce précepte « *d'ordonner le bien et d'interdire le mal* » est l'un des cinq principes des Mu'tazilites, qui estimaient qu'il fallait le faire respecter « *par le sabre* » le cas échéant. Les références à la doctrine mu'tazilite sont nombreuses ; citons seulement Ahmad Amîn, *Duhâ-l-Islâm*, III, notamment p. 64-67, et Gardet, *L'Islam. Religion et Communauté*, p. 204-207.

77. Coran, XVI, 61. Sur la thèse rejetée, cf. Louis Gardet, *Dieu et la destinée de l'homme*, p. 134-136.

78. Pour certains musulmans, tels que les Khârijites, il n'était pas licite de passer la main sur les chaussures pour les humecter, au lieu de pratiquer l'ablution des pieds.

79. Contrairement à l'opinion des Mu'tazilites ; cf. Louis Gardet, *ibid.*, p. 132-134.

80. Pour ces deux traditions, voir successivement Ibn Hanbal, II, p. 167, et Suyûtî, n. 4809.

81. Ibn Hanbal, V, p. 239.

82. Coran, successivement, VII, 179 ; XXI, 101.

83. Pour la tradition citée, voir Sarrâj, p. 147 et 591. Coran, successivement, XXIX, 69 ; V, 35.

84. Anawati et Gardet ont donné une traduction annotée de ce chapitre dans *Mystique musulmane*, p. 137-143.

85. Cf. le *Dîwân de Hallâj* établi par Massignon, p. 126.

86. Coran, VI, 76.

87. Coran, XLI, 53.

88. Muhammad Ibn Wâsi' (m. à Basra vers 127/744), ascète et « transmetteur » des traditions de Anas et Hasan Basrî. Cf. Massignon, *Essai*, p. 123 et 213. 'Attâr, p. 67. La seconde citation est une parole d'Abû Bakr ; cf. notre *Profession de foi*, p. 55.

89. Coran, successivement, LXXXVIII, 17 ; IV, 82 ; XVII, 82 ; VII, 180 ; XLII, 52 ; XXV, 45.

90. Cf. le *Dîwân de Hallâj*, p. 50.

91. Coran, VII, 172.

92. Abû-l-Qâsim Fâris Dînawarî (m. vers 340/951) ; il transmit la doctrine de Hallâj au Khurâsân, et fut l'un des maîtres de Kalâbâdhî. Nombreuses références dans Massignon, *Passion*, notamment p. 337-338, et 813-814, et *Essai*, p. 111 et 314.

93. C'est en réalité une parole d'Abû Bakr ; cf. Massignon, *Passion*, p. 887, n. 7.

94. Coran, XVII, 85.
95. Abû 'Abd Allâh Nibâjî, moins connu que son disciple Ibn Abî-l-Hawârî (m. en 230/844). On lui attribue la doctrine des « deux esprits dans le cœur du mystique qui aime Dieu : son esprit, muable, créé, et l'Esprit de Dieu, immuable, incréé » ; Massignon, *Passion*, p. 662. Cf. également, Ibn al-Jawzî, IV, p. 253-254.
96. Coran, VII, 11.
97. Coran, successivement, XVII, 55 ; II, 253.
98. Muslim, chap. XLIII, tradition n. 163. Cf. notre *Profession de foi*, p. 145-146.
99. Suyûtî, tradition n. 2693.
100. Coran, III, 110.
101. Voir notre *Profession de foi*, p. 207, et n. 21 de la p. 208 où l'on trouvera les références aux recueils canoniques des traditions.
102. Coran, XX, 115.
103. Ibn Hanbal, III, p. 128 et 285.
104. Coran, successivement, VII, 23 ; XX, 122 ; XXXVIII, 24.
105. Coran, successivement, XXVII, 40 ; III, 37.
106. Ibn Hanbal, III, p. 138, 190-191, 272.
107. Fait relaté par les historiens ; cf. Ya'qûbî, II, p. 156 de son Histoire *(Ta'rîkh)*. La bataille de Néhâvend eut lieu en 21/642, et elle se termina par la victoire de l'armée musulmane sur les Perses.
108. Ibn Hanbal, III, p. 368. L'Imposteur « *fera régner, pendant une période limitée à 40 jours ou 40 ans, l'impureté et la tyrannie sur un monde destiné à connaître ensuite la conversion universelle à l'Islam* » ; article d'Abel dans *EI*², p. 77-78.
109. Coran, XXI, 90.
110. Coran, XV, 42.
111. Se reporter à la n. 75. C'est lors du Pèlerinage d'Adieu que le Prophète a désigné les Dix Compagnons promis au Paradis. Cf. également Ibn Hanbal, I, p. 193.
112. Pour la phrase prononcée par Abû Bakr, cf. Muttaqî, *Kanz al-'Ummâl*, IV, p. 361 ; pour celle de 'Umar, cf. Ibn al-Jawzî, I, p. 109 ; pour celle de Abû 'Ubayda, cf. Muttaqî, *ibid.*, V, p. 74. C'est le Prophète qui avait dit lui-même : « *'Aïcha sera mon épouse au Paradis* », cf. Muttaqî, V, p. 117.
113. Suhayb Ibn Sinân fut l'un des 7 premiers à s'être déclarés ouvertement musulmans ; cf. Ibn Hanbal, I, p. 404, et Abû Nu'aym, I, p. 151-156 ; également Ibn al-Jawzî, I, p. 169-170.
114. Coran, IV, 123. Sur la réaction d'Abû Bakr, cf. le commentaire du Coran, *Anwâr al Tanzîl* de Baydâwî, p. 99.
115. Tradition souvent citée : voir par exemple Bukhârî, V, p. 99 ; cf. également notre *Profession de foi*, p. 263.
116. Tradition souvent citée par Ibn Hanbal ; par exemple, III, p. 3.
117. Ibn Hanbal, III, p. 50 et 61. Coran, III, 192.
118. Tirmidhî, chap. XLVI, paragr. 16.
119. Bukhârî, VII, p. 174. 'Ukkâcha mourut en combattant le mouvement de résistance politique et religieuse dirigé par Tulayha, en 11/632, sous le califat d'Abû Bakr ; cf. Tabarî, III, p. 254. Voir également Abû Nu'aym, II, p. 12-13.
120. Abû Bakr avait cru immédiatement en Muhammad, selon une autre tradition : « *Il n'est personne de ceux que j'ai appelés à Dieu qui n'ait marqué une hésitation, excepté Abû Bakr ; je lui ai dit : j'ai été envoyé ; et il m'a répondu : tu as dit la vérité* » ; cf. notre *Profession de foi*, p. 188-189.
121. Référence au Coran, VII, 175.
122. Ja'far al-Sâdiq (né à Médine en 80/699-700 ou en 83/702-703, m. en 148/

765 et enterré au Baqî', le cimetière de Médine) est à la fois le sixième imâm des Chiites et l'un des maillons des chaînes initiatiques des soufis. On lui doit un commentaire mystique du Coran ; cf. Nwyia, *Exégèse coranique et langage mystique*. Pour les autres aspects de la personnalité de Ja'far, nous renvoyons à *EI*², II, p. 384-385, article de Hodgson, et à Corbin, *En Islam iranien*, IV, Index général.

123. Coran, LIX, 23. Sur « la Foi de Dieu », cf. Massignon, *Passion*, p. 647, et Louis Gardet, *Dieu et la destinée de l'homme*, p. 355.

124. Cf. Ibn Hanbal, III, p. 49.

125. Ibn Hanbal, II, p. 250, et Ibn Taymiyya, *Al-îmân*, p. 6.

126. Les noms des femmes varient selon les traditions ; cf. par exemple Suyûtî, n. 6420. Elles mentionnent en général Asiya, l'épouse de Pharaon.

127. Coran, VI, 75.

128. Conformément aux définitions données par Al-Hakîm Tirmidhî (m. en 285/898) dans son traité sur la différence entre « *la poitrine* (sadr), *le cœur* (qalb), *l'intérieur du cœur* (fu'âd), *et le noyau du cœur* (lubb) », édité par Heer, Le Caire, 1958. Cf. Othman Yahya, *L'Œuvre de Tirmidhî*, Institut Français de Damas, 1957, et son édition du *Kitâb Khatm al-awliyâ'* (Le Sceau des Saints), Beyrouth, Imprimerie Catholique, 1965. Voir la notice biographique n. 53.

129. Coran, IV, 136.

130. Suyûtî, n. 4935.

131. Bukhârî, IV, p. 41, et VIII, p. 115. Cf. également notre Ghazâlî, *Le Tabernacle des lumières*, p. 87, Seuil.

132. Cf. Coran, III, 96 : « ... *Dieu a imposé aux hommes le Pèlerinage à ce Temple, à quiconque a moyen de s'y rendre.* »

133. Dans les cinq qualifications légales des actes, le *mubâh* est ce qui est permis ; il n'y a ni châtiment ni récompense pour celui qui l'accomplit ou le néglige. Cf. Bousquet, *Le Droit musulman*, p. 31-32.

134. Cf. notre Ghazâlî, *ibid.*, p. 36, et n. 8. Sa'îd Ibn al-Musayyab (m. en 94/713) connu comme oniromancien ; cf. Ibn Sa'd, *Tabaqât*, V, p. 88 ; Abû Nu'aym, II, p. 161-183.

135. Dans sa *Risâla*, p. 104, Quchayrî cite la même tradition et avec les mêmes transmetteurs, mais le mot « *bâtin* » (= intérieur, ésotérique) y est remplacé par le mot « *ikhlâs* » (= sincérité).

136. Ibn Mâkûlâ, *Ikmâl*, III, p. 333-334, mentionne plusieurs Abû Dharr, mais aucun Ibn Abî Dharr.

137. Suyûtî, n. 9704 et n. 9705.

138. Abû-l-Hasan Muhammad Ibn Ahmad Fârisî (m. en 370/980) fut l'un des informateurs de Kalâbâdhî et de Sulamî, l'auteur des *Tabaqât al-Sûfiyya*. Selon Shariba et Pedersen, les éditeurs de Sulamî, on ne possède aucun détail sur la vie de Fârisî.

139. L'Islam, se définissant comme « *religion du juste milieu* » *(dîn wasat)*, a rejeté à la fois les conceptions naïvement anthropomorphistes, représentées par certains groupes des « gens du Hadîth » et des hanbalites, et les conceptions radicalement négatives des disciples de Jahm (m. en 128/746) ou trop rationalistes des Mu'tazilites. Nombreuses références : citons seulement Laoust, *Les Schismes dans l'Islam*, et notre *Profession de foi*.

140. Coran, successivement, XXX, 9 ; XXIX, 19.

141. Ibn Hanbal, III, p. 342.

142. Coran, VII, 199.

143. Ce chapitre a été traduit par Anawati et Gardet dans *Mystique musulmane*, p. 149-151.

144. Râbi'a al-'Adawiyya (m. en 185/801 à Basra) est la sainte la plus connue de l'Islam ; Massignon, *Essai*, p. 215-219 ; Pellat, *Le Milieu basrien et la for-*

mation de Jâhiz, p. 104-106 ; Eva de Vitray-Meyerovitch, *Anthologie du soufisme*, p. 154 et 206-210 ; 'Attâr, p. 82-100 ; Ibn al-Jawzî, IV, p. 17-19.
    145. Cf. Abû Nu'aym, X, p. 305-306, et Ibn al-Jawzî, II, p. 260-261, mais sans précisions.
    146. Conformément aux versets du Coran qui lient proximité de Dieu et exaucement, tels que II, 186, et XII, 61. Cf. la note 11 de la traduction de Anawati et Gardet mentionnée plus haut.
    147. Ibrâhîm al-Daqqâq (plus connu sous le nom de Abû 'Alî al-Daqqâq ; m. en 405/1014) fut le maître de Quchayrî ; cf. Massignon, *Passion*, p. 404, et *Essai*, p. 129 et 315. Voir également Hujwîrî, p. 162-163.
    148. Chapitre traduit par Anawati et Gardet dans *Mystique musulmane*, p. 153.
    149. Ibn Masrûq (m. à Bagdad en 299/911) eut pour maîtres Sarî Saqatî et Muhâsibî (voir les notices biographiques). Cf. Massignon, *Essai*, p. 231 et 253 ; Sulamî, p. 237-239 ; Abû Nu'aym, n. 548, X, p. 213-216 ; Ibn al-Jawzî, IV, p. 104-105 ; 'Attâr, p. 291.
    150. Coran, II, 45.
    151. Abû 'Amr Dimachqî (m. en 320/932) fut le disciple d'Ibn al-Jallâ' (cf. plus loin n. 155) et hérita de l'enseignement de Dhû-l-Nûn Misrî (voir notice biographique, n. 14) par les disciples de ce dernier. Cf. Sulamî, p. 277-279 ; Hujwîrî, p. 38 ; Massignon, *Passion*, p. 497, et *Essai*, p. 111. Voir également Abû Nu'aym, n. 614, X, p. 346.
    152. Coran, XXI, 83.
    153. Abû-l-Qâsim Samnûn (ou Sumnûn), surnommé « *al-muhibb* » (« l'amoureux de Dieu »), soufi de Bagdad (m. en 303/915). Il est surtout connu pour ses poèmes mystiques, dont on trouvera des extraits chez Sarrâj, p. 321-322, Sulamî, p. 195-199, et Ibn al-Jawzî, II, p. 240-242. Dermenghem lui a consacré un long chapitre de *Vies des saints musulmans*, p. 265-281. Voir également Abû Nu'aym, n. 581, X, p. 309-312 ; Hujwîrî, p. 136-138, et 'Attâr, p. 278-279.
    154. Qûnawî, le commentateur de Kalâbâdhî, reconnaît que l'interprétation de celui-ci est un peu forcée.
    155. Ibn al-Jallâ' (m. à Damas en 306/918) eut pour maîtres Dhû-l-Nûn et Abû Turâb Nakhchabî (cf. plus loin n. 275). Voir Sulamî, p. 176-179, Hujwîrî, p. 134-135, 'Attâr, p. 274, et Ibn al-Jawzî, II, p. 250, ou Abû Nu'aym, n. 585, X, p. 314.
    156. Coran, LIX, 9.
    157. Il y a ici référence à l'attitude d'Abraham, quand il fut jeté dans le feu, et fut sauvé par sa foi ; Coran, XXI, 68-69, et XXIX, 24. Selon la tradition, rapportée par Qûnawî, dans son commentaire, folio 123 *b*, Abraham aurait refusé l'intervention de Gabriel, puisque Dieu savait dans quelle situation il se trouvait. Cf. également Abû Nu'aym, I, p. 19-20.
    158. Le nom d'Al-Darrâj intervient dans deux récits : celui que l'on va lire, et qui est repris par Suhrawardî dans *'Awârif al-ma'ârif*, en marge de l'*Ihyâ'* de Ghazâlî, IV, p. 310, et celui, transmis par Duqqî (cf. Sulamî, p. 448), d'un jeune soufi qui meurt en entendant des vers d'amour mystique ; Hujwîri, p. 408, Sarrâj, p. 358, et Quchayrî, p. 171.
    159. C'est en effet sous le nom d'Al-Kharrâz, et non de Hallâj, que Quchayrî rapporte la sentence qui va suivre, p. 135 de la *Risâla*.
    160. Cf. Ghazâlî, *Ihyâ'*, I, p. 203 et la n. 6 de 'Irâqî.
    161. Pour cette tradition, voir Ghazâlî, *Ihyâ'*, IV, p. 141, et en note la liste des transmetteurs.
    162. Les variantes des manuscrits sont contradictoires pour tout ce passage, et peu satisfaisantes.
    163. Coran, LXIV, 16.

164. Coran, XXII, 37.
165. Anawati et Gardet ont traduit des extraits du chapitre que Ghazâlî a consacré au *tawakkul* ; *Mystique musulmane*, p. 155-159. Nous pensons que la traduction de *tawakkul* par « remise confiante » est préférable à « abandon », et plus conforme aux explications données par Ghazâlî. Cf. Reinert, *Die Lehre vom tawakkul in der klassischen Sufik*, Berlin, 1968.
166. Sarrâj, p. 79, attribue la sentence qui suit à Ibn al-Jallâ'.
167. Sarrâj, p. 78, et Quchayrî, p. 83, attribuent cette sentence à Abû Turâb Nakhchabî.
168. Anecdote rapportée par Hujwîrî, p. 205, et Ghazâlî, *Ihyâ'*, IV, p. 213. Voir également Massignon, *Passion*, p. 59.
169. Coran, XIII, 29.
170. Coran, V, 119.
171. Coran, XXXIX, 75.
172. La citation de Sahl est plus développée dans la *Risâla* de Quchayrî, p. 90.
173. On consultera avec profit l'étude que Anawati et Gardet ont consacrée au « *dhikr* » dans *Mystique musulmane*, p. 187-256.
174. Coran, XVIII, 24.
175. Cf. Muttaqî, *Kanz al-'ummâl*, I, p. 327.
176. Tirmidhî, chap. XLII, paragr. 25, et Ghazâlî, *Ihyâ'*, I, p. 265 et n. 11.
177. Ibn Hanbal, I, p. 96, 118, 150, et VI, p. 58.
178. Coran, LXIII, 1.
179. Coran, successivement, II, 260 ; VII, 143.
180. On trouvera cette sentence également dans Sarrâj, p. 97. Abû Nu'aym, X, p. 332-333, cite une lettre de Junayd mettant en garde Mâristânî contre l'exégèse ésotérique.
181. On trouvera dans Nwyia, *Exégèse coranique et langage mystique*, une étude détaillée de la notion de *qurb*, et notamment une analyse et une traduction du traité d'Al-Kharrâz, p. 252-267.
182. Coran, XCVI, 19.
183. Coran, VIII, 17.
184. Ici le langage technique des soufis recoupe celui des grammairiens arabes, qui utilisent le couple *ittisâl* et *infisâl* (« jonction » et « disjonction ») en morphologie et en stylistique.
185. C'est-à-dire la Ka'ba, le Temple de la Mekke, au cours du *tawâf* (« tournées rituelles » ou processions autour du Temple). Ce récit sera repris aux chap. 58 et 59. C'est précisément à 'Abd Allâh, le fils de 'Umar, que le Prophète avait dit : « *Adore Dieu comme si tu Le voyais* » (cf. Sarrâj, p. 100), ce qui est la définition de la perfection *(ihsân)* donnée par le Prophète et confirmée par Gabriel ; Bukhârî, I, p. 20.
186. Anawati et Gardet ont donné une traduction annotée de ce chapitre, dans *Mystique musulmane*, p. 163-166.
187. Coran, XX, 41.
188. Cf. Abû Dâwud, *Sunan, Kitâb al-adab, bâb fî-l-hawâ*.
189. Les états d'esseulement dans le soufisme ont été analysés par Anawati et Gardet, dans *Mystique musulmane*, p. 97-121.
190. Chapitre traduit par Anawati et Gardet, *ibid.*, p. 178-180.
191. Coran, successivement, XXII, 46 ; L, 37.
192. Coran, XXXIX, 23.
193. Pour les détails historiques de l'affaire de Abû Lubâba et des Banû Qurayza, nous renvoyons à Montgomery Watt, *Mahomet à Médine*, p. 226-228. Le texte de Kalâbâdhî est celui que l'on trouve dans la *Sîra* d'Ibn Ishâq, transmise par Ibn Hichâm, éd. Wüstenfeld, p. 686-687, dans Tabarî, II, p. 584-585.

194. Coran, IV, 64.
195. Voir Tabarî, II, p. 634.
196. Sur Ibn Ubayy, et le clan médinois des opposants au Prophète, désignés sous le nom de *munâfiqûn* (« hypocrites »), nous renvoyons encore à Montgomery Watt, *ibid.*, p. 218-226, et Ibn Hichâm, p. 927, en ce qui concerne les faits évoqués par Kalâbâdhî.
197. Cf. Bukharî, VII, p. 161-162, et, sur la malédiction de ceux qui boivent le sang, Muttaqî, *Kanz al-'ummâl*, VI, p. 189.
198. 'Abd Allâh Ibn Mas'ûd, célèbre compagnon du Prophète, l'un des premiers convertis. Il devint « lecteur » du Coran, « traditionniste » apprécié des savants de Koufa, et exégète du Coran. Ibn al-Jawzî situe la date de sa mort en 32/652-653, et lui consacre un long chapitre de *Sifat al-Safwa*, I, p. 154-166. Nous renvoyons à Blachère, *Introduction au Coran*, et à *EI²*, III, p. 897-899, article de Vadet.
199. Abû-l-Dardâ, l'un des « hommes du banc » de la mosquée de Médine (cf. Hujwîrî, p. 81). Il était « lecteur » du Coran, et il l'enseigna à Damas, où il fut le maître d'Ibn 'Amir qui deviendra l'un des « Sept Lecteurs » canoniques. Abû-l-Dardâ' mourut à Damas en 36/652 ; cf. Blachère, *ibid.*, et *EI²*, I, p. 117, article de Jeffery ; également Abû Nu'aym, I, p. 208-227, et Ibn al-Jawzî, I, p. 257-265.
200. Coran, VII, 155. Il s'agit du Samaritain ayant institué le culte du Veau d'Or, et qui est désigné ainsi dans la sourate XX, aux versets 85, 87, 95.
201. Cf. Ibn Mâja, *Sunan*, chap. XXXVII, paragr. 2.
202. C'est la tradition célèbre que l'on appelle *hadîth al-walî*. La forme retenue ici n'est pas la plus habituelle. On trouvera dans Bukhârî, VIII, p. 131, le texte canonique de cette tradition, dont nous avons déjà donné une traduction dans notre Ghazâlî, *Le Tabernacle des Lumières*, p. 105, n. 61. Cf. *Walâyat Allâh wa-l-tarîq ilayhâ* de l'imâm Chawkânî, Le Caire, 1970.
203. Coran, XLII, 7.
204. Voir, sur le *fanâ'* et le *baqâ'*, les remarques de Anawati et Gardet dans *Mystique musulmane*, p. 104-106, 230-231, 246-247. Nous avons adopté le mot « pérennisation » qu'ils utilisent pour traduire *baqâ'* ; mais nous pensons que « annihilation » est trop fort pour *fanâ'* ; cf. n. 53, p. 104 de notre Ghazâlî, *Le Tabernacle des Lumières*.
205. Amir Ibn 'Abd Allâh (ou Ibn 'Abd al-Qays) est considéré comme faisant partie des huit premiers « *zuhhâd* » (ascètes). Sur ses démêlés avec le pouvoir, cf. Pellat, *Le Milieu basrien*, p. 96, et son article dans *EI²*, I, p. 453. Également Ibn al-Jawzî, III, p. 126-135. Il mourut sans doute sous le califat de Mu'âwiya.
206. Coran, V, 54.
207. Coran, III, 152.
208. Coran, VII, 143.
209. Coran, XXXIII, 72.
210. Coran, XII, 31.
211. C'est ainsi qu'elle est désignée dans le Coran, XII, 30.
212. Sur la doctrine théologique du *badâ'*, qui implique la possibilité d'une variation de la Connaissance, de la Volonté, ou du Commandement, chez Dieu, on renverra à l'article de Goldziher et Tritton dans *EI²*, I, p. 873-875.
213. Ibn Hanbal, VI, p. 352-353. Cf. Wensinck, *The Muslim creed*, p. 164-165.
214. Il y a ici une allusion très nette au comportement de ceux qui, à Médine, cachaient leur incroyance et s'opposaient au Prophète (cf. n. 196).
215. Coran, XIV, 27.
216. Coran, II, 34.
217. Cf. Muttaqî, *Kanz al-'ummâl*, V, p. 273.

218. Sur Sa'dûn le fou, qui avait sa demeure dans un cimetière de Bagdad, voir Ibn al-Jawzî, II, p. 288-290. Dhû-l-Nûn (m. en 246/861) et Fath Ibn Chakhraf (m. en 273/886) l'ont rencontré. Dermenghem a consacré aux « fous de Dieu » un chapitre de *Vies des saints musulmans*, p. 283-308.
219. Coran, XX, 109.
220. Ghazâlî a réfuté à plusieurs reprises la thèse selon laquelle les Attributs divins n'avaient pas d'existence réelle distincte de l'Essence, et n'étaient pas réellement distincts entre eux. Pour les philosophes et les mu'tazilites, selon Ghazâlî, les appellatifs divins correspondent soit à un concept de relation, soit à un concept de négation ; cf. *Tahâfut al-falâsifa*, V[e] et VIe questions, et *Al-Maqsad al-asnâ*, p. 175-177 de l'édition de Fadlou Shehadi, Beyrouth, 1971.
221. Voir Massignon, *Passion*, I, p. 327.
222. Coran, XLI, 31.
223. Voir Massignon, *Passion*, p. 557.
224. Coran, V, 83.
225. Bukhârî, V, p. 45, et VI, p. 229. Ubayy Ibn Ka'b fut donc l'un des « scribes » de la Révélation et l'un des « lecteurs » du Coran ; cf. Blachère, *Introduction au Coran*, notamment p. 41-43. Ubayy est mort en 23/643, ou en 30/650 selon Ibn al-Jawzî, I, p. 188-190. Cf. également Abû Nu'aym, I, p. 250-256.
226. Coran, VII, 46-48 ; sur les A'râf, qui ont donné leur nom à la sourate VII, nous renvoyons à la note explicative de Blachère, *Le Coran*, p. 180-181, et surtout à Louis Gardet, *Dieu et la destinée de l'homme*, p. 330-334.
227. Coran, successivement, V, 54 ; V, 119 ; IX, 118.
228. Coran, XXIX, 69.
229. Coran, XX, 72.
230. Les circonstances de la conversion de 'Umar sont connues ; comme référence, l'on se bornera à indiquer la *Sîra*, Ibn Hichâm, édition du Caire, 1955, I, p. 343-346. Cf. également Dermenghem, *La Vie de Mahomet*, p. 111-112.
231. Cf. Dermenghem, *Vies des saints musulmans*, p. 20, et 'Attâr, p. 113.
232. Coran, IX, 111.
233. Coran, XXIX, 45.
234. Coran, successivement, XVIII, 24 ; LXIX, 24.
235. Coran, XVIII, 110.
236. Coran, XIX, 26.
237. Ibn Hanbal, III, p. 396.
238. Il s'agit ici d'un point très particulier de la tradition eschatologique ; on en trouvera l'exposé dans Wensinck, *The Muslim creed*, p. 178, dans le commentaire de l'article 23 de la *Wasiyyat Abî Hanîfa*. L'idée est que les bonnes actions du croyant devront servir à satisfaire les réclamations des victimes de ses mauvaises actions ; c'est le « paiement des dettes » *(adâ' al-huqûq)* ou la « réparation » *(qisâs)*. Cf. également Laoust, *La Profession de Foi d'Ibn Batta*, p. 95, n. 1, et p. 98, n. 3. La référence traditionnelle est Bukhârî, III, p. 167-168.
239. Bukhârî, VIII, p. 93, cite une prière du Prophète demandant à Dieu précisément la protection contre : « *Le tourment de l'épreuve, l'atteinte du malheur, l'infortune, et la joie des ennemis.* »
240. Tirmidhî, chap. XXXI, paragr. 38.
241. Les « substituts » *(abdâl)* sont appelés ainsi parce qu'ils ont le pouvoir de laisser à leur place un double « subtil » ayant leur forme. Leur méthode de réalisation spirituelle est basée sur le silence, la solitude, la faim, et la veille ; cf. le traité d'Ibn 'Arabî, *Hilyat al-abdâl*, traduit par Vâlsan, *Revue des Études traditionnelles*, 1950. Sur la place des *abdâl* dans la hiérarchie spirituelle des saints cachés, cf. *EI*[2], I, p. 97, article de Goldziher et Kissling.

242. Peut-être s'agit-il du Panjakhînî mentionné par Yâqût, *Mu'jam al-buldân*, I, p. 498, et mort en 360/970. Panjakhîn (Banjakhîn) était un quartier de Samarqand.
243. Abû 'Amr (ou « 'Umar ») Anmâtî, soufi bagdadien, disciple de Nûrî et Junayd. C'est à lui que Ibn 'Atâ', au moment de sa mort, confia ses écrits ; cf. *Ta'rîkh Baghdâd*, XII, p. 73.
244. Coran, IV, 63.
245. Coran, successivement, LXIX, 44-45 ; V, 67.
246. Coran, LXII, 5.
247. Les « qadarites » *(qadariyya)*, qui à l'époque de Muhâsibî se confondent pratiquement avec les mu'tazilites, croyaient au libre arbitre absolu de l'homme : l'homme, selon eux, est le « créateur » de ses actes. C'est pourquoi ils sont qualifiés par les termes « associationnistes » et « dualistes ». Cf., par exemple, notre *Profession de foi*, p. 274-275, et n. 17. Sur l'anecdote elle-même, concernant Muhâsibî, cf. Ibn al-Jawzî, II, p. 208, et 'Attâr, p. 218.
248. Abû 'Uthmân Hîrî avait d'abord eu pour maîtres Yahyâ Ibn Mu'âdh (voir notice biographique n. 50), et Châh Chujâ' Kirmânî (m. avant 300/912), et il fut ensuite le disciple de Abû Hafs ; cf. Hujwîrî, p. 132-134, qui précise qu'avec chacun de ses trois maîtres, Abû 'Uthmân avait atteint une « station » différente.
249. Cf. Massignon, *Passion*, p. 69. Pour le hadîth cité, voir Suyûtî, n. 1056.
250. Abû 'Amr Zajjâjî (ou « Zujâjî ») fut le disciple de Abû 'Uthmân, de Junayd, de Nûrî, de Ruwaym, et de Ibrâhîm al-Khawwâs, puis il se fixa à la Mekke, où il mourut en 348/959. Le fait rapporté par Kalâbâdhî est également mentionné par Sulamî, p. 431, Quchayrî, p. 30, et Cha'rânî, *Tabaqât*, I, p. 101.
251. Sans doute l'année 312/924, d'après le récit de Dhahabî, *Duwal al-Islâm*, I, p. 137-138.
252. Cf. Massignon, *Passion*, p. 69-70.
253. Ja'far Khuldî (m. en 348/959), l'un des soufis de Bagdad hostiles à Hallâj, qui approuvèrent sa condamnation. C'est lui qui aurait donné le premier *isnâd* initiatique de la filiation des maîtres. Cf. Massignon, *Passion*, p. 402-403 ; *Essai*, p. 128 ; *Textes inédits*, p. 79-80. Voir également Sulamî, p. 434-439.
254. Abû Hamza Khurâsânî (m. en 309/921) « voyagea » avec Abû Turâb Nakhchabî et Abû Sa'îd al-Kharrâz. Sa notoriété est surtout due à l'histoire merveilleuse, contée au chapitre suivant, rapportée par tous les hagiographes. Sur ses sentences, cf. Sulamî, p. 326-328.
255. Ce récit a été repris par Hujwîrî, p. 146, Quchayrî, p. 87, 'Attâr, p. 290.
256. Sur la privation volontaire du lait, surtout caillé, chez les soufis, cf. Ghazâlî, *Ihyâ'*, III, p. 80, qui cite l'exemple de Mâlik Ibn Dînâr (voir notice biographique n. 3), qui faillit succomber à la tentation d'en boire après quarante années d'abstention ; cf. également Ibn al-Jawzî, III, p. 198.
257. Kalâbâdhî fournit la liste des garants de cette tradition : « *Muhammad Ibn Muhammad Ibn Mahmûd, Nasr Ibn Zakariyyâ', 'Ammâr Ibn Hasan, Salama Ibn Fadl, Muhammad Ibn Ishâq, Yahyâ Ibn 'Abbâd Ibn 'Abd Allâh Ibn Zubayr, de son père.* »
258. Il s'agit sans doute de Abû-l-'Abbâs Qâsim Sayyârî (m. en 342/953). Il fut le disciple de Abû Bakr Wâsitî (voir notice biographique n. 41). Sa doctrine mettait l'accent sur la « concentration » *(jam')* et la « séparation » *(tafriqa)*. Hujwîrî, p. 251, fait état de ses nombreux disciples, les « sayyârîs », regroupés à Nasâ et Merv au XIe siècle. Cf. Sulamî, p. 440-447 ; Massignon, *Passion*, qui le cite à plusieurs reprises.
259. Selon l'une des versions du miracle opéré par le Prophète à Hudaybiyya, en l'an 6 de l'hégire/628, c'est à l'aide de sa gourde à ablutions *(rakwa)*, qu'il put satisfaire la soif des musulmans qui l'accompagnaient, 1 400 personnes selon Bukhârî, V, p. 156, ou 1 500 selon Ibn Hanbal, III, p. 329.

260. Coran, II, 235.
261. Coran, XLII, 25. Ce verset et le précédent sont prononcés dans une circonstance différente, rapportée par Al-Kharrâz, dans Quchayrî, p. 119.
262. C'est à Abû-l-Hasan al-Muzayyin (m. en 328/940) que Hallâj aurait fait part de son désir d'aller en Inde « *pour s'instruire dans la magie blanche, afin d'attirer les hommes à Dieu par ce moyen* » ; Massignon, *Passion*, p. 80.
263. Cf. les notes 16 et 20. Kalâbâdhî donne ici la liste des garants de cette tradition : « *Ahmad Ibn 'Alî, Thawâb Ibn Yazîd Mawsilî, Ibrâhîm Ibn Haytham Baladî, Abû Sâlih Kâtib Layth, Mu'âwiya Ibn Sâlih, Râchid Ibn Sa'îd, Abû Umâma Bâhilî.* »
264. Sur « *ce qui surgit dans la conscience* » *(khawâtir)*, se reporter au chapitre où il est précisé que « *ce qui vient de Dieu est un avertissement* (ou « une instruction » : *tanbîh*), *qui prend la forme de « paroles intérieures* ».
265. Abû Bakr Ibn Mujâhid al-Muqri' (m. en 324/936) fut l'un des adversaires de Hallâj. Il était le chef des « lecteurs » *(imâm al-qurrâ')* à Bagdad. C'est à lui que l'on doit le premier traité sur « *les sept lectures du Coran* », ainsi que deux réformes importantes pour la récitation du Coran. Cf. Massignon, *Passion*, p. 240-246, et l'article de Robson dans *EI²*, III, p. 904.
266. Abû 'Amr Ibn al-'Alâ', célèbre « lecteur » du Coran, considéré comme le fondateur de l'école grammaticale de Basra, mort vers 154/770 ; article de Blachère dans *EI²*, I, p. 108-109, et Pellat, *Le Milieu basrien*, notamment p. 76-79.
267. Voici ce qu'écrivait Massignon (*Passion*, p. 363) au sujet de Ibn Khafîf : « *Ibn Khafîf, mort centenaire en 371/982, est à la fois : en mystique, le fondateur de l'école des Khafîfîyah, qui devint l'ordre des Kâzaroûnîyah ; en droit, un traditionniste à tendances zâhirites ; et, en théologie dogmatique, un scolastique disciple d'al-Ash'arî et adversaire déclaré des Sâlimîyah. Son attitude dans la « question d'al-Hallâj » est très exceptionnelle. Il s'est prononcé formellement en faveur de son orthodoxie et l'a défendue énergiquement.* » On trouvera également, *ibid.*, les récits par Ibn Khafîf de sa visite à Hallâj en prison, p. 268-272, et du supplice de Hallâj, p. 309-312. Cf. également Sulamî, p. 462-466.
268. Mansûr Ibn 'Abd Allâh (né à Hérat, mort après 400/1009) se serait fait une spécialité des récits merveilleux concernant les saints du Khurâsân ; cf. note de Shariba, p. 35 de son édition de Sulamî.
269. Ce récit se trouve également dans Sulamî, p. 370, et 'Attâr, p. 275.
270. Voici la liste des transmetteurs de cette tradition mentionnés par Kalâbâdhî : « *'Alî Ibn Hasan Ibn Ahmad Sarakhsî, imâm de notre mosquée, Abû-l-Walîd Muhammad Ibn Idrîs Sulamî, Suwayd, Muhammad Ibn 'Amr Ibn Sâlih Ibn Mas'ûd Kilâ'î.* »
271. La valeur symbolique de ce songe est à mettre en rapport avec le verset 12 de la sourate LXIX : « *Que l'un de vous ne médise pas de l'autre ! L'un de vous aimerait-il à manger la chair de son frère mort ?...* »
272. Abû-l-Khayr al-Aqta' (m. en 343/954) fut le disciple d'Ibn al-Jallâ' — l'anecdote rapportée plus haut, cf. n. 269, est attribuée tantôt au maître, tantôt au disciple. Sa méthode spirituelle était basée sur la « remise confiante » *(tawakkul)* ; « *il vivait en familiarité avec les fauves et les reptiles* ». Cf. Sulamî, p. 370-372, Quchayrî, p. 28, Ibn al-Jawzî, IV, p. 256-258, 'Attâr, p. 289-290.
273. Cette tradition est rapportée par Suyûtî, n. 1793, sous sa forme complète : « *En vérité Dieu protège avec amour Son serviteur croyant contre ce bas monde, comme vous-mêmes vous protégez votre malade contre la nourriture et la boisson que vous redoutez pour lui.* » Kalâbâdhî donne la liste suivante des garants de cette tradition : « *Ahmad Ibn Hayyân Tamîmî, Abû Ishâq Ibrâhîm Ibn Ismâ'îl, Qutayba Ibn Sa'îd, Ya'qûb Ibn 'Abd al-Rahmân Iskandarânî, 'Amr Ibn Abî 'Amr, 'Asim Ibn 'Umar Ibn Qatâda, Mahmûd Ibn Labîd.* »

274. Quchayrî place le récit qui va suivre dans la demeure de Mumchâdh Dînawarî (m. en 299/911), p. 151. Al-Fajj était sans doute un lieu-dit de Dînawar. Qazzâz Dînawarî est mentionné une autre fois avec Mumchâdh, resté impassible dans une séance de chant spirituel *(samâ')*, *ibid.*, p. 172. Sarrâj, p. 223, précise que Qazzâz avait fait douze fois le Pèlerinage, nu-pieds et nu-tête.

275. Abû Turâb Nakhchabî (m. en 245/859), soufi du Khurâsân, renommé pour son ascèse. Le fait qu'il soit resté debout après sa mort est rapporté par Sarrâj, p. 282, Abû Nu'aym, X, p. 49, Hujwîrî, p. 121, et 'Attâr, p. 249. Cf. également Sulamî, p. 146-151, Quchayrî, p. 18-19, et Ibn al-Jawzî, IV, p. 145-147.

276. Ibrâhîm Ibn Chaybân Qirmîsînî (ou « Kirmânchâhî »), mort en 337/948, fut le disciple de Abû 'Abd Allâh Maghribî (m. en 299/911) et de Ibrâhîm al-Khawwâs (voir notice biographique n. 40). Cf. Sulamî, p. 402-405, Hujwîrî, p. 246, Quchayrî, p. 30, et Sarrâj, p. 210 à 253. Tous rapportent de lui une sentence affirmant que « *l'extinction et la pérennisation consistent dans la sincérité du culte du Dieu unique et dans la véritable servitude, et tout le reste n'est que tromperie et hérésie* ». Il était le chef du soufisme « orthodoxe » dans la région d'Ispahan, et manifestait son hostilité aux partisans de Hallâj ; Massignon, *Passion*, p. 54, 190, 402.

277. Quchayrî attribue ce récit, p. 152, à Abû 'Alî Rûdhabârî (voir notice biographique n. 44), et un récit semblable, p. 154, à Al-Kharrâz. Il semble qu'il y ait eu amalgame entre les deux.

278. Des trois fils de Khirâch, deux, Mas'ûd et Rub'î, sont connus comme rapporteurs de traditions historiques ; cf. Tabarî, III, p. 532 et 535, et V, p. 266. Rabî', le troisième fils, est désigné comme « le frère de Rub'î » *(akhû Rub'î)*, sans doute à cause de la notoriété plus grande de celui-ci. Il semble qu'il y ait eu chez les hagiographes une certaine confusion entre Rub'î et Rabî'. Cf. Ibn al-Jawzî, III, p. 18-19, et Cha'rânî, I, p. 37. Ils appartenaient à un sous-groupe des 'Abs, eux-mêmes issus des Ghatafân. Ces tribus furent longtemps hostiles au Prophète, et certains éléments participèrent à la *ridda*, mouvement de révolte et d'apostasie sous le califat d'Abû Bakr.

279. Expression coranique : LVI, 89. De même, un peu plus loin, le « brocart » et la « soie » sont les vêtements du Paradis : LXXVI, 12 et 21.

280. Kalâbâdhî donne la liste suivante des garants du récit qui précède : « *Abû-l-Hasan 'Alî Ibn Ismâ'îl Fârisî, Nasr Ibn Ahmad Baghdâdî, Walîd Ibn Chujâ' Sakûnî, Khâlid, Nâfi' Ach'arî, Hafs Ibn Yazîd Ibn Mas'ûd Ibn Khirâch.* »

281. Sur Samnûn « *l'amoureux de Dieu* », cf. n. 155. Le récit qui suit est rapporté par Quchayrî, p. 160, et 'Attâr, p. 278. Également Dermenghem, p. 275.

282. Ahmad Ibn Sinân al-'Attâr est sans doute identique au soufi plus connu sous le nom de Abû Ja'far Ibn Sinân. Il était originaire de Nichâpûr, et avait été le disciple de Abû 'Uthmân (Hîrî). Il mourut à la Mekke en 311/923, après y avoir demeuré vingt années. Il faisait partie des soufis renommés « *pour leur crainte et leur scrupule* » ; cf. Sulamî, p. 332-334, et Cha'rânî, I, p. 88-89.

283. Cf. Massignon, *Passion*, p. 70.

284. Le mot *samâ'* est habituellement traduit par « concert spirituel ». Cette traduction nous paraît présenter un double inconvénient : elle laisse supposer que les séances de *samâ'* impliquent nécessairement la musique instrumentale, alors que, tout au moins dans les premiers temps, il pouvait s'agir de psalmodie coranique, de récitation de poèmes ou de chants ; cette traduction risque de masquer également l'essentiel, qui est d'écouter (sens premier du mot *samâ'*). Nous avons donc opté pour « audition spirituelle » ; Nicholson, Arberry, le Père de Beaurecueil et Eva de Vitray-Meyerovitch traduisent par « audition ». Les théoriciens du soufisme lui consacrent tous une étude ; voir Sarrâj, p. 338-374, Suhrawardî, *'Awârif al-ma'ârif*, en marge de l'*Ihyâ'* de Ghazâlî, II, p. 182-256.

*Notices biographiques
des soufis cités*

En ce qui concerne les Imâms, descendants de 'Alî, nous renvoyons à Corbin, *En Islam iranien* ; pour Ja'far Sâdiq, cf. n. 122. Pour Uways Qaranî, ascète du Yémen, mort en combattant pour 'Alî à Siffîn (31/657), et le cas des « uwaysis », nous renvoyons à la n. 19. Harim Ibn Hayyân, partisan de 'Alî, est compté parmi les huit premiers *zuhhâd* (ascètes). Il fut le maître de Hasan Basrî. Cf. Abû Nu'aym, *Hilya*, II, p. 119-122, et Pellat, *Le Milieu basrien*, p. 94 et 97. Le soufisme commence véritablement avec Hasan Basrî ; c'est pourquoi dans la liste donnée par Kalâbâdhî, et que nous avons numérotée pour faciliter les références, nous le plaçons en premier.

1. *Hasan Basrî*, né à Médine en 21/642 et mort à Basra en 110/728, est revendiqué par les confréries religieuses islamiques comme leur fondateur. Il s'était rendu célèbre par son éloquence, prêchant le renoncement au monde. Abû Nu'aym, II, p. 131-161, le caractérise par « l'attrition » *(huzn)* et « la crainte » *(khawf)* ; cf. également 'Attâr, *Le Mémorial des Saints*, p. 37-57. Massignon, *Essai*, p. 179-201, a étudié dans le détail les différents aspects de sa doctrine ; voir aussi *EI*[2], III, p. 254-255, l'article de Ritter.

2. *Abû Hâzim Salama Ibn Dînâr Madanî*, mort en 140/757, est l'un des premiers maîtres du soufisme à Médine. Ses sentences ont été recueillies par Abû Nu'aym, III, p. 229-259 ; également Ibn al-Jawzî, *Sifat al-Safwa*, II, p. 88-94.

3. *Mâlik Ibn Dînâr*, ascète basrien (m. en 127/744 selon Dhahabî, *Duwal al-Islâm*, I, p. 62), fut disciple de Hasan Basrî et « auditeur » de la sainte Râbi'a (cf. n. 144). Cf. Abû Nu'aym, II, p. 357-388, Ibn al-Jawzî, III, p. 197-209, et 'Attâr, p. 57-66. Voir également, Pellat, *Le Milieu basrien*, p. 99-100.

4. *'Abd al-Wâhid Ibn Zayd*, ascète basrien (m. en 177/793 selon Dhahabî, *ibid.*, I, p. 83), fut disciple de Mâlik Ibn Dînâr. « *Fondateur d'une des premières agglomérations monastiques à 'Abbâdân près Basra, ce fut surtout un directeur d'âmes* », qui créa « *une méthode rationnelle d'introspection* » : Massignon, *Textes inédits*, p. 5 ; également Massignon, *Essai*, p. 214-215. Cf. Abû Nu'aym, VI, p. 155-165, et Ibn al-Jawzî, III, p. 240-244.

5. *'Utba al-Ghulâm*, ascète basrien (m. en 167/783-784 dans une expédition contre les Byzantins), fut disciple de 'Abd al-Wâhid Ibn Zayd. « *Son attrition rappelait Hasan Basrî ; il s'enchaînait et portait le sûf* (le froc de laine blanche) » : Abû Nu'aym, VI, p. 226-238, Ibn al-Jawzî, III, p. 281-285, et 'Attâr, p. 79-81.

6. *Ibrâhîm Ibn Adham* naquit à Balkh, au Khurâsân, et mourut dans la « guerre sainte » *(jihâd)* sur la côte syrienne (en 162/778 selon Dhahabî, I, p. 79) ; il fut enterré à Gébélé. Sa vie est entourée de légendes et de merveilleux hagiographique. Nombreuses références : particulièrement Abû Nu'aym, VII, p. 367-395, et VIII, p. 3-58, et 'Attâr, p. 112-135. Dermenghem, *Vies des Saints musulmans*, lui a consacré un long chapitre, p. 13-60. Voir également *EI²*, III, p. 1010-1011, l'article de Russell Jones.

7. *Fudayl Ibn 'Iyâd*, « le coupeur de routes », né à Samarqand. Après avoir été bandit de grand chemin, il se convertit, et s'adonna à l'étude du hadîth à Koufa, et devint le disciple de Sufyân Thawrî. Il mourut dans la retraite à la Mekke (en 187/803 selon Dhahabî, I, p. 86). Cf. notamment Abû Nu'aym, VIII, p. 84-139, et 'Attâr, p. 100-112. Voir Dermenghem, *ibid.*, p. 63-83, et *EI²*, II, p. 958, l'article de M. Smith.

8. *'Ali Ibn Fudayl Ibn 'Iyâd* est le fils du précédent. Il était dominé par la crainte de Dieu. Il mourut en psalmodiant le Coran. Cf. Abû Nu'aym, VIII, p. 297-300, n. 422 et non pas 419, et Ibn al-Jawzî, II, p. 140.

9. *Dâwûd Tâ'î*, soufi de Koufa (m. en 162/778-779 ou en 165/781-782). Il renonça à l'étude du droit auprès de Abû Hanîfa, et jeta ses livres dans l'Euphrate, se consacrant ensuite à l'ascèse. Il mourut après vingt ans de vie solitaire. Cf. Abû Nu'aym, VII, p. 335-367, Ibn al-Jawzî, III, p. 74-82, et 'Attâr, p. 214-216.

10. *Sufyân Thawrî*, connu à la fois comme traditionniste, théoricien du droit, et soufi. Né à Koufa, il mourut à Basra en 161/778 où il s'était réfugié en 155/772 pour échapper aux poursuites des autorités. Cf. Abû Nu'aym, VI, p. 356-393, et VII, p. 3-144, et 'Attâr, p. 191-195. Voir également Schacht, *The Origins of muhammadan jurisprudence*, p. 242, et Laoust, *Les Schismes dans l'Islam*, p. 87.

11. *Sufyân Ibn 'Uyayna*, né à Koufa en 107/725 et mort à la Mekke en 198/814, fut lui aussi un soufi, docteur de la loi et traditionniste de renom : Châfi'î aurait dit : « *Sans Mâlik et Ibn 'Uyayna, il n'y aurait plus de science au Hijâz.* » Il fut le principal maître d'Ibn Hanbal. Cf. Abû Nu'aym, VII, p. 270-318, et Ibn al-Jawzî, II, p. 130-134.

12. *Abû Sulaymân Dârânî*, né en 140/757 à Wâsit, « *paraît avoir quitté Basra vers 180, et s'être dès lors fixé à Dârâyâ, dans la plaine de Damas ; il y mourut en 215/830* » : Massignon, *Essai*, p. 219-222. Il développa l'enseignement de son maître 'Abd al-Wâhid Ibn Zayd. Cf. Sulamî, *Tabaqât al-Sûfiyya*, p. 75-82, Abû Nu'aym, IX, p. 254-280, Ibn al-Jawzî, IV, p. 197-208, et 'Attâr, p. 218-221.

13. *Ahmad Ibn Abî-l-Hawârî*, né à Koufa en 164/780-781 et mort à la Mekke en 246/860 ou en 230/844. Il fut le disciple de Dârânî et d'Ibn 'Uyayna. Il séjourna longtemps à Damas (d'où son nom de Dimachqî). Il professait la « *précellence des saints sur les prophètes* ». Cf. Sulamî, *ibid.*, p. 98-102, Abû Nu'aym, X, p. 5-33, 'Attâr, p. 243-244, et Massignon, *Essai*, p. 222-223.

14. *Dhû-l-Nûn Misrî* naquit à Ikhmîm, en Haute-Égypte, vers 180/796, et mourut au Caire en 245/859. Il aurait été le disciple de Jâbir en alchimie. Il publia le recueil de traditions attribué à Ja'far Sâdiq. C'est lui le premier théoricien des « états » *(ahwâl)* et des « stations » *(maqâmât)*. Il définit la « gnose » *(ma'rifa)* comme « *la connaissance des attributs de l'Unité, et celle-ci est le fait des saints, de ceux qui contemplent la Face de Dieu dans leur cœur, de telle sorte que Dieu se révèle à eux comme Il ne se révèle à personne d'autre dans le monde* ». Le *samâ'* (audition spirituelle) prit avec lui une grande importance. Cf. Sulamî, p. 15-26, Abû Nu'aym, IX, p. 331-395, et X, p. 3-5, 'Attâr, p. 140-154, Massignon, *Essai*, p. 206-213, *EI*², p. 249, l'article de M. Smith, mais surtout Dermenghem, p. 105-156.

15. *Sarî Saqatî*, le premier grand soufi bagdadien. Il fut le disciple de Ma'rûf Karkhî. Il mourut à Bagdad en 253/867, et Junayd, dont il fut le maître, se fit enterrer près de lui. « *Sarî passe pour avoir été le premier à enseigner à Bagdad la doctrine et la science du tawhîd, soit la parfaite connaissance libératrice, la théorie métaphysique inséparable de la réalisation.* » Cf. Sulamî, p. 48-55, Abû Nu'aym, X, p. 116-128, Ibn al-Jawzî, II, p. 209-218, 'Attâr, p. 239-242, Massignon, *Essai*, p. 320, et Dermenghem, p. 157-175.

16. *Bichr Ibn Hârith al-Hâfî* (« le va-nu-pieds »), né près de Merv en 150/767 et mort à Bagdad en 227/841-842, étudia d'abord le hadîth avant de se consacrer à l'ascèse. Cf. Sulamî, p. 39-47, Abû Nu'aym, VIII, p. 336-360, n. 438 et non pas 435, Ibn al-Jawzî, II, p. 183-190, 'Attâr, p. 135-140, *EI*², I, p. 1282-1284, l'article détaillé de Meier, et Dermenghem, p. 85-103.

17. *Ma'rûf Karkhî*, l'un des premiers maillons de la « chaîne » initiatique *(silsila)* des soufis. Transmetteur du hadîth bien qu'illettré, il est considéré comme le fondateur de l'école soufie de Bagdad, où il mourut en 200/815 et où sa tombe

est encore un lieu de pèlerinage fréquenté. Cf. Sulamî, p. 83-90, Abû Nu'aym, VIII, p. 360-368, n. 439 et non pas 436, 'Attâr, p. 236-238, et Massignon, *Essai*, pp. 128-129 et 229.

18. *Hudhayfa* (plutôt que Abû Hudhayfa) *Ibn Qatâda Mar'achî*, mort en 207/822, fut disciple de Sufyân Thawrî. Il se caractérisait par l'humilité. Ses sentences ont été recueillies par Abû Nu'aym, VIII, p. 267-271, n. 407 et non pas 404, Ibn al-Jawzî, IV, p. 242-245 ; voir également Cha'rânî, *Tabaqât*, I, p. 53.

19. *Muhammad Ibn Mubârak Sûrî* (m. à Damas en 215/830), soufi et transmetteur de traditions. Cf. Abû Nu'aym, IX, p. 298-310, et Dhahabî, *Tadhkirat al-Huffâz*, n. 386.

20. *Yûsuf Ibn Asbât*, mort en 196/811-812, fut disciple de Sufyân Thawrî. Son enseignement a été transmis par Ibn Khubayq Antakî (voir notice 48). Cf. Abû Nu'aym, VIII, p. 237-253, n. 404 et non pas 401, et Ibn al-Jawzî, IV, p. 235-239 ; également 'Attâr, p. 276.

21. *Abû Yazîd Bistâmî*, l'un des plus célèbres mystiques de l'Islam iranien sunnite. Il passa toute sa vie à Bistâm, dans les montagnes du Tabaristân, né vers 184/800 et mort soit en 261/874 soit plus probablement en 234/848. Son nom est lié à celui des Malâmatiyya (« les gens du blâme »), qui cachaient leur sainteté sous des dehors rebutants, et au phénomène du *chath* (« propos extatique », « locution théopathique »). Ses disciples, appelés Tayfûrîs à cause de son prénom Tayfûr, plaçaient l' « ivresse » *(sukr)* au-dessus de la « lucidité » *(sahw)*, contrairement à Junayd et à ses disciples. Cf. Sulamî, p. 67-74, Abû Nu'aym, X, p. 33-42, Hujwîrî, *Kachf al-mahjûb*, p. 106-108 et 184-188, 'Attâr, p. 154-184, Massignon, *Essai*, p. 273-286, Dermenghem, p. 197-244, et *EI*^{2}, p. 166-167, l'article de Ritter.

22. *Abû Hafs Haddâd Nîsâbûrî* est considéré à la fois comme le fondateur du mouvement des Malâmatiyya et comme un maître de la *futuwwa* (« héroïsme spirituel », « honneur des preux » selon Massignon) qui, en tant que tel, avait fait une forte impression, lors d'un passage à Bagdad, sur Junayd et ses disciples. La date de sa mort est imprécise ; Dhahabî, I, p. 117, la situe en 265/878-879. Cf. Sulamî, p. 115-122, Abû Nu'aym, X, p. 229-230, Ibn al-Jawzî, IV, p. 98-99, et 'Attâr, p. 258-259.

23. *Ahmad Ibn Khidrûyah Balkhî* est rangé parmi les Malâmatiyya. Il mourut en 240/854. Cf. Sulamî, p. 103-106, Abû Nu'aym, X, p. 42-43, Hujwîrî, *ibid.*, p. 119-121, Ibn al-Jawzî, IV, p. 137-138, et 'Attâr, p. 244-247.

24. *Sahl Ibn 'Abd Allâh Tustarî*, mort en 283/896, fut le premier maître de Hallâj, qui le suivit dans son exil à Basra. Ses disciples, les Sahlîs, insistaient sur le rôle des mortifications *(mujâhadât)*, et c'est à lui que l'on doit la célèbre formule du soufi qui doit être entre les mains de Dieu « *comme le cadavre entre les mains du laveur des morts* ». Sa doctrine et celle des Sâlimiyya, du nom de

son disciple Ibn Sâlim, ont été longuement étudiées par Massignon, dans *Passion*, p. 28-32, et *Essai*, p. 294-300. Cf. Sulamî, p. 206-211, Abû Nu'aym, X, p. 189-212, Hujwîrî, p. 139-140 et 195-202, et 'Attâr, p. 233-236.

25. *Yûsuf Ibn Husayn Râzî*, mort en 304/916, fut disciple d'Ahmad Ibn Hanbal, de Dhû-l-Nûn Misrî, et d'Abû Turâb Nakhchabî (voir n. 275). Il fut également l'un des correspondants de Junayd. Cf. Sulamî, p. 185-191, Abû Nu'aym, X, p. 238-243, Ibn al-Jawzî, IV, p. 84-85, et 'Attâr, p. 254-257.

26. *Abû Bakr Ibn Tâhir Abharî*, mort vers 330/941, transmetteur de traditions et soufi, fut disciple de Yûsuf Râzî. Cf. Sulamî, p. 391-395, et Abû Nu'aym, X, p. 351-352.

27. *'Alî Ibn Sahl Ibn al-Azhar Isfahânî*, mort en 307/919, était l'un des correspondants de Junayd, et il eut des contacts avec Abû Turâb Nakhchabî. Il fut pris à partie par Hallâj lors du passage de celui-ci à Ispahan. Pour 'Alî Ibn Sahl « *la présence est supérieure à la certitude* ». Cf. Sulamî, p. 233-236, Abû Nu'aym, X, p. 404-405, Hujwîrî, p. 143-144, Ibn al-Jawzî, IV, p. 66-67, et 'Attâr, p. 287.

28. *Abû Bakr Kattânî* était originaire de Bagdad, bien que Kalâbâdhî l'appelle Dînawarî. Il se fixa à la Mekke, et y demeura jusqu'à sa mort, en 322/933. Il fut disciple de Junayd, Al-Kharrâz, et Nûrî (voir notices 31, 32, 33). Il accueillit Hallâj lors de son premier séjour à la Mekke. Cf. Sulamî, p. 373-377, Abû Nu'aym, X, p. 357-358, Ibn al-Jawzî, II, p. 257, et 'Attâr, p. 294-296. Également Massignon, *Passion*, p. 55.

29. *Kahmas Ibn 'Alî Hamdânî* (qu'il faut sans doute corriger en Hamadhânî) *Abû 'Abd Allâh*, mort en 149/766, fut un transmetteur de traditions et un ascète vivant dans la pauvreté et la privation de nourriture. Il priait toute la journée et toute la nuit et «*faisait mille* rak'as *par jour* ». Cf. Abû Nu'aym, VI, p. 211-215, et Ibn al-Jawzî, III, p. 234-235.

30. *Hasan* (ou Husayn) *Ibn 'Alî Ibn Yazdâniyâr*, originaire d'Ourmia (Rezâye) en Azerbaïdjan, fut lui aussi un transmetteur de traditions. Il avait une méthode spirituelle qui lui était propre, et il s'opposait aux maîtres iraqiens. Ses sentences ont été transmises par Abû Bakr Ibn Châdhân Râzî (m. en 376/986). Cf. Sulamî, p. 406-409, Abû Nu'aym, X, 363-365, et Cha'rânî, *ibid.*, I, p. 97-99.

31. *Abû-l-Qâsim Junayd Baghdâdî*, mort en 298/910, fut disciple de Sarî Saqatî et de Muhâsibî (voir notice 49), avec qui il doit être considéré comme le plus grand interprète du type modéré du soufisme. Il fut l'un des maîtres de Hallâj, qui rompra avec lui mais développera sa doctrine ; pour une étude détaillée de celle-ci voir Massignon, *Essai*, p. 303-309, qui corrige *Passion*, p. 33-38, et Abdel-Kader, *Al-Junayd. The Life, personality, and writings*. Cf. Sulamî, p. 155-163, Abû Nu'aym, X, p. 255-287, Hujwîrî, p. 128-130 et 185-189, 'Attâr, p. 264-268, Jâmî, *Vie des Soufis*, p. 148-158, et EI^2, II, p. 614-615, l'article d'Arberry.

32. *Abû-l-Husayn Ahmad Nûrî*, autre représentant de l'école de Bagdad, qui mourut en 295/907. Transmetteur de traditions, disciple de Sarî Saqatî, de Qassâb (m. en 275/888 ; il fut également l'un des maîtres de Junayd), et d'Ibn Abî-l-Hawârî. Pour lui et ses disciples, les Nûrîs, « *le soufisme est supérieur à la pauvreté* », et le principe de leur conduite était l'abnégation *(îthâr)*. « *Il eut une tendance au* « *dolorisme* », *recherche de la souffrance pour la souffrance. Il enseigna l'amour divin et fut, pour ce fait, traduit devant les tribunaux avec plusieurs de ses disciples.* » Cf. Sulamî, p. 164-169, Abû Nu'aym, X, p. 249-255, Hujwîrî, p. 130-132 et 189-195, 'Attâr, p. 270-271, Massignon, *Passion*, p. 38-40, Anawati et Gardet, *Mystique musulmane*, p. 35, et Dermenghem, p. 247-263.

33. *Abû Sa'îd al-Kharrâz*, originaire de Bagdad il mourut au Caire en 286/899. C'est lui qui le premier traita la question du *fanâ'* (« extinction ») ; voir à ce sujet Hujwîrî, p. 241-246. La doctrine de Kharrâz a été étudiée par Massignon, *Essai*, p. 300-303, mais surtout par Nwyia, *Exégèse coranique et langage mystique*, p. 231-310. Cf. également Sulamî, p. 228-232, Abû Nu'aym, X, p. 246-249, 'Attâr, p. 268-269, et *EI*², IV, p. 1114-1115, l'article de Madelung.

34. *Ruwaym Ibn Muhammad* (ou Ibn Ahmad) *Baghdâdî*, mort en 303/915, à la fois soufi disciple de Junayd, juriste de l'école zâhirite de Dâwud et *muqri'* (maître dans les « lectures » du Coran). Cf. Sulamî, p. 180-184, Abû Nu'aym, X, p. 296-302, Hujwîrî, p. 135-136, Ibn al-Jawzî, II, p. 249-250, et 'Attâr, p. 272.

35. *Abû-l-'Abbâs Ibn 'Atâ' Baghdâdî*, soufi et spécialiste de l'exégèse ; voir à ce sujet les nombreuses références dans l'ouvrage de Nwyia cité dans la notice 33. Sur le plan de la doctrine, il s'opposait à Junayd. Ami de Hallâj, il fut le seul à le défendre lors de son procès devant le vizir Hâmid, et il mourut des coups qu'on lui infligea, en 309/922. Cf. Sulamî, p. 265-272, Abû Nu'aym, X, p. 302-305, Ibn al-Jawzî, II, p. 250-251, 'Attâr, p. 273-274, et surtout Massignon, *Passion*, p. 43-47, 134-135, 260-261, 618-619, 907-910, et *Essai*, p. 306-309.

36. *'Amr Ibn 'Uthmân Makkî*, mort à Bagdad en 297/909, fut en même temps théoricien du droit et soufi disciple de Junayd et Kharrâz. Hallâj demeura dix-huit mois avec lui à Bagdad, puis rompit définitivement avec lui à la Mekke où il l'avait retrouvé. Cf. Sulamî, p. 200-205, Abû Nu'aym, X, p. 291-296, Massignon, *Passion*, p. 32-33, 56-57, 64, 484.

37. *Abû Ya'qûb Ibn Hamdân Sûsî*. On sait de lui seulement qu'il fut le maître de Nahrajûrî (voir notice suivante) et qu'il se trouvait à la Mekke et accueillit Hallâj à son premier Pèlerinage, vers 282/895. Pour ses sentences, cf. Sarrâj, *Luma'*, p. 68, 85, 88, 252, et Jâmî, *Nafahât al-uns*, édition de Calcutta, 1859, n. 139, p. 144-145. Voir également Massignon, *Passion*, p. 55.

38. *Abû Ya'qûb Nahrajûrî*, mort en 330/941, fut disciple de Junayd, de 'Amr Ibn 'Uthmân Makkî, et d'Abû Ya'qûb Sûsî. Il avait été le *khâdim* (disciple au service) de Hallâj, mais rompit avec lui lors de son deuxième séjour à la Mekke,

en 291/903, l'accusant de « se faire servir par des jinns » ; Massignon, *Passion*, p. 54-55 et 100-102. Cf. Sulamî, p. 378-381, Abû Nu'aym, X, p. 356, 'Attâr, p. 277-278. Pour ses sentences, voir également Sarrâj, *ibid.*, p. 79, 102, 103, 256, 271.

39. *Abû Muhammad Jurayrî* (parfois orthographié Jarîrî, et même Harîrî), mort en 311/923, fut disciple de Junayd et de Sahl Tustarî. Il renia Hallâj à son procès. Cf. Sulamî, p. 259-264, Abû Nu'aym, X, p. 347-349, Hujwîrî, p. 148-149, 'Attâr, p. 298-299, et Massignon, *Passion*, p. 260.

40. *Abû Ishâq Ibrâhîm al-Khawwâs*, mort dans la mosquée de Rayy en 291/903, fut disciple de Junayd et de Nûrî. Par l'intermédiaire de Yahyâ Ibn Mu'âdh Râzî (voir notice 50), il adopta la doctrine et la règle de vie du théologien et ascète Ibn Karrâm (m. en 255/869 ; voir Massignon, *Essai*, p. 260-272, et EI^2, IV, p. 694-696, l'article Karrâmiyya de Bosworth). Cf. Sarrâj, nombreuses citations, Sulamî, p. 284-287, Abû Nu'aym, X, p. 325-331, Hujwîrî, p. 153-154, et nombreuses citations, Ibn al-Jawzî, IV, p. 80-84.

41. *Abû Bakr Ibn Mûsâ Wâsitî*, surnommé Ibn Farghânî, fut lui aussi disciple de Junayd et de Nûrî. A la fois théoricien du droit et du soufisme, « *il incline vers le libertarisme moniste des Sâlimiyya* » (Massignon, *Essai*, p. 314-315) et donne une « *interprétation atténuée et abstraite de l'œuvre hallagienne* » (Massignon, *Passion*, p. 811-815, qui compare cette interprétation à celle, plus fidèle, de Fâris). Cf. Sulamî, p. 302-306, Abû Nu'aym, X, p. 349-350, Hujwîrî, p. 154-155, 265. Voir également, pour ses sentences, les nombreuses citations de Sarrâj, notamment p. 59, 60, 100, 124. Sa mort est située après 320/932 à Merv.

42. *Abû 'Abd Allâh Hâchimî*. S'agit-il du disciple de Hallâj, Abû Bakr Muhammad Ibn 'Abd Allâh Hâchimî, que Massignon croyait identique à Wâsitî (*Passion*, p. 251, 335, 813, et chap. XV, notice 129) et qui aurait été le chef des Hallâjiyya de l'Ahwâz et de Basra ?

43. *Abû 'Abd Allâh Haykal Qurachî*, auteur d'un commentaire sur le *tawhîd* (connaissance de l'Unité) ; cf. Abû Nu'aym, X, p. 337-339, et Massignon, *Textes inédits*, p. 76-77. Massignon pensait que Haykal (ou Haykalî) et Qurachî étaient deux personnages différents ; nous ne le croyons pas, car les deux commentateurs de Kalâbâdhî, Qûnawî et Mustamlî, confirment l'identité de Haykal et de Qurachî ; Mustamlî, folios 152 *b* et 153 *a* du manuscrit 981 de la Bibliothèque Nationale de Paris, cite une sentence sur la *tawba* (repentir) qu'il attribue à Abû 'Abd Allâh Haykal Qurachî. Il serait mort vers 330/941.

44. *Abû 'Alî Rûdhabârî* (ou Rûdbârî), mort en Égypte en 322/933, fut disciple à Bagdad de Junayd et de Nûrî, et en Syrie d'Ibn al-Jallâ' (voir n. 155). Soufi, il était également transmetteur de traditions. Cf. Sulamî, p. 354-360, Abû Nu'aym, X, p. 356-357, Ibn al-Jawzî, II, p. 256-257. Voir également Sarrâj, qui cite de nombreuses sentences de Rûdhabârî.

45. *Abû Bakr Qahtabî* (ou Qahtî) est cité par l'hérésiographe Baghdâdî, dans *Al-Farq bayna-l-firaq*, édition 'Abd al-Hamîd, p. 273, comme faisant partie des mu'tazilites qui croyaient à la transmigration des âmes *(tanâsukh)*. Baghdâdî rangeait par ailleurs Hallâj et ses disciples dans la catégorie des *hulûliyya* (« incarnationnistes »). Cf. Massignon, *Passion*, p. 663, et *Essai*, p. 315.

46. *Abû Bakr Chiblî* (Dulaf Ibn Jahdar) est sans doute le soufi le plus souvent cité après Junayd (77 fois par Sarrâj) pour ses sentences et ses vers. Il vécut à Bagdad, où il naquit en 247/861 et mourut en 334/945. Après avoir exercé des fonctions administratives, il se convertit à la vie spirituelle auprès de Khayr Nassâj (sur ce soufi, voir Sulamî, p. 322-325), un ami de Junayd. « *Les audaces de langage de Chiblî l'avaient rapproché de Hallâj, ... mais il renia sa doctrine de l'union substantielle ('ayn al-jam') au cours du procès.* » Il devait reconnaître ensuite : « *Hallâj et moi, n'avions qu'une seule et même doctrine. Mais il l'a publiée, tandis que je la cachais. Ma folie m'a sauvé, tandis que sa lucidité l'a perdu.* » Mais peut-être l'attitude de Chiblî, jugée sévèrement par Massignon, s'explique-t-elle par le fait que Hallâj avait demandé à Chiblî de « *travailler à le faire exécuter* ». Cf. Sulamî, p. 337-348, Abû Nu'aym, X, p. 366-375, Hujwîrî, p. 155-156 et nombreuses citations, Ibn al-Jawzî, II, p. 258-260, 'Attâr, *Tadhkaratul-Auliya*, édition Behari, p. 182-197, Massignon, *Passion*, p. 41-43, 260, 302, 310, 320-321, 408, 762, et *Textes inédits*, p. 77-79.

47. *Ahmad Ibn 'Asim Antâkî* (Abû 'Abd Allâh ou bien Abû 'Alî), mort vers 220/ 835, fut surnommé *jâsûs al-qulûb* (« l'espion des cœurs ») par son ami Dârânî, pour sa pénétrante analyse des consciences. On trouvera dans Abû Nu'aym, IX, p. 280-297, de larges extraits de sa doctrine, publiée par ses disciples, 'Abd al-'Azîz Dimachqî et Ibn Abî-l-Hawârî ; ils ont été analysés par Massignon, *Essai*, p. 223-228, qui les considérait comme « *inestimables, car ils nous font connaître en détail un type primitif de la naissante ascèse musulmane, antérieur à la codification de Muhâsibî* ». Voir également Sulamî, p. 137-139, Ibn al-Jawzî, IV, p. 252-253, et 'Attâr, p. 262-263.

48. *'Abd Allâh Ibn Khubayq Antâkî* ; il était originaire de Kûfa, puis il se fixa à Antioche. Il fut le disciple de Yûsuf Ibn Asbât et avait hérité de l'enseignement de Sufyân Thawrî, également par Hudhayfa Mar'achî. Il fut l'un des maîtres de Fath Mawsilî (m. en 220/835 ; cf. Abû Nu'aym, VIII, p. 292-294, et 'Attâr, p. 242-243). Cf. Sulamî, p. 141-145, Ibn al-Jawzî, IV, 254-255, et surtout Abû Nu'aym, X, p. 168-189, qui cite les sentences d'Ibn Khubayq et les traditions qu'il transmettait.

49. *Hârith Ibn Asad al-Muhâsibî* naquit à Basra vers 165/781 et mourut en 243/857 à Bagdad où il avait passé la majeure partie de sa vie. Son œuvre maîtresse est la *Ri'âya li-huqûq Allâh* (« L'observance des droits de Dieu »), dans laquelle il développe en soixante chapitres la règle de vie à observer par le disciple de la voie spirituelle, et notamment la pratique de l'examen de conscience (*muhâsaba*, ce qui lui a valu son surnom). Sa doctrine a été analysée par Massignon, *Essai*, p. 241-255, et résumée par Anawati et Gardet, *Mystique musulmane*, p. 28-30 ; voir également 'Abd al-Halîm Mahmûd, *Al-Muhâsibî, un mystique musulman religieux et moraliste*, éd. Geuthner, 1940. Cf. Sulamî, p. 56-60, Abû

Nu'aym, X, p. 73-109, Hujwîrî, p. 176-183, qui précise que pour Muhâsibî et ses disciples « l'acceptation du destin » *(ridâ)* n'est pas une « station » mais un « état » ; 'Attâr, p. 216-218.

50. *Yahyâ Ibn Mu'âdh Râzî*, mort en 258/871, est le plus illustre disciple mystique d'Ibn Karrâm (voir la notice 40). « *Il professa le premier un cours public de mystique dans les mosquées* ; *et, le premier aussi, il osa avouer son amour pour Dieu au style direct* » ; Massignon, *Essai*, p. 268-271, et *Textes inédits*, p. 26-27 ; Dermenghem, p. 177-196. C'est de lui que serait venue la diffusion du célèbre hadîth : « *Celui qui se connaît* — ou « connaît son âme » —, *connaît son Seigneur.* » Cf. Sulamî, p. 107-114, Abû Nu'aym, X, p. 51-70, Ibn al-Jawzî, IV, p. 71-80, et 'Attâr, p. 249-252. Voir également les nombreuses citations qu'en donnent Sarrâj et Hujwîrî.

51. *Abû Bakr al-Warrâq* ; il était originaire de Tirmidh mais il vécut à Balkh. Il fut disciple d'Ibn Khidrûyah (m. en 240/854 ; voir la notice 23). Il aurait été également disciple d'Abû 'Abd Allâh Tirmidhî surnommé « Hakîm » (voir notice 53 et note 128), qui, à travers lui, « *a eu de l'action sur l'école mystique des Malâmatiyya* » : Massignon, *Essai*, p. 294. Les maîtres soufis l'avaient surnommé « *l'instructeur des saints* » : Hujwîrî, p. 142-143. Cf. Sulamî, p. 221-227, Abû Nu'aym, X, p. 235-237, et 'Attâr, p. 285-286.

52. *Abû 'Uthmân Sa'îd Ibn Ismâ'îl*, mort en 298/910, était originaire de Rayy (d'où son nom de Râzî) mais vécut à Nichâpûr (d'où son nom de Nîsâbûrî) dans le quartier de Hîra (d'où son nom, le plus fréquent, de Hîrî). Il fut disciple de Yahyâ Ibn Mu'âdh Râzî et de Châh Ibn Chujâ' Kirmânî (cf. Sulamî, p. 192-194). A Nichâpûr, il fut ensuite disciple d'Abû Hafs Haddâd (voir la notice 22), dont il adopta la méthode spirituelle et la répandit à Nichâpûr. Cf. Sulamî, p. 170-175, Abû Nu'aym, X, p. 244-246, Hujwîrî, p. 132-134, Ibn al-Jawzî, IV, p. 85-88, et 'Attâr, p. 271-272.

53. *Abû 'Abd Allâh Muhammad Ibn 'Alî Tirmidhî*, né et mort à Tirmidh (en 285/898, après s'être réfugié à Balkh pour échapper aux persécutions que ses œuvres avaient provoquées). Il fut surnommé « le philosophe » *(al-hakîm)*, sans doute parce qu'il cherchait à réformer « *sous forme rationnelle et synthétique l'exposé de la dogmatique traditionnelle tenté par Ibn Karrâm* » : Massignon, *Essai*, p. 286-294. Il eut de nombreux maîtres dans la science du hadîth, dont on trouvera la liste dans Othman Yahya, *L'œuvre de Tirmidhî*, *Extrait des Mélanges Louis Massignon*, p. 415 ; ses maîtres en soufisme furent notamment Abû Turâb Nakhchabî, et Ibn Khidrûyah. Sur ses œuvres, voir la n. 128. Cf. Sulamî, p. 217-220, Abû Nu'aym, X, p. 233-235, et 'Attâr, p. 282-285. Ajouter Massignon, *Textes inédits*, p. 33-39, où l'on trouvera le texte arabe des 155 questions posées par Tirmidhî dans *Khatm al-Awliyâ* (il y en a 157 dans l'édition de cet ouvrage par Othman Yahya), et auxquelles répondra Ibn 'Arabî (dans les *Futûhât*, II, p. 39-139).

54. *Muhammad Ibn Fadl Balkhî* (Abû 'Abd Allâh) ; il se fixa et mourut à Samarqand en 319/931. Il fut disciple d'Ibn Khidrûyah ; Abû 'Uthmân Hîrî

le tenait en très grande estime. Cf. Sulamî, p. 212-216, Abû Nu'aym, X,
p. 232-233, Hujwîrî, p. 140-141, Ibn al-Jawzî, IV, p. 138-139, et 'Attâr,
p. 280-281.

55. *Abû 'Alî Jûzajânî* (et non pas Jûrjânî) ; il fut disciple de Tirmidhî (Hakîm)
et de Muhammad Ibn Fadl Balkhî. Cf. Sulamî, p. 246-248, Abû Nu'aym, X,
p. 350, Hujwîrî, p. 147-148, et 'Attâr, p. 293-294.

56. *Abû-l-Qâsim Ibn Muhammad al-Hakîm Samarqandî* (son prénom varie selon
les auteurs) fut disciple d'Abû Bakr al-Warrâq et d'Abû 'Alî Jûzajânî ; il mourut
en 342/953. Cf. Jâmî, *Nafahât al-Uns*, n. 129, p. 139, et Hujwîrî, p. 147 et 338.

Bibliographie*

Abû Nu'aym : *Hilyat al-awliyâ' wa-tabaqât al-asfiyâ'*, en 10 parties, Le Caire, 1932-1938.
Anawati et Gardet : *Mystique musulmane*, Vrin, 1961.
'Attâr : *Le Mémorial des Saints*, traduction de Pavet de Courteille, Seuil, 1976.
'Ayn al-Qudât : *Chakwâ-l-gharîb*, éditée et traduite par Abd el-Jalil, Geuthner, 1930.
Blachère, Régis : *Introduction au Coran*, G.P. Maisonneuve, 1959.
Bukhârî : *Sahîh*, en 9 parties, Le Caire, 1926.
Cha'rânî : *Al-Tabaqât al-kubrâ*, en 2 parties, Le Caire, sans date.
Coran, édition de Boûlâq, 1939.
Corbin, Henry : *En Islam iranien*, en 4 vol., Gallimard, 1971-1972.
Dermenghem, Émile : *Vies des Saints musulmans*, Alger, Baconnier, 1944.
Dhahabî : *Duwal al-Islâm*, en 2 vol., Haydarâbâd, 1944.
Encyclopédie de l'Islam, nouvelle édition — en abrégé *EI²* —, Leyde, Brill, à partir de 1960.
Gardet, Louis : *Dieu et la destinée de l'homme*, Vrin, 1967.
Ghazâlî : *Ihyâ' 'ulûm al-dîn*, en 4 vol., Le Caire, 1933.
Ghazâlî : *Le Tabernacle des Lumières (Michkât al-anwâr)*, traduction par R. Deladrière, Seuil, 1981.
Hallâj, Husayn Mansûr : *Dîwân*, traduit par L. Massignon, Seuil, 1981.
Hujwîrî : *The Kashf al-mahjûb*, traduit par R. Nicholson, Londres, 1954.
Ibn al-Jawzî : *Sifat al-Safwa*, en 4 vol., Haydarâbâd, 1936.
Ibn 'Arabî : *La Profession de Foi*, traduction par R. Deladrière, Sindbad, 1978.
Ibn Hanbal : *Musnad*, avec en marge le *Kanz al-'ummâl* de Muttaqî, en 6 vol., Beyrouth, 1969.
Jâmî : *Vie des Soufis*, traduit du persan par Silvestre de Sacy, Sindbad, 1978.

* Il s'agit de la liste des principaux ouvrages utilisés pour les notes et les notices biographiques.

Laoust, Henri : *Les Schismes dans l'Islam*, Payot, 1965.
Massignon, Louis : *La Passion d'al-Hosayn-Ibn-Mansour Al-Hallaj, martyr mystique de l'Islam* (en abrégé *Passion*), en 2 vol., Geuthner, 1922.
Massignon : *Essai sur les origines du lexique technique de la mystique musulmane* (en abrégé *Essai*), nouvelle édition, Vrin, 1954.
Massignon : *Recueil de textes inédits concernant l'histoire de la mystique en pays d'Islam* (en abrégé *Textes inédits*), Geuthner, 1929.
Nwyia, Paul : *Exégèse coranique et langage mystique*, Beyrouth, 1970.
Pellat, Charles : *Le Milieu basrien et la formation de Jâhiz*, Adrien-Maisonneuve, 1953.
Quchayrî : *Risâla*, Le Caire, 1940.
Sarrâj : *Kitâb al-luma' fî-l-tasawwuf*, Le Caire, 1960.
Sulamî : *Tabaqât al-Sûfiyya*, Le Caire, édition Sharîba ou Shrayba, 1953.
Suyûtî : *Al-Jâmi' al-saghîr*, accompagné du commentaire de Munâwî sous le titre de *Fayd al-Qadîr*, en 6 vol., Le Caire, 1938.
Vitray-Meyerovitch, Eva de : *Anthologie du soufisme*, Sindbad, 1978.
Watt, W.M. : *Mahomet à Médine*, Payot, 1977.
Wensinck, A.J. : *The Muslim creed*, Londres, 1965.

Glossaire essentiel

abad : prééternité.
'abd, pl. *'ibâd* : serviteur, homme.
adab : bienséances.
'adhâb : tourment ; *'adhâb al-qabr* : châtiment de la tombe.
'adl : justice.
af'âl : actes.
afkâr : méditations.
ahl al-suffa : les « hommes du banc » de la mosquée de Médine.
ahwâl : états d'âme, états spirituels.
ajal : terme (prédestiné de la vie).
âkhira : vie dernière.
'amal, pl. *a'mâl* : action, œuvre.
amr : commandement, ordre.
anbiyâ' : prophètes.
anwâr : lumières.
'aqd : option, engagement.
'âqiba : fin dernière.
'arad, pl. *a'râd* : accident.
'arch : trône (divin).
'ârif : sage.
asbâb : causes secondes.
al-aslah : le mieux.
asmâ' : noms (divins).
a'wâd : compensations.
awliyâ' : « amis de Dieu », saints.
a'yân : essences.
'ayn al-jam' : union substantielle.
'ayn al-qalb : « l'œil du cœur ».

bachariyya : condition humaine.
badâ' : changement de décision.
baqâ' : pérennisation, permanence.
bâqî : permanent, qui perdure.

chafâ'a : intercession.
chaqâ' : malheur éternel.
charî'a : Loi musulmane.
chath : locution théopathique, propos extatique.
chirk : associationnisme, polythéisme.
chuhûd : présence, conscience.
chukr : action de grâces.

dalîl : preuve.
dîn : religion.
dunyâ : bas-monde.
dhât : essence.
dhikr : remémoration, évocation, invocation.
dhuhûl : oubli du monde extérieur.

fadl : faveur, grâce.
fanâ : évanescence, extinction.
fânî : qui est « éteint ».

faqîh, pl. *fuqahâ'* : juriste.
faqîr, pl. *fuqarâ'* : pauvre.
faqr : pauvreté.
farâ'id : obligations.
fard : devoir.
fâsiqûn : grands pécheurs.
fi'l : acte effectif.
fiqh : droit musulman.
firâsa : intuition, lecture des pensées.
fitna : tentation.
fu'âd : « intérieur du cœur ».
furû' : applications

ghafla : inattention.
ghalaba : emprise.
ghayb : monde caché.
ghayba : absence, inconscience.
ghayra : soin jaloux.

hadîth : tradition, propos du Prophète
hajj : Pèlerinage (à la Mekke).
hâl : cf. *ahwâl*.
hamm, pl. *humûm* : préoccupations.
haqq : Réalité divine, Être divin ; droit.
haqîqa, pl. *haqâ'iq* : réalité profonde.
hasan : bon (moralement).
hâtif : voix inconnue, interlocuteur invisible.
hayra : désorientation, perplexité.
himma, pl. *himam* : aspiration.
hudûd : limites légales.
hujûs : suggestions.
huzûz al-nafs : exigences naturelles de l'âme, satisfactions personnelles.

'ibâdât : actes cultuels, devoirs envers Dieu.
ibâha : antinomisme, rejet des prescriptions légales.
'ibâra : expression claire et directe.
ichâra : allusion, langage symbolique.
'ichq : désir passionné.
iftiqâr : dépendance.
ijmâ' : consensus.
ikhlâs : sincérité.
ikhtiyâr : libre arbitre.

iktisâb : acquisition (des actes).
'illa : cause.
'ilm : science.
îmân : foi.
imsâk : abstention.
infirâd : isolement.
infisâl : disjonction, séparation.
'iqâb : châtiment.
iqrâr : reconnaissance verbale et publique.
irâda : Volonté divine normative.
islâm : soumission à Dieu.
'isma : infaillibilité et impeccabilité.
istihqâq : mérite.
istirsâl : abandon total et continuel.
istitâ'a : capacité.
istitâr : occultation.
îthâr : préférer autrui à soi, abnégation.
ithbât : affirmation.
ittisâl : jonction.

jabr : contrainte.
jadhba : attraction.
jalâl : majesté divine.
jam' : concentration.

kabîra, pl. *kabâ'ir* : grande faute.
kachf, pl. *kuchûf* : découverte.
kalâm : Parole de Dieu ; théologie.
karam : générosité.
karâma : charisme, prodige.
kifâya : suffisance, nécessaire pour subsister.
kuffâr : infidèles, incroyants, mécréants.
kufr : infidélité, impiété, hérésie grave.
al-khalîl : l'ami de Dieu : Abraham.
khawâtir : paroles intérieures, ce qui surgit dans la conscience.
khawf : crainte.
khilâfa : fonction de calife.

lubb : fond du cœur, noyau intellectuel du cœur.
lutf, pl. *altâf* : grâce.

ma'âd : fins dernières.
machî'a : Volonté divine créatrice.
mahabba : amour.
mahârim : interdictions.
mâhiyya : quiddité.
majmû' : concentré, unifié.
malâ'ika : anges.
ma'nâ : réalité intelligible.
maqâm, pl. *maqâmât*, station spirituelle.
ma'rifa : connaissance.
ma'sûm : infaillible et impeccable.
mawâjîd : découvertes intérieures.
mu'âmalât : relations sociales, devoirs communautaires, éthique.
muchâhada : contemplation, vision intérieure.
muhdath : produit, contingent, être temporel.
mujâhadât : combats spirituels, mortifications.
mu'jizât : miracles.
mukâchafa : dévoilement.
mulk : royaume de Dieu, monde sensible.
mu'min : croyant.
munâjât : oraisons.
munâzalât : « habitations » spirituelles.
murâd : celui qui est désiré.
murîd : celui qui désire ; novice.
muslim : soumis à Dieu, musulman.
mutachâbihât : expressions anthropomorphistes.
mutakallimûn : théologiens.

nafs, pl. *nufûs* : âme, « moi ».
nafy : négation.
nahy : interdiction.
nasîha : bon conseil, conseil désintéressé.
niyya : intention.
nu'ût : qualificatifs, appellatifs divins.

qabîh : mauvais, laid (moralement).
qadâ' : décision divine.
qadar : décret divin.
qadîm : éternel.
qalb, pl. *qulûb* : cœur.
qâri', pl. *qurrâ'* : « lecteur » du Coran.
qawl : parole (élément de la foi).

al-qawm : « les gens » = les soufis, la communauté spirituelle.
qisma : répartition des destins.
qurb : proximité (de Dieu).

rajâ' : espérance.
rasm, pl. *rusûm* : forme, réalité formelle, détermination formelle, définition descriptive.
rasûl Allâh : l'Envoyé de Dieu, Muhammad.
ridâ : acceptation du destin.
rubûbiyya : seigneurie, condition du Seigneur.
rûh, pl. *arwâh* : esprit.
rusul : envoyés divins.
ru'ya : vision ; considération.

sabab : cf. *asbâb*.
al-sâbiqûn : « les devançants ».
sabr : patience.
sadr, pl. *sudûr* : poitrine.
safâ' : pureté.
safwa : élite, élection.
saghîra, pl. *saghâ'ir* : petite faute.
al-Sahâba : les Compagnons du Prophète.
sahw : lucidité, sobriété, dégrisement.
al-Salaf : les pieux Anciens.
salât : Prière canonique.
sâlih : pie.
samâ' : audition spirituelle.
sawm : jeûne.
sayyi' : mauvais (œuvre).
siddîq : juste.
sifa, pl. *sifât* : attribut.
sirr, pl. *asrâr* : intime de l'être.
sûf : laine, froc de laine blanche des soufis.
sukr : ivresse.
al-Sunna : la Tradition du Prophète.

tâ'a : obéissance ; acte d'obéissance.
tachbîh : pensée anthropomorphiste.
tafrîd : esseulement.
tafriqa : séparation.
tahqîq : réalisation spirituelle.
tajallî : révélation.

tajrîd : dépouillement.
talwîn : modifications.
tanbîh : instruction, avertissement.
taqiyya : dissimulation prudente.
taqwâ : piété.
tarîqa : méthode spirituelle.
tasawwuf : vie spirituelle, soufisme.
tasdîq : adhésion de foi, affirmation de la croyance.
ta'tîl : négation radicale des Attributs divins.
tawâdu' : humilité.
tawakkul : remise confiante.
tawba : retour, repentir, pardon (de Dieu).
tawfîq : concours divin.
tawhîd : doctrine de l'Unité divine, ou proclamation de celle-ci, ou connaissance de celle-ci.
thawâb : récompense.
tuma'nîna : sérénité.

'ubûdiyya : servitude, condition du serviteur.

umma : communauté.
uns : relations familières, intimité.

wa'd : promesse.
wahdâniyya : unicité de Dieu.
wa'îd : menace.
wajd : extase.
walâya : amitié divine, sainteté.
walî : ami de Dieu, saint.
waqt, pl. *awqât* : « moment » privilégié.
wasf : qualification.
wasl, wasla : jonction.
wazâ'if : tâches du culte divin.
wirâtha : héritage spirituel.
wujûd : expérience intérieure ; existence.

yaqîn : certitude.

zâhid, pl. *zuhhâd* : ascète.
zuhd : renoncement, ascèse.

Table

9	*Présentation*
16	*Précisions liminaires*

21	Préambule
25	1. Pourquoi les soufis ont-ils été appelés ainsi
31	2. Les soufis illustres
32	3. Ceux qui ont répandu les connaissances spirituelles en langage symbolique par des livres et des épîtres
33	4. Ceux qui ont traité des questions éthiques
33	5. Exposé de leur doctrine sur l'Unité divine
36	6. Exposé de leur doctrine sur les Attributs divins
38	7. Leurs divergences sur la thèse que Dieu n'a cessé d'être Créateur
40	8. Leurs divergences sur les Noms divins
40	9. Leur doctrine concernant le Coran
40	10. Leurs divergences sur ce qu'est la Parole de Dieu
43	11. Leur doctrine concernant la vision de Dieu
45	12. Leurs divergences sur la vision de Dieu par le Prophète

46	13. Leur doctrine sur le décret divin et la création des actes
48	14. Leur doctrine sur la capacité
50	15. Leur doctrine sur la contrainte
52	16. Leur doctrine sur le mieux
54	17. Leur doctrine sur la promesse et la menace
57	18. Leur doctrine sur l'intercession
60	19. Leur doctrine sur le sort des enfants et diverses questions
61	20. De ce que Dieu a imposé aux adultes
64	21. Leur doctrine sur la connaissance de Dieu
67	22. Leurs divergences sur la connaissance elle-même
69	23. Leur doctrine sur l'esprit
70	24. Leur doctrine sur les anges et les envoyés divins
72	25. Leur doctrine sur les erreurs attribuées aux prophètes
74	26. Leur doctrine sur les charismes des saints
83	27. Leur doctrine sur la foi
86	28. Leur doctrine sur les réalités profondes de la foi
88	29. Leur doctrine sur les écoles juridiques
89	30. Leur doctrine sur les activités lucratives
91	31. Les sciences des soufis sont les sciences des états spirituels
95	32. De ce qu'est le soufisme
97	33. De l'élucidation de ce qui surgit dans la conscience
97	34. Du soufisme et de l'abandon total et continuel
99	35. Leur doctrine sur le repentir
100	36. Leur doctrine sur le renoncement
101	37. Leur doctrine sur la patience
102	38. Leur doctrine sur la pauvreté
105	39. Leur doctrine sur l'humilité
105	40. Leur doctrine sur la crainte
106	41. Leur doctrine sur la piété
107	42. Leur doctrine sur la sincérité
108	43. Leur doctrine sur l'action de grâces
109	44. Leur doctrine sur la remise confiante

110	45. Leur doctrine sur l'acceptation du destin
112	46. Leur doctrine sur la certitude
112	47. Leur doctrine sur la remémoration ou invocation de Dieu
116	48. Leur doctrine sur les relations familières, ou intimité avec Dieu
117	49. Leur doctrine sur la proximité
119	50. Leur doctrine sur la jonction
119	51. Leur doctrine sur l'amour
122	52. Leur doctrine sur le dépouillement et l'esseulement
124	53. Leur doctrine sur l'extase
126	54. Leur doctrine sur l'emprise
128	55. Leur doctrine sur l'ivresse
130	56. Leur doctrine sur l'inconscience et la conscience
132	57. Leur doctrine sur la concentration et la séparation
135	58. Leur doctrine sur la révélation et l'occultation
138	59. Leur doctrine sur l'extinction et la pérennisation
150	60. Leur doctrine sur les caractères véritables de la connaissance
153	61. Leur doctrine sur la connaissance de l'Unité
155	62. Leur doctrine sur les caractères distinctifs du sage
159	63. Leur doctrine sur celui qui désire et celui qui est désiré
161	64. Leur doctrine sur l'effort et le comportement spirituels
165	65. Des conditions pour parler de spiritualité
168	66. Des pieux scrupules des soufis et de leurs mortifications
171	67. Des grâces que Dieu accorde aux soufis et des instructions qu'Il leur communique par une voix inconnue
173	68. Des instructions qu'Il leur communique par la lecture des pensées
174	69. Des instructions qu'Il leur communique par les paroles intérieures

175	70. Des instructions qu'Il leur communique par les songes et leurs allusions symboliques
177	71. Des grâces que l'Être divin leur accorde en raison de Son soin jaloux à leur égard
179	72. Des grâces qu'Il leur accorde dans ce qu'Il leur fait supporter
180	73. Des grâces qu'Il leur accorde au moment de la mort et après
182	74. Des grâces occasionnelles qu'Il leur accorde
183	75. De l'audition spirituelle
187	*Notes*
201	*Notices biographiques des soufis cités*
211	*Bibliographie*
213	*Glossaire essentiel*

*Cet ouvrage de La Bibliothèque de l'Islam
tiré sur papier vergé
a été achevé d'imprimer en décembre 1981
sur les presses de l'Imprimerie Tardy Quercy S.A., Bourges
Dépôt légal : 4ᵉ trimestre 1981. Nº 10388
Numéro d'éditeur : 58*